Dever e poder

FUNDAÇÃO EDITORA DA UNESP

Presidente do Conselho Curador
Mário Sérgio Vasconcelos

Diretor-Presidente / Publisher
Jézio Hernani Bomfim Gutierre

Superintendente Administrativo e Financeiro
William de Souza Agostinho

Conselho Editorial Acadêmico
Luís Antônio Francisco de Souza
Marcelo dos Santos Pereira
Patricia Porchat Pereira da Silva Knudsen
Paulo Celso Moura
Ricardo D'Elia Matheus
Sandra Aparecida Ferreira
Tatiana Noronha de Souza
Trajano Sardenberg
Valéria dos Santos Guimarães

Editores-Adjuntos
Anderson Nobara
Leandro Rodrigues

MATHEUS DE OLIVEIRA PEREIRA

Dever e poder
Dívida externa e autonomia na Argentina de Alfonsín a Kirchner (1983-2007)

© 2024 Editora Unesp

Direitos de publicação reservados à:
Fundação Editora da Unesp (FEU)
Praça da Sé, 108
01001-900 – São Paulo – SP
Tel.: (0xx11) 3242-7171
Fax: (0xx11) 3242-7172
www.editoraunesp.com.br
www.livrariaunesp.com.br
atendimento.editora@unesp.br

Dados Internacionais de Catalogação na Publicação (CIP) de acordo com ISBD
Elaborado por Vagner Rodolfo da Silva – CRB-8/9410

P436d

    Pereira, Matheus de Oliveira
       Dever e poder: dívida externa e autonomia na Argentina de Alfonsín a Kirchner (1983-2007) / Matheus de Oliveira Pereira. – São Paulo: Editora Unesp, 2024.

       Inclui bibliografia.
       ISBN: 978-65-5711-258-8

       1. Geopolítica. 2. Economia. 3. Argentina. 4. Dívida externa. 5. Autonomia. 6. Anos 1980. 7. Anos 1990. 8. Anos 2000. 9. Economia de países em desenvolvimento. 10. América Latina. 11. Inflação. 12. Deflação. 13. Juros. 14. Economias emergentes. I. Título.

2024-2810   CDD 330
                                                                          CDU 33

Esta publicação contou com apoio da Fundação de Amparo à Pesquisa do Estado de São Paulo (Fapesp, processo n.2014/50935-9)

Editora afiliada:

El dinero es el nervio del progreso y del engrandecimiento, es el alma de la paz y del orden, como es el agente rey de la guerra. Sin él la República Argentina no tendrá caminos, ni puentes, ni obras nacionales, ni ejército, ni marina, ni gobierno general, ni diplomacia, ni orden, ni seguridad, ni consideración exterior. Pero el medio de tenerle en cantidad capaz de obtener el logro de estos objetos y fines (y no simplemente para pagar empleados, como hasta aquí) es el crédito nacional, es decir, la posibilidad de obtenerlo por empréstitos garantizados con la hipoteca de todas las rentas y propiedades provinciales unidas y consolidadas a este fin. Es sensatísima la idea de establecer una deuda federal o nacional, de entregar su arreglo a la Confederación o unión de todas las Provincias en la persona de un gobierno común o general.

Juan Bautista Alberdi, em *Bases y puntos de partida para la organización política de la República Argentina* (1852).

SUMÁRIO

Apresentação e agradecimentos   9
Lista de siglas e abreviações   11

1   Introdução   13
   1.1. A autonomia na trama da dívida externa:
      algumas limitações do conhecimento
      disponível   16
   1.2. Questões metodológicas   27

2   Estado e capital: *urbe et orbi*   35
   2.1. A problemática da autonomia relativa   36
   2.2. Financiamento estatal e dívida pública   41
   2.3. Idiossincrasias do Estado capitalista na
      Argentina   46
   2.4. Prejuízos exorbitantes   50

3   Marchando para trás: origens e dinâmicas da crise
   dos anos 1980   55
   3.1. O Processo de Reorganização Nacional   56
   3.2. A dívida externa durante o período autoritário   63
   3.3. A eclosão da crise e as primeiras negociações
      (1982-1983)   69
   3.4. Dívida e autonomia: entendendo a relação   76
      3.4.1. Concentração e natureza institucional dos
            credores   76
      3.4.2. Correlação doméstica de forças   80
      3.4.3. Espaço fiscal   83

4   A dívida externa no governo Raúl Alfonsín
    (1983-1985): a autonomia ensaiada   87
    4.1. Democracia, heterodoxia e autonomia   87
    4.2. A dívida externa: diagnósticos, intenções
         e primeiras iniciativas   93
    4.3. Multilateralismo e confrontação: a iniciativa de
         Cartagena   99
    4.4. Distensão e "giro realista"   118

5   Restauração e colapso: a construção da crise
    de 1999-2001   129
    5.1. Conversibilidade e alinhamento automático   129
    5.2. Dinâmica e evolução da dívida externa durante
         a conversibilidade   135
    5.3. A antessala do colapso: *Blindaje, megacanje* e
         corralito   142
    5.4. Governo de transição e as primeiras negociações
         (2002-2003)   147
    5.5. Dívida e autonomia: entendendo a relação   153
         5.5.1. Concentração e natureza institucional dos
                credores   153
         5.5.2. Correlação doméstica de forças   156
         5.5.3. Espaço fiscal   158

6   A autonomia possível: dívida externa
    no governo Néstor Kirchner (2003-2007)   163
    6.1. Economia política do interregno   163
    6.2. Enfrentamentos e reestruturação (2003-2005)   173
    6.3. Dilemas, razões e limites da autonomia   192

7   Conclusão   199

Referências   205

Apresentação
e Agradecimentos

Este livro é resultado de um estudo que começou de maneira despretensiosa, em 2015, quando, ainda durante o mestrado, algumas questões de conjuntura despertaram meu interesse pela questão da dívida externa e suas conexões com a política exterior argentina, tema do qual me ocupo há mais de uma década. A busca por referências sobre o assunto revelou uma escassez de trabalhos que me intrigou e foi ao encontro de outras inquietações acerca das formas possíveis de se abordar a política externa da Argentina a partir de uma perspectiva da economia política. Desse modo, o que começou como uma curiosidade foi ganhando a forma de uma agenda de investigação que me ocupou pelos anos seguintes e resultou na tese de doutorado defendida em novembro de 2021. Exceto por ajustes e revisões pontuais, esse texto constitui o presente volume.

Nas páginas a seguir, analiso as negociações da dívida externa argentina entre 1983 e 2007, buscando elucidar as condições necessárias para que um país altamente endividado consiga resistir com sucesso às pressões externas na definição dos termos em que se dão as negociações com seus credores. No livro, argumento que a viabilidade de uma abordagem autonomista dependeu da capacidade do governo de romper a solidariedade de interesses entre os credores externos e os grupos dominantes internos. Para tanto, é preciso que o governo organize um ambiente favorável à reprodução do capital, promovendo a acumulação de excedentes e gerenciando os conflitos sociais que surgem nesse processo.

A pesquisa foi conduzida no âmbito do Programa de Pós-Graduação San Tiago Dantas (Unesp, Unicamp, Puc-SP) e envolveu trabalho de campo em Buenos Aires e no Rio de Janeiro, além de um estágio no exterior, realizado no *Center for Latin American and Latino Studies* da American University, em Washington (DC). Em todas essas etapas, contei com apoio financeiro da Comissão de Aperfeiçoamento de Pessoal de Nível Superior – Código de Financiamento 001 (Processo n. 88882.435424/2019-01).

* * *

Durante o percurso deste estudo, contei com valiosas colaborações e apoios que se apresentaram de diferentes formas, e aos quais gostaria de agradecer neste espaço.

Começo agradecendo ao prof. Sebastião Velasco e Cruz, pela orientação precisa e segura durante o doutorado e por todo o apoio no que veio em seguida, especialmente os esforços para a viabilização deste livro. Sou muito grato ao prof. Eric Hershberg, pela acolhida amistosa e todo o suporte institucional durante o período nos Estados Unidos. Aos professores Giselle Datz, Jaime Coelho e Pedro Paulo Bastos, agradeço a participação na banca de defesa e pelas valiosas colaborações dadas naquela ocasião. Ao prof. Luís Fernando Ayerbe, que, além da participação na banca, tem sido fonte de apoio e incentivo desde o mestrado. À profa. Suzeley Kalil, por seus conselhos, orientações e amizade. Ao prof. Héctor Saint-Pierre, pela interlocução sempre tão rica.

Agradeço também aos professores e funcionárias do programa San Tiago Dantas por todo o suporte e convivência ao longo dos últimos dez anos. Em particular, agradeço aos colegas do Instituto Nacional de Estudos Sobre os Estados Unidos (INEU) e do Grupo de Estudos em Defesa e Segurança Internacional (GEDES), não apenas por me ajudarem na maturação de muitas das ideias deste trabalho, mas também pela camaradagem que extrapola as paredes da pós-graduação. À equipe da Editora Unesp, que conduziu o projeto editorial deste livro com o profissionalismo e excelência que lhe são de praxe. Aos meus amigos, que permanecem, a despeito de mim. À minha família, pelo apoio e torcida constantes, mesmo que à distância. Ao Felipe, por tudo.

O autor
São Paulo, agosto de 2024.

Lista de siglas e abreviações

Aara – Asociación de Ahorristas de la República Argentina
Abra – Argentina Bond Restructuring Agency
Adapd – Asociación de Damnificados por la Pesificación y el Default
Cepal – Comissão Econômica para a América Latina
CGT – Confederación General del Trabajo
FMI – Fundo Monetário Internacional
GCAB – Global Committee of Argentina Bondholders
Indec – Instituto Nacional de Estadística y Censos
Libor – London Interbank Offered Rate
Mercosul – Mercado Comum do Sul
PRN – Processo de Reorganização Nacional
SDR – Special Drawing Rights
SEC – U.S. Security and Exchange Commission
TFA – Task Force Argentina
UCR – União Cívica Radical
UIA – Unión Industrial Argentina
YPF – Yacimientos Petrolíferos Fiscales

1
Introdução

O problema da dívida externa será enfrentado de acordo com critérios propostos por nós. O endividamento externo será reconhecido na medida em que tenha sido legitimamente constituído, mas não poderá ser um entrave ao desenvolvimento do país. Os pagamentos serão feitos conforme a expansão das exportações, mas o serviço e a amortização terão seus pagamentos subordinados às necessidades de matérias-primas e bens intermediários necessários para manter a atividade econômica interna vigorosa e crescente. [...][1]

Não podemos voltar a pagar a dívida às custas da fome e da exclusão dos argentinos, gerando mais pobreza e aumentando o conflito social. [...] Este governo seguirá firmes princípios de negociação com os detentores de dívida soberana na atual situação de moratória [...]. Sabemos que nossa dívida é um problema central. Não se trata de não cumprir, de não pagar. Nosso projeto não é o calote. Mas também não podemos pagar ao custo de ver os argentinos terem adiado seu acesso à moradia digna, ao emprego, à educação de seus filhos ou ao cuidado de sua saúde.[2]

Este livro investiga a problemática da autonomia nas relações exteriores da Argentina entre 1983 e 2007, a partir de sua interação com a questão do endividamento externo. O propósito central do estudo é elucidar as condições objetivas que delimitaram os espaços de ação autônoma dispostos pelo Estado argentino em relação à dívida externa nesse período e, particularmente, no desenrolar das crises dos anos 1980 e no período de 1998-2001. A ênfase específica recai sobre o conjunto de relações formais

---

1 Alfonsín, Discurso de asunción ante Asamblea Legislativa, 1983.
2 Kirchner, Discurso de asunción a la Asamblea Legislativa el 25 de mayo del 2003.

Matheus de Oliveira Pereira

estabelecidas pelo Estado argentino com atores externos, públicos ou privados, à sua soberania – particularmente os Estados Unidos da América e o Fundo Monetário Internacional. Nesse esforço, dois momentos serão de particular interesse – os governos de Raúl Alfonsín (1983-1989) e de Néstor Kirchner (2003-2007). Como se depreende das epígrafes deste capítulo, ambos situavam a questão da dívida externa em um conjunto de intenções e princípios que tinham na ideia de autonomia seu elemento unificador, ou seja, a partir de interesses e visões definidos pelos dirigentes governamentais e não seguindo os desígnios dos credores externos, seus aliados locais ou poderes estrangeiros.

Semelhantes nos propósitos, esses dois momentos se distinguem significativamente do ponto de vista de seus resultados. Enquanto Néstor Kirchner e sua sucessora, Cristina Fernández de Kirchner, lideraram uma das mais bem-sucedidas negociações de dívida soberana da História, Alfonsín se viu forçado a abdicar de suas principais bandeiras sobre o tema em menos de dois anos. Na contramão do que se prescrevia à época, Kirchner adotou uma postura de confrontação com os credores públicos e privados, e obteve uma reestruturação que, mesmo deixando pendente parte dos passivos em moratória, e assegurando vultosas remunerações aos credores, representou um êxito indiscutível. Os pagamentos foram reprogramados seguindo calendários e condições definidos no país, e houve uma redução substancial do peso da dívida sobre as contas públicas. Ademais, os passivos do país com o FMI foram cancelados, blindando o governo da influência deste, que havia sido um dos protagonistas da política econômica argentina nas décadas anteriores. Na contramão, além de não conseguir se desvencilhar do Fundo, o governo Alfonsín teve de abdicar da maioria de suas pretensões negociadoras – incluindo o repúdio à dívida ilegítima e a adoção de um programa econômico heterodoxo – e viu naufragar seus esforços de cooperação multilateral.

A discrepância entre esses dois contextos é ainda mais chamativa se levarmos em consideração que, em tese, Alfonsín dispunha muito mais de recursos para sustentar sua posição. A crise dos anos 1980 transcorreu em meio à bancarrota da região como um todo, ao passo que a de 2001 foi um evento quase isolado no país. Diferentemente de Kirchner, um político inexpressivo em termos nacionais e que foi eleito depois da desistência do oponente, Alfonsín era uma liderança consolidada, expoente do partido político mais antigo da Argentina e detentor do mérito de ser o primeiro a derrotar o peronismo em eleições limpas. A dívida que ele pretendia repudiar como ilegítima era facilmente definida como odiosa, segundo a doutrina internacional, ao passo que o desconto de 75% almejado por Kirchner não tinha fundamento semelhante. Enquanto Kirchner teve uma candidatura improvisada, Alfonsín apresentou ao país uma agenda bem definida e explícita, que incluía posturas assertivas em relação à dívida, e chancelada pelas urnas.

É possível dizer, portanto, com uma dose de anedota, que o objetivo da tese é entender os porquês de Kirchner ter sido capaz de cumprir uma promessa que Alfonsín não logrou manter. A mira do trabalho, entretanto, não se fixa em uma comparação rígida dos dois momentos, mas se atém, sobretudo, no desenvolvimento do processo histórico que engendrou e envolveu os contextos nos quais eles estão enraizados. Também não é na atenção ao desenrolar dos fatos que reside a novidade pretendida neste texto, mas, sobretudo, na proposta de identificação e análise dos elementos que entrelaçam a situação concreta específica – a autonomia nas negociações da dívida – com o processo mais profundo que lhe dá motivo e sentido histórico. Muito foi dito e escrito sobre o caráter autonomista ou não das posturas assumidas pelo Estado argentino em suas relações exteriores em diferentes momentos, mas um esforço consideravelmente menor foi envidado na tarefa de explicar o êxito ou o fracasso de iniciativas autonomistas. Dizer que os resultados observados nos governos Alfonsín e Kirchner são distintos porque transcorreram em momentos diferentes é tão verdadeiro quanto desleixado: não basta registrar que a história importa, é preciso arriscar-se a questionar *como* ela importa, *quais* são os elementos que, ao serem moldados de modos diversos pela temporalidade de sua ocorrência, alteram os resultados observados.

Essa é a trama a ser deslindada neste livro. Aqui, a autonomia será tratada como uma propriedade do Estado que faculta aos seus dirigentes se desembaraçarem de pressões e que não existe de forma absoluta, isto é, ela se apresenta sempre em graus, níveis, que podem ser maiores ou menores a depender do aspecto específico de interesse e do momento observado. A principal indagação a ser respondida é quanto aos elementos objetivos que delimitaram o alcance da autonomia do Estado argentino nas negociações da dívida externa. Por sua vez, a hipótese a ser escrutinada repousa em uma série de premissas derivadas a partir de discussões teóricas sobre a relação Estado-capital, e indica que a autonomia teve seu alcance definido pelo concurso de três fatores: a natureza institucional e a concentração dos credores; a correlação doméstica de forças; e o espaço fiscal. Juntos, esses aspectos delimitaram a capacidade de os operadores do Estado resistirem às pressões políticas em favor dos interesses dos credores enquanto, simultaneamente, administravam os distributivos na sociedade, minorando as externalidades produzidas pelo bloqueio do crédito externo e da remuneração da dívida.

As múltiplas derivações que envolvem o problema abrem margem para uma série de explicações possíveis, de modo que é preciso dizer algo sobre as escolhas feitas no curso da elaboração e da execução deste trabalho. Cabe apresentar, para contextualização, algumas considerações sobre os dois temas que compõem a problemática aqui explorada – autonomia e dívida externa – e o conjunto de referências mobilizadas, de modo a identificar as limitações do conhecimento atualmente disponível e delimitar o escopo de contribuição possível para este texto.

1.1. A autonomia na trama da dívida externa: algumas limitações do conhecimento disponível

Dentre as questões que permeiam o debate sobre as relações internacionais da América Latina, a autonomia foi aquela que alcançou maior proeminência. A origem desse destaque remonta às implicações de duas das interpretações mais influentes do século XX sobre a realidade latino-americana – o estruturalismo e a teoria da dependência. Do estruturalismo veio a interpretação da América Latina enquanto periferia do capitalismo, uma condição decorrente das dinâmicas de difusão do progresso técnico-científico e da especialização produtiva primário-exportadora, que, mais do que simplesmente incapaz de alçar a região aos patamares de desenvolvimento econômico dos países centrais, se constituía como um modo de ser específico no capitalismo.[3] Já a teoria da dependência, nas leituras tanto marxista[4] quanto weberiana,[5] legou a visão de que os limites do possível nos processos de transformação das sociedades latino-americanas estão condicionados pelas dinâmicas em curso no centro do capitalismo e que essa situação favorece os interesses de segmentos específicos dessas sociedades que, então, se encarregam de favorecer a reprodução da situação de dependência.

A rápida e ampla difusão dessas teses alçou a autonomia ao centro dos debates sobre os vínculos da América Latina com o mundo. Em uma perspectiva mais abrangente, há três interpretações principais sobre a questão, todas claramente normativas, que têm na amplitude de seu compromisso com o *status quo* vigente um fator relevante de diferenciação. A primeira delas, revolucionária, vem da teoria marxista da dependência, que argumenta pela impossibilidade de uma transformação estrutural dos países periféricos sem uma ruptura com o modo de produção capitalista. Autores como Ruy Mauro Marini e Theotonio dos Santos argumentavam que o capitalismo latino-americano, ao ser fundado nas bases da superexploração do trabalho, era incompatível com um desenvolvimento capaz de superar a miséria da região.[6] Estendendo o argumento à autonomia, constatamos que esta se define justamente na oposição a tal situação e tem seu alcance fatalmente contido pela associação entre as classes dominantes locais e o capital internacional, que têm na reprodução desse quadro um ponto de interesse comum.

---

3 Rodríguez, *O estruturalismo latino-americano*, 2009.

4 Marini, *Dialética da dependência*, 1973; Bambira, *El capitalismo dependiente latinoamericano*, 1974.

5 Cardoso e Faletto, *Dependencia y desarrollo en América Latina*, 2003.

6 Martins, *Globalização, dependência e neoliberalismo na América Latina*, 2013.

Uma segunda posição, de caráter reformista, é a do paradigma autonomista, cujos expoentes principais são o argentino Juan Carlos Puig[7] e o brasileiro Hélio Jaguaribe. Contrapondo-se ao que consideram um vaticínio fatalista da teoria da dependência – uma crítica que dificilmente poderia ser endereçada à ala weberiana dessa teoria –, ambos defendem que a autonomia é tanto desejável quanto possível. Para alcançá-la, não é preciso apelar a gestos de ruptura, bastando haver uma convergência das forças sociais domésticas no sentido de explorar ao máximo os espaços de ação delimitados pelos interesses prioritários das grandes potências. Esses dois aspectos – a coesão interna e a permissividade internacional – seriam a chave para viabilizar uma política externa orientada à ampliação das margens de autonomia dos países da periferia.

Finalmente, o realismo periférico, proposto por Carlos Escudé, oferece uma leitura conservadora da questão.[8] Aqui, a autonomia não passa de uma veleidade, uma aspiração vã, que serve apenas aos interesses das elites ávidas de poder. Países débeis, argumentava o autor, dispõem de autonomia quase limitada, já que sua irrelevância inibe que suas atitudes tenham efeitos sistêmicos significativos. A autonomia deve ser calculada não por seu potencial, mas por seus custos, que, segundo o autor, são insuportáveis para países débeis. Segundo essa perspectiva, o realismo possível à periferia não é a política de poder, mas a adoção de um modelo de alinhamento à potência hegemônica, restringindo eventuais confrontações apenas a interesses econômicos claramente definidos. Além de conservador – porque não contesta nem pretende modificar um *status quo* do qual é crítico –, o realismo periférico é também utilitarista e restringe o exercício da política externa a uma atividade quase contábil, de mensuração de perdas e ganhos.

A autonomia se desenvolveu como objetivo político e categoria de análise, e teve na questão do desenvolvimento econômico seu complemento mais frequente. Com efeito, uma das concepções mais disseminadas até hoje em acadêmicos e operadores da política externa é que esta se vê influenciada, quando não determinada, pelo que se convencionou chamar de "modelos de desenvolvimento".[9] No entanto, é de se ressaltar que a rigidez e a homogeneidade com que tal leitura costuma ser empregada se mostra em flagrante contraste com a realidade, sobretudo em contextos nos quais a orientação das políticas econômicas se encontra sob disputas mais acirradas. Primeiro, é preciso ponderar sobre quais conjuntos de orientações políticas estão sendo classificados sob o rótulo de "modelo de desenvolvimento".

---

7 Puig, *Doctrinas internacionales y Autonomía Latinoamericana*, 1980.
8 Escudé, *El realismo de los Estados débiles*, 1995.
9 Busso, Los vaivenes de la política exterior argentina re-democratizada (1983-2013), 2014.

É muito difícil, por exemplo, pensar na agenda implementada pelo Processo de Reorganização Nacional e aprofundada nos governos Menem como um modelo de *desenvolvimento* simplesmente porque essa noção era ausente em suas formulações, cujo propósito era regular a *acumulação* e o *crescimento*, subordinando os interesses do trabalho à valorização do capital, sem atingir as características estruturais que são a origem do subdesenvolvimento argentino.

Um segundo problema dessa formulação é o tratamento estático dispensado ao papel das forças sociais domésticas e internacionais. O esteio de qualquer projeto econômico é social, formado por uma convergência de diferentes segmentos da sociedade – a ideia de "aliança de classes" tratada por Guillermo O'Donnell[10] é especialmente cara – cujos interesses são, de alguma maneira, acomodados no modelo. Na incorporação aos estudos de relações internacionais, os modelos de desenvolvimento aparecem como dados, prontos, omitindo os conflitos que eles contêm, os choques de interesse e suas conexões com correlações de forças que os amparam. Esse aspecto, fartamente contemplado pela teoria da dependência, aparece de maneira mais diluída nas interpretações do realismo periférico e do paradigma autonomista, com pouca atenção à dimensão econômica dos vínculos que associam as elites locais ao exterior.

Uma digressão mais circunstanciada sobre os motivos dessas características extrapola em muito a finalidade deste livro, mas há uma observação que me parece oportuna. Apesar de acertada no plano das intenções, a forma mais usual de vinculação entre desenvolvimento econômico e política externa contém uma limitação inerente à forma como concebida, a partir de uma síntese quimérica de tradições intelectuais. Enquanto os problemas típicos do país são postos em termos da economia política estruturalista, os estudos de política externa incorporam uma visão de Estado própria do realismo – uma tradição que suprime a dimensão processual da História em favor de uma coleção de exemplos factuais – o que colide com a epistemologia do estruturalismo latino-americano. Com raras exceções, a bibliografia sobre as relações exteriores da Argentina é marcada por um veio ensaístico pouco afeito à teorização e lastreado na exposição de amplos acervos factuais organizados a partir de conexões cujos fundamentos merecem pouca atenção.

As limitações decorrentes desse modo de abordagem ficam claras ao considerarmos o tema da dívida externa. Mesmo sendo protagonista inconteste da história argentina (ver Quadro 1) e de suas evidentes implicações internacionais, o fenômeno do endividamento externo não se firmou como objeto

---

10 O'Donnell, Estado y alianzas en la Argentina, 1956-1976, 1977.

Dever e poder

de interesse significativo por parte da literatura. Em geral, é possível identificar um tratamento apenas residual,[11] em que a dívida aparece como parte de um conjunto, muitas vezes difuso, de constrangimentos em meio aos quais transcorreu a política externa em um determinado período.[12] Há ainda trabalhos em que a dívida aparece como um tema influenciado pelas posturas assumidas pela Argentina nas relações exteriores,[13] ou ainda que vinculam, de maneira explícita e linear, os dois temas, ou seja, reduzida a dívida, a autonomia seria ampliada,[14] ou vice-versa. Quando se trata das razões pelas quais uma determinada iniciativa foi ou não bem-sucedida, ou mesmo de seu alcance efetivo, a bibliografia é silente.[15]

Afinal, por que a proposta de refinanciar a dívida de maneira compatível com as capacidades de pagamento do país e sem ampliar a deterioração das condições da vida da população, que naufragou nos anos 1980, pôde ser realizada, ainda que parcialmente, duas décadas depois? Por que a bandeira da dívida ilegítima, nos anos 1980, teve de ser arriada e à do desconto no principal, em 2005, não? São questionamentos que dificilmente seriam respondidos de forma adequada a partir da chave analítica dos "modelos de desenvolvimento". Os dois momentos escrutinados nesta tese compartilham muitas similaridades de programas econômicos e leituras sobre o lugar da Argentina no mundo, mas chegaram a pontos suficientemente distintos para suscitar dúvidas quanto à acuidade desse ponto de vista.

Evidentemente, os reparos necessários a tais leituras não implicam o afastamento das questões econômicas, mas, antes, sua incorporação em uma chave atenta ao caráter social que lhe é intrínseco. O que proponho é relacionar esses pontos à autonomia priorizando o estudo das condições efetivas de sua realização, sem atribuir um patamar de equivalência direta entre as intenções dos governantes e as políticas efetivamente adotadas. Mais importante do que identificar modelos econômicos – que não necessariamente serão de desenvolvimento – é atentar para as relações de força que envolviam o Estado e os diferentes grupos sociais, locais e estrangeiros, de modo a apreender as condições efetivas de realização da agenda proposta. O intuito é explicar um problema localizado à luz de sua historicidade, esquivando a análise de uma confusão frequente que reduz o conteúdo das políticas aos atos de sua realização.

---

11 Paradiso, *Um lugar no mundo*, 2005.
12 Alonso, Las crisis de deuda soberana de la República Argentina en el período democrático, 2017.
13 Santoro, O alinhamento entre Argentina e Estados Unidos na política externa de Menem, 2015.
14 Granato e Allende, A política externa dos governos kirchneristas (2003-2011), 2013.
15 Simonoff, Regularidades de la política exterior de Néstor Kirchner, 2009.

Quadro 1 – Sinopse das moratórias unilaterais da dívida externa argentina[16]

Ano	Contexto	Principais credores	Principais desdobramentos
1827	Primeira moratória da dívida externa do país após a independência;[17] Crise financeira na Europa (principalmente na Inglaterra); Quadro mais amplo de crise da dívida na América Latina (apenas o Brasil não entrou em moratória); Deterioração da balança comercial; Concentração do débito na casa bancária Baring Brothers (banco privado britânico); Empréstimos contraídos para financiamento de infraestrutura e guerras.	Casa Baring Brothers	Longo processo de negociação, concluído apenas no final dos anos 1850, após o fim do governo de Juan Manuel de Rosas; Reestruturação pactuada com a casa Baring Brothers, sendo a dívida assumida pela recém-unificada Confederação Argentina; Bloqueios estrangeiros do porto de Buenos Aires.
1890	Quinto maior mutuário soberano da época; Empréstimos para financiar a construção de infraestrutura, principalmente de transporte; Expansão do crédito e da base monetária; Déficit orçamentário.	Casa Baring Brothers	Resgate da Casa Baring Brothers viabilizado pelo Banco da Inglaterra; Cooperação com os bancos centrais da Alemanha, da França e da Rússia; Retração dos fluxos de capitais para a América Latina; O "pânico de 1890"; Auxílio financeiro do México à Argentina; Extensão da crise ao Brasil e ao Uruguai.

Continua

---

16 Não inclui as moratórias decretadas pelas províncias nem os chamados "defaults técnicos" – como o de 2014 – em que o pagamento não é realizado por circunstâncias alheias à ação e à vontade do governo.

17 Após a secessão de 1820, a dívida passou para o passivo da província de Buenos Aires, assim permanecendo até a reunificação, nos anos 1850.

Quadro 1 – *Continuação*

Ano	Contexto	Principais credores	Principais desdobramentos
1983	Expansão da dívida no período autoritário, para financiamento do esquema de valorização financeira; Primeiras reformas neoliberais e queda vertiginosa do PIB; Concentração dos credores: bancos privados, sobretudo dos Estados Unidos; Crise da dívida da América Latina; A "dívida ilegítima"; Transição do regime autoritário; Plano Austral.	Bancos privados estadunidenses e organismos financeiros internacionais.	Fracasso do Plano Austral; Tentativa de formar uma coalizão de Estados endividados (Consenso de Cartagena); Conclusão da estatização das dívidas privadas; Reestruturação através dos Planos Brady e Baker; Hiperinflação; Crescimento da dívida em consequência do acúmulo de juros e mora; Aprofundamento das bases do modelo neoliberal.
2001	Dívida para financiamento da fuga de capitais; Crise do modelo de conversibilidade; Dispersão dos credores; Impactos das crises no México, na Rússia, no Brasil e na Ásia; Confisco de capitais (*corralito* e *corralón*); Deterioração da coalizão de governo; Crise fiscal; "*¡Que se vayan todos!*".	Fundos de investimento privados, investidores individuais (principalmente da Itália, da Alemanha e do Japão); fundos de pensão.	Maior default soberano da história do sistema financeiro internacional; Agravamento da crise política; Intensa contração da atividade econômica (queda de 20% do PIB em 2002); Processo de reestruturação em duas rodadas (2005 e 2010); Impasses com os "fundos abutres".

Fonte: Elaboração própria.

O segundo tópico a ser explorado é o da dívida. Com registros que remontam há mais de 5 mil anos, a dívida é seguramente uma das mais antigas instituições humanas já rastreadas, além de ser um fenômeno universal, no sentido de que sua ocorrência não ficou restrita a um tempo ou um espaço específicos.[18] Nessa história milenar, a evolução das formas de organização social e a criação das condições materiais de existência humana transformaram várias de suas feições, mas mantiveram intacta a qualidade específica que singulariza a dívida: a carga de obrigação e dever atrelada ao termo, fazendo da restrição de autonomia de escolha do devedor uma derivação automática do fato de dever. A palavra "débito" vem de "estar obrigado a",[19] e mesmo que se reconheça que os significados específicos dessa obrigação podem ser diferentes – uma dívida de gratidão não é idêntica a uma em dinheiro –, a expectativa de modulação do comportamento daquele que deve é uma premissa subjacente a toda concepção disponível sobre a dívida.

O vocabulário quase religioso não é um acaso: a dívida tem o verniz da falta, do pecado. Qual é a relação fundante do vínculo entre o homem e a potência divina senão a dívida de gratidão pelo dom da vida que lhe foi outorgado? Marx afirmava que, na era manufatureira, o crédito púbico fora convertido "no credo do capital",[20] e o léxico sacro que envolve a dívida persiste até hoje na literatura econômica, em expressões como "pecado original".[21] Como todo pecado, a dívida exige do faltoso um rito de expiação – o pagamento – cujo cumprimento se torna uma questão totalizante, que impede um retorno à normalidade até que seja apropriadamente realizado. A noção de que as dívidas *têm de* ser pagas, que dever é algo que implica uma obrigação inelutável, independentemente da vontade do devedor, se encontra de tal modo arraigada no imaginário coletivo que mesmo lideranças políticas consideradas radicais hesitam em objetá-la.[22]

Assim como os indivíduos, as associações humanas, desde que existem dessa forma, também se endividam e o fazem não apenas com os seus, mas também perante o exterior, e podem enfrentar situações de insolvência ou iliquidez que levam à impossibilidade de cumprir os calendários de pagamento dos débitos. Nesses casos, quando o devedor não é um indivíduo, mas uma associação soberana, aplicam-se as mesmas considerações de dever e obrigação? Ao longo da História, uma pessoa que não pagasse suas dívidas estava sujeita ao confisco de seus bens, à prisão, à escravidão

---

18 Graeber, *Debt*, 2011.

19 Douglas, *The Philosophy of Debt*, 2016.

20 Marx, *O capital*, livro I, 2016, p.824.

21 Eichengreen, Hausmann e Panizza, Currency Mismatches, Debt Intolerance and Original Sin, 2013.

22 Lienau, *Rethinking Sovereign Debt*, 2014.

ou mesmo à perda da própria carne, como narrado na célebre obra de Shakespeare, mas essas são formas de punição que dificilmente poderiam ser aplicadas de modo idêntico a uma coletividade. Apesar disso, o rigor da expectativa de pagamento das dívidas soberanas costuma ser ainda mais acentuado que aquele aplicado às pessoas; se na Antiguidade, por exemplo, era frequente a expedição de decretos reais criando os chamados jubileus – pelos quais se outorgava um perdão coletivo das dívidas[23] –, o registro de tratamento similar às dívidas soberanas é extremamente escasso.

O advento do Estado moderno elevou o patamar das preocupações com as consequências políticas da dívida soberana. No ensaio "Do crédito público", de 1752, o filósofo escocês David Hume apresenta uma prédica em defesa da austeridade e enumera uma série de argumentos para fundamentar sua oposição ao financiamento do Estado pelo endividamento. Entre os pontos destacados, Hume alerta que o descontrole da dívida – sempre esperado pela natureza hipotecária do débito e perdulária dos governos – leva à impotência e à submissão ao estrangeiro. Em suas palavras,

> Se os abusos de tesouros são perigosos, seja por envolver o Estado em empreitadas temerárias, seja por levá-lo a negligenciar a disciplina militar, por confiar em suas riquezas; os abusos de hipoteca são mais certos e inevitáveis: a pobreza, a impotência e *submissão a poderes estrangeiros*. [...] Constata-se que, sempre que um governo hipoteca toda a sua receita, *é inevitável que mergulhe em um estado de langor, inatividade e impotência*.[24]

Ponderação semelhante, mas em sentido oposto, pode ser encontrada na correspondência de Thomas Jefferson ao general William Henry Harrison, que, posteriormente, também seria eleito presidente dos Estados Unidos:

> Para promover esta disposição para trocar [as] terras que eles têm de sobra e [nós] queremos; para as necessidades [para as quais] temos de sobra, e eles querem; vamos impulsionar nossas casas de comércio e nos contentar em ver os indivíduos bons e influentes entre eles incorrerem em dívidas, porque observamos que, quando essas dívidas vão além do que os indivíduos podem pagar, eles se tornam dispostos a abatê-las por uma cessão de terras.[25]

Nos dois trechos, o plano de fundo da argumentação é dado pelo reconhecimento de que aquele que deve, seja um povo, seja um governo, vê tolhida sua liberdade de ação e decisão. Mesmo sem detalhar os mecanismos específicos pelos quais a restrição de autonomia ocorreria, está claro

---

23 Hudson, *... And Forgive Them Their Debts*, 2018.
24 Hume, *Ensaios políticos*, 2003, p.204-21, grifos meus.
25 Jefferson, *Letter from Thomas Jefferson to William Henry Harrison*, 1803.

Matheus de Oliveira Pereira

que sua existência é a premissa organizadora dos dois argumentos. Séculos depois, episódios como o Bloqueio da Venezuela[26] e a Ocupação do Ruhr[27] parecem secundar sem maiores ressalvas a conclusão de Hume e os conselhos de Thomas Jefferson. Incapazes de pagarem seus débitos, Venezuela e Alemanha se viram acossadas pelos canhões de seus credores, e se não foram efetivamente atacadas, isso se deu mais pelo concurso de outras potências estrangeiras do que pela dissuasão realizada por suas próprias forças.

A América Latina, aliás, é pródiga em exemplos de mobilização da dívida como instrumento de submissão. Após declarar sua independência, o Haiti enfrentou um bloqueio internacional de diversos países até que pagasse uma dívida equivalente a 18 bilhões de dólares à França, uma soma que, segundo David Graeber,[28] "era intencionalmente impossível [de pagar]". Sem acesso ao crédito, e com suas rotas comerciais embargadas, o Haiti – expressão máxima da pujança do movimento de independência na região – teve sua autonomia política fatalmente cerceada pelo ambiente exterior. Outro exemplo dessa mesma lógica foi a ocupação dos portos mexicanos, no século XIX, após a recusa do grupo político liderado por Benito Juarez em reconhecer a legitimidade de parte da dívida do país, em 1861. No ano seguinte, forças conjuntas do Reino Unido, da França e da Espanha invadiram o México, o que resultou num período de ocupação por parte das tropas francesas, expulsas apenas cinco anos depois.[29]

Exemplos como os da Venezuela, do México, do Haiti e da Alemanha de Weimar representam situações, às quais poderíamos agregar as ocupações na América Central, entre outros exemplos, da chamada "diplomacia da canhoneira" (*gunboat diplomacy*). Trata-se do uso, ou da ameaça de emprego, de força militar, visando a objetivos políticos, no caso a punição ou a prevenção de um default. Apesar de eloquentes, esses exemplos devem ser vistos com cautela. Estudos empíricos demonstram que emprego da coerção direta em disputas de dívida soberana é relativamente baixo em termos históricos,[30]

---

26 Em 9 de novembro de 1902, Grã-Bretanha, Itália e Alemanha impuseram um bloqueio naval à Venezuela em resposta à decisão do presidente Cipriano Castro em suspender os pagamentos da dívida. O episódio é um dos mais importantes na cronologia das relações internacionais da América Latina e deu origem à Doutrina Drago, formulada pelo chanceler argentino Luis Drago, em repúdio ao uso da coerção física para pagamento de dívidas. Uma análise minuciosa do tema pode ser encontrada em Stuart, *O bloqueio da Venezuela em 1902*, 2011.

27 Em janeiro de 1923, Bélgica e França ocuparam o vale do Ruhr em retaliação ao pagamento incompleto das dívidas de guerra da Alemanha com esses países. A querela foi resolvida através da concessão de empréstimos por parte dos Estados Unidos à Alemanha, que, durante a década de 1920, superaram o montante despendido pela República de Weimar no pagamento das reparações de guerra. Cf. Keynes, *As consequências econômicas da paz*, 2002.

28 Graeber, op. cit., p.6.

29 Marichal, *Historia de la deuda externa de América Latina*, 1988.

30 Tomz, *Reputation and International Cooperation*, 2007.

e mesmo os autores que ressaltam a relevância da diplomacia da canhoneira para forçar o cumprimento dos contratos de dívida entendem que esse é um fenômeno situado em um momento específico, no apogeu do padrão-ouro.[31]

Em um trabalho seminal sobre a história da dívida externa latino-americana, Carlos Marichal observa que, durante o século XIX, o governo britânico, apesar das pressões das casas bancárias, tendeu a valer-se da diplomacia de canhoneira mais para tratamento das questões comerciais do que para viabilizar interesses financeiros.[32] Nesse sentido, os exemplos supracitados devem ser vistos no contexto de questões geopolíticas mais abrangentes, que têm na dívida mais um pretexto, arrimado na legitimidade de cobrança imiscuída nessa relação, do que uma causa. A "diplomacia de canhoneira" se afigura mais como uma forma de atuação própria do imperialismo característico da atuação das grandes potências no apogeu da era dos impérios[33] do que como evidência de uma lógica atemporal dos meios de restrição da autonomia política do Estado motivada pela dívida externa.

A possibilidade de sofrer uma invasão estrangeira por causa de dívidas não pagas pode ser implausível, o que não significa que não haja consequências significativas. Moratórias soberanas permanecem como episódios extremos, que ocorrem com uma frequência muito menor[34] do que a própria racionalidade econômica poderia sugerir.[35] Apesar de haver certa dificuldade[36] na literatura para precisar as penalidades possíveis, não resta dúvida de que elas existem e vão além das atividades econômicas. De modo geral, o crescimento econômico e os fluxos comerciais e de investimentos costumam ser seriamente afetados pelas moratórias.[37] Sanções comerciais, restrição de acesso aos mercados de crédito, processos em cortes nacionais e multilaterais e petições para embargo de bens localizados no exterior são algumas das possibilidades envolvidas. Carmen Reinhart e Kenneth Rogoff reconhecem ainda que, para além da economia, "os defaults podem afetar equilíbrios delicados em acordos e alianças de segurança nacional, tema no qual a maioria dos países tem uma série de necessidades e problemas relevantes".[38]

---

31 Mitchener e Weidenmier, Supersanctions and Sovereign Debt Repayment, 2005.
32 Marichal, op. cit.
33 Notemos que a invasão do México se deu, em certa medida, à imagem e semelhança da futura Conferência de Berlim. Quando a decisão de ocupar foi tomada, em 15 de novembro de 1861, os ministros do Exterior britânico, espanhol e francês se encontravam amparados tão somente no direito autoinvestido de fazê-lo.
34 Roos, *Why Not Default?*, 2019.
35 Zame, Efficiency and the Role of Default When Security Markets Are Incomplete, 1993.
36 Lindert e Morton, How Sovereign Debt Has Worked, 1989.
37 Reinhart, Rogoff e Savastano, Debt Intolerance, 2003, p.12.
38 Reinhart e Rogoff, *This Time Is Different*, 2009, p.58.

Jonathan Eaton e Mark Gersovitz apresentaram um argumento pioneiro para explicar por que países seguem pagando suas dívidas externas mesmo em contextos de extremo estresse financeiro. Segundo os autores, a chave para entender esse comportamento está no elemento reputacional: governos seguem pagando, mesmo quando não podem mais fazê-lo, porque temem que seus países adquiram uma reputação de maus pagadores e, com isso, percam acesso ao crédito no futuro.[39] Assim, o presente é sacrificado em nome do futuro. Mesmo tendo sido amplamente desafiado por uma série de estudos empíricos, esse argumento tem vida longa e ensejou algumas formulações posteriores de forte âncora no pensamento liberal internacionalista – como a de que o sistema de créditos e pagamentos internacionais é sustentado pela preocupação dos agentes com seu bom conceito.[40]

Em linha similar, um ramo da bibliografia ressalta o papel das instituições políticas[41] e do regime democrático como variáveis centrais para minimizar a ocorrência de um default. Nessa linha de raciocínio, instituições políticas inclusivas e democráticas, por estarem submetidas a um sistema complexo e eficiente de freios e contrapesos, não apenas desestimulam comportamentos oportunistas por parte dos governantes – que poderiam orientar um calote para evitar a perda de apoio interno –, como também estariam mais aptas e comprometidas com a segurança dos direitos de propriedade, como os dos credores, e de princípios de cumprimento de regras e contratos.[42]

Em um trabalho recente, Jerome Roos oferece um argumento persuasivo contra essa linha de raciocínio. O autor, de início, aponta que a literatura canônica tende a despolitizar um objeto cuja natureza é essencialmente política e social. Segundo Roos, a chave para entender a decisão de decretar ou não uma moratória não está na reputação do devedor nem em suas instituições políticas, mas no poder estrutural que o setor financeiro dispõe na economia internacional contemporânea.[43] Definido em seus termos mais elementares, esse poder consiste na capacidade de definir "como as coisas serão feitas",[44] outorgando aos seus detentores o poder de disciplinar, constranger, não pela imposição direta, mas pelo simples ato de não fazer nada, de reter a distribuição de um recurso do qual os demais dependem, moldando "a estrutura de oportunidades dentro da qual os atores e grupos precisam operar, pelo simples fornecimento, ou recusa de fornecer, algo que é essencial à sua performance, bem-estar ou sobrevivência".[45]

---

39 Eaton e Gersovitz, Debt with Potential Repudiation, 1981.
40 Tomz, op. cit.
41 North e Weingast, Constitutions and Commitment, 1989.
42 Acemoglu, Johnson e Robinson, Institutions as the Fundamental Cause of Long-run Growth, 2004.
43 Roos, op. cit.
44 Strange, *States and Markets*, 1994, p.25.
45 Roos, op. cit., p.58.

Desse poder derivam alguns mecanismos de coerção sobre os devedores – a disciplina de mercado, os empréstimos condicionados das instituições financeiras internacionais e a influência das elites domésticas favoráveis à ortodoxia econômica. A tese de Roos oferece uma perspectiva muito mais ponderada, a meu ver, para encarar o problema. Não há dúvida de que as preocupações com acesso ao crédito no futuro, bem como o desenho das instituições políticas internas, são relevantes para explicar a decisão de decretar ou não uma moratória; mas, para que elas sejam o fator decisivo, é fundamental que haja uma correlação de forças capaz de sustentar o governo diante das consequências do default.

O foco do autor, porém, está em uma questão distinta da que pretendo tratar aqui – enquanto Roos procura responder à ocorrência de defaults, interessa-me compreender a dinâmica de poder posterior à moratória que delimita os espaços de ação autônoma dispostas pelo devedor. A diferença de localização temporal de nossos interesses não impede, porém, que esse trabalho mobilize, *mutatis mutandis*, várias das referências de caminhos traçados pelo autor, mas impõe a necessidade de alguns ajustes, descritos na sequência.

1.2. Questões metodológicas

Identificados os limites do conhecimento disponível, é preciso avançar na caracterização de uma abordagem alternativa que contemple de modo satisfatório as questões que ensejam o trabalho. Se aceitarmos que é o poder estrutural do setor financeiro que limita a ocorrência de defaults, o estudo da autonomia política do Estado *depois* da moratória precisa partir do pressuposto de que esse poder estrutural se encontra suficientemente debilitado para permitir que a situação exista, em primeiro lugar. No entanto, isso não implica uma exclusão desse aspecto, mas a necessidade de situá-lo em conjunto com outras camadas. Como o propósito do trabalho é entender o exercício da autonomia por parte do Estado argentino, o traçado a ser seguido delineou-se com clareza: é preciso incorporar uma análise do Estado, mais precisamente sobre os vínculos entre o poder político do Estado e o capital em uma chave tanto internacional quanto doméstica.

Essa é uma escolha teórico-conceitual que, a uma só vez, permite enfrentar uma série de lacunas observadas na bibliografia ostensiva – a reificação do Estado, o caráter estático das forças sociais, a pasteurização e a despolitização da dívida externa, entre outras. Um equívoco metodológico do qual é preciso estar advertido é o de vincular a causalidade dos processos à afirmação de agência apenas a um dos atores envolvidos, isto é, de explicar os fatos em termos apenas das fragilidades ou fortalezas dos credores, operadores do Estado, instituições multilaterais, entre outros. Em termos práticos, isso significa que, quando da análise, devemos nos atentar à configuração específica em que aparecem os componentes da hipótese e situá-los como parte de um embate de vontades, um choque de forças.

A análise a ser desenvolvida tem como componente central o encadeamento das dimensões interna e externa da autonomia do Estado. Maiores detalhamentos sobre os marcos conceituais empregados serão apresentados na sequência, mas, desde já, é preciso registrar duas premissas centrais para a análise, a saber: a) o Estado capitalista é dotado de uma *autonomia relativa* e deve desempenhar duas funções básicas – assegurar as condições necessárias à reprodução do capital e administrar os conflitos sociais derivados desse processo; b) no período coberto pela pesquisa, a fração dominante no capitalismo, em termos sistêmicos, é a bancário-financeira, cujos interesses são prioritariamente perseguidos pelos Estados centrais e pelas estruturas institucionais de governança global. A partir dessas premissas, derivei uma primeira proposição, segundo a qual o exercício da autonomia diante da dívida externa requer um esforço duplo, que consiste em evadir-se das pressões dos credores e de seus representantes políticos e evitar a confluência de interesses entre credores externos e setores dominantes internos. Dito de outra maneira, a manutenção da autonomia diante da dívida externa dependerá da capacidade de os governantes blindarem o exercício das funções básicas do Estado da influência exercida pelas consequências da moratória.

Dessa maneira, a hipótese aventada para o trabalho indica que as margens de autonomia dispostas pelo Estado argentino nas negociações da dívida externa estiveram objetivamente condicionadas por três fatores: (a) concentração e natureza institucional dos credores; (b) organização do poder econômico local; (c) espaço fiscal.

Concentração e natureza institucional dos credores foram identificadas a partir das referências bibliográficas e documentais disponíveis, através de uma segmentação do volume total da dívida a partir dos credores, segmentados por natureza institucional (públicos ou privados) e origem nacional. A seleção dessa variável busca contemplar as questões de ação coletiva, vitais para o exercício de pressões diretas sobre o devedor, e auxilia na caracterização dos interesses e implicações efetivamente em pauta nas ocasiões de crise. As informações para caracterização empírica foram colhidas na bibliografia disponível e em publicações do Ministério da Economia argentino e do FMI.

Organização do poder econômico local é outro fator crítico para compreensão da resiliência possível dos operadores do Estado[46] às pressões encaminhadas por ocasião da dívida. A premissa de fundo é de que, quanto mais fortes forem os grupos locais de interesses assonantes aos dos credores externos, mais difícil será para o governo sustentar posições autonomistas.[47]

---

46 Block, *Revising State Theory*, 1987.

47 Roos, op. cit.

Dever e poder

A aferição empírica desse item se deu a partir da combinação de dados sobre o peso relativo da indústria e do setor agrário na formação do PIB – coletados nas bases do Banco Mundial – e de indicadores sobre a composição nacional do capital e o grau de concentração da cúpula empresarial do setor industrial. Nesses casos, os dados foram obtidos nas bases da Cepal e do Ministério da Economia argentino, bem como na bibliografia disponível.

Por fim, o *espaço fiscal*, calculado a partir dos resultados primários do setor não financeiro e da proporção da dívida e de seu serviço junto ao rendimento nacional bruto e as exportações, é o elemento que permite avaliar o mais elementar dos aspectos: a efetiva capacidade de pagamento do Estado. A disponibilidade de receita é crucial não apenas para pagar as dívidas, como também para permitir ao Estado a gestão dos conflitos distributivos no interior da sociedade, que, sob impacto das demandas fiscais trazidas pela dívida externa, pode fortalecer ou fragilizar a posição do governo. Aqui, os dados foram amealhados, sobretudo, nas bases do Banco Mundial e do FMI.

Um objetivo complementar do trabalho foi o de delinear os mecanismos que operam como canais de transmissão de influência entre os componentes da hipótese e o comportamento estatal. A questão aqui é enfatizar os *loci* dos embates, os meios específicos em que as potências e fraquezas dos atores são empunhadas e colidem, o que envolve dois canais: a pressão direta (*leverage*) e o disciplinamento financeiro. O *leverage* é um tipo de influência política que se origina nas assimetrias de poder e recursos em um determinado campo de interação, que faz que os resultados das ações e escolhas de um grupo de atores sejam condicionados pelo comportamento de outros. Ele tem a forma de pressões diretas baseadas em promessas de recompensa ou ameaças de punição, pela condução, ou não, de uma política desejada, o que, segundo Barbara Stallings, inclui "barganhas explícitas ou implícitas com bancos privados, agências de ajuda bilateral, corporações multinacionais, e, em casos extremos, serviços de inteligência e Forças Armadas".[48]

Estados centrais podem mobilizar essa capacidade como um ativo de suas políticas externas, pressionando países em moratória, ou na iminência de uma, por concessões que vão além do problema da dívida. Portanto, as pressões relacionadas ao *leverage*, embora derivem do problema da dívida, não precisam ficar circunscritas a ele. O postulado subjacente a essa argumentação é de que os Estados centrais, embora atuem no sentido de assegurar as condições de reprodução do capital como um todo, não têm sua atuação internacional restrita a velar pelos interesses dos credores individuais, dispondo de agendas e objetivos que são constituídos autonomamente e

---

48 Stallings, International Influence on Economic Policy, 1992, p.55.

não se esgotam em temas estritamente econômicos, englobando questões de outras índoles. O *leverage* consiste, portanto, em um tipo de poder aderente à concepção tradicional do termo na ciência política e na sociologia de matriz weberiana. Poder, nesse caso, aparece como uma categoria relacional, concebida em termos de influência política de um ator sobre outro, em que aquele que possui determinados recursos pode exercer uma força modeladora sobre o comportamento de outrem, levando-o a adotar posturas que, de outro modo, não faria.[49]

Ainda recorrendo ao vocabulário weberiano, a relação encapsulada pelo *leverage* se constitui como de poder, e não de dominação, haja vista não existir aqui a necessidade de reconhecimento do fundamento de legitimidade da ordem. Ou seja, a efetividade do *leverage* depende mais das condições próprias do ator pressionado, de suas "fraquezas conjunturais e estruturais",[50] do que da percepção, por parte daquele que sofre a pressão, de que os caminhos adotados detêm méritos intrínsecos para além da desobstrução do caminho para sanar o problema do débito. No contexto dessa tese, suas manifestações concretas se dão na forma da pressão exercida por dois conjuntos de atores: os detentores do poder de veto sobre o comportamento das estruturas de governança política da acumulação de capital em escala global – em particular aquelas vinculadas à concessão de crédito – e os grupos sociais domésticos que controlam os segmentos mais sensíveis da economia argentina.

Desse modo, embora do ponto de vista conceitual o *leverage* possa ser exercido por atores de diferentes naturezas, no escopo desta pesquisa ele se refere prioritariamente, não exclusivamente, aos Estados centrais, às instituições financeiras internacionais e às frações bancário-financeira e agroexportadora do empresariado argentino. Essa centralidade, que não deve ser tomada como exclusividade, se deve à posição desses atores na formulação das "regras do jogo" em que se dão as negociações da dívida, e sua capacidade de influenciar o comportamento dos mercados a partir de decisões locais reforça a pressão disposta por eles. Nesse sentido, o *leverage* inclui desde a oferta condicionada de crédito até a possibilidade de apoiar ou contrapor as posições dos devedores diante dos credores, viabilizar ou obstar acordos e influir sobre a alocação de recursos para prejudicar ou apoiar os endividados.

O *leverage*, porém, não expressa um poder absoluto e irresistível, perante o qual o devedor necessariamente capitulará. Sua intensidade e eficácia são variáveis em função de diversos fatores que se relacionam tanto ao débito quanto ao contexto político-estratégico em que se inserem os atores. Assim,

---

49 Weber, *Economía y sociedad*, 2014.
50 Coelho, *Economia, poder e influência externa*, 2012, p.260.

Dever e poder

numa listagem não exaustiva, é preciso considerar fatores como: (a) concentração dos credores – a relação entre o montante devido e a quantidade de detentores dos títulos da dívida; (b) a natureza dos credores – estatais, intergovernamentais ou privados; (c) a legislação sob a qual foram emitidos os títulos da dívida; (d) a moeda em que está denominada a dívida; (e) a relevância do devedor para o êxito de objetivos políticos dos Estados com capacidade de *leverage*; (f) a disponibilidade de recursos; (g) a credibilidade das ameaças de punição ou recompensa; (h) a composição da coalizão que sustenta o governo do devedor.

A correlação de diferentes fatores pode, em algumas situações, limitar ou desaconselhar práticas desse tipo, mesmo quando estão presentes as condições necessárias para seu exercício. O que a análise empírica permitiu constatar é que quanto mais dependente das estruturas institucionais existentes, maior tende a ser a intensidade com que o *leverage* pode ser exercido. É importante frisar ainda que essa não é uma determinação, mas uma tendência, haja vista que o recurso a esse tipo de pressão requer não apenas a capacidade de um ator, mas também a existência de interesses específicos que se reconhecem como alcançáveis por esse caminho e a disposição para segui-lo.

O segundo canal de transmissão de influência é o disciplinamento financeiro. Trata-se de um constrangimento à autonomia do Estado que se assenta na dependência em relação ao crédito, e a relação de poder que daí se constitui com aqueles que dispõem desse recurso, sem o qual não é possível ao Estado funcionar e, em última instância, existir. Embora existam pontos de similitude em relação ao *leverage*, o disciplinamento financeiro possui estrutura e lógica de funcionamento distintas, e significativamente mais sutis, do que aquelas da pressão direta. Nesse caso, a conexão não se dá através de uma relação de poder que opera em termos diádicos, de interação direta entre atores, mas, sim, estruturais, no sentido de distribuição geral de recursos dentro de uma ordem social. Isto é, ainda que nos dois casos seja a posse e a capacidade assimétrica de alocação de recursos que fundamentam o poder disposto sobre o devedor, no caso do disciplinamento financeiro o exercício desse poder não exige uma interação direta, processos de barganha, ameaças e/ou promessas de recompensa. Como consequência, as pressões sobre a política externa se dão mais em termos de limitações das escolhas efetivamente disponíveis, da demarcação dos limites do possível, do que na apresentação de demandas específicas sobre o comportamento do devedor.

Mas como isso ocorre? Não há uma determinação apriorística nessa conexão, que se assemelha muito mais a uma disputa, a um embate de vontades. O caminho que precisamos percorrer para visualizar o funcionamento desse mecanismo é mais opaco e tortuoso do que aquele traçado para constatar o *leverage*. Uma das principais dificuldades aqui resulta do tratamento tardio dado aos aspectos políticos envolvidos nas políticas monetárias e nas relações financeiras internacionais, que, por muito tempo, foram consideradas campos essencialmente técnicos.[51]

Primeiro, é preciso recordar o ponto sublinhado anteriormente – da relação simbiótica entre o capital e as estruturas políticas de governança do meio em que se dá a acumulação. A dívida, por sua vez, deve ser observada tanto em sua emissão quanto em contextos nos quais se encontra reestruturada ou reprogramada. Em ambos os casos, a necessidade de financiamento pode ser buscada a partir de uma série de escolhas possíveis, cuja viabilidade e cujo êxito se vinculam a posicionamentos políticos que podem implicar cerceamento da autonomia. Refiro-me, especificamente, à emissão de sinalizações por parte do Estado endividado no sentido de reforçar sua adesão e comprometimento às expectativas dos mercados financeiros, ou ainda às consequências de posicionar-se contrariamente a tais expectativas.[52] Indicadores como os de "risco país" ou as classificações de risco emitidas por agências privadas são exemplos de percepções enviesadas desses mercados, que engendram consequências políticas na medida em que orientam as ações dos agentes econômicos.

Assim, costuram-se alinhamentos às posições e agendas de países e organizações que representam os interesses do capital financeiro, buscando "credenciais positivas" e a formação de "ambientes positivos" para os negócios. Tais alinhamentos assumem formas diversas, que podem abranger iniciativas de aproximação diplomática com países centrais, em busca de manifestações de apoio, realização de adequações jurídico-institucionais que implicam compromissos internacionais, adesões a tratados e acordos, entre outros. Por outro lado, reações à dívida baseadas no enfrentamento dos credores internacionais, ou pelo confronto com frações de classe dominantes internamente, tendem ao cerceamento do acesso aos mercados de capitais, engendrando problemas de restrição externa. Esse tipo de postura, praticamente interditada em situações nas quais o crédito é concentrado em poucos atores, se torna viável na existência de fontes alternativas de capitais. Nesse caso, porém, a restrição toma a forma de alianças atípicas, cujo sustento é o estrangulamento financeiro, e não necessariamente uma convergência de interesses socialmente enraizados.

Afigura-se, assim, o quadro analítico em que serão travejados os diversos fatos que compõem a realidade de cada momento. Trata-se, em suma, de identificar a configuração assumida por cada um dos elementos constitutivos da hipótese em cada um dos momentos analisados e, relacionando-os, deslindar a intensidade com que os canais de transmissão de influência pressionaram a capacidade de decisão autônoma do Estado argentino na

---

51 Broz e Frieden, The Political Economy of International Monetary Relations, 2001.
52 Kirshner, Money Is Politics, 2003.

questão da dívida. O préstimo desse enquadramento é permitir o tratamento ordenado e integrado de uma massa robusta de fatos.

A execução da pesquisa empírica se deu em três frentes: (1) análise de documentação oficial de governos e instituições internacionais; (2) coleta, sistematização e análise de dados estatísticos; (3) entrevistas. Fontes hemerográficas foram empregadas de modo subsidiário, compreendendo, em especial, os principais jornais argentinos, estadunidenses e, em alguns casos, brasileiros. Na *análise documental*, procurei mapear a evolução das negociações e o comportamento dos principais atores – os governos argentino e estadunidense, o FMI e as associações de credores – buscando registros das pressões sofridas, das concessões realizadas, das eventuais mudanças políticas e dos posicionamentos diante das agendas de governos e organismos internacionais. Além dos repositórios institucionais do governo argentino, do FMI, do Banco Mundial e da Cepal, a documentação aqui utilizada foi haurida em acervos pessoais abrigados por instituições de pesquisa, como no caso dos arquivos do ex-chanceler brasileiro Ramiro Saraiva Guerreiro, disponibilizado pela Fundação Getúlio Vargas, e do ex-secretário de Estado e do Tesouro americano James Baker, cujos papéis são guardados pela Universidade de Princeton, nos Estados Unidos.

A coleta e a sistematização dos dados estatísticos tiveram o fito de cartografar a evolução da situação macroeconômica e dos pagamentos da dívida. Há um destaque especial para a questão do acesso ao financiamento externo, tanto por fluxos de investimento quanto por emissão de títulos públicos, e da restrição externa do balanço de pagamentos. Munido desses dados, busquei identificar em quais condições fiscais e financeiras ocorreram os pagamentos da dívida, de modo que as vulnerabilidades existentes pudessem ser localizadas temporalmente. Já as *entrevistas* se voltaram a dois objetivos: preencher lacunas resultantes de documentação inexistente ou inacessível, tendo em vista o lapso temporal reduzido entre a ocorrência dos fatos e o desenvolvimento da pesquisa; e capturar nuances dos processos que não estão contidos nos documentos disponíveis e nos dados estatísticos, porque se inscrevem em partes da dinâmica política que não sói estar documentada nem adstrita aos mecanismos procedimentais, como é o caso das pressões diretas de atores externos. Trata-se de um procedimento cujo emprego em pesquisas qualitativas superou, nos últimos anos, o ceticismo que inicialmente atraía, sendo hoje um recurso amplamente utilizado.[53] As entrevistas foram semiestruturadas e, na maioria dos casos, tiveram de ser realizadas através de videoconferência, contemplando agentes envolvidos na questão, como diplomatas, políticos, funcionários governamentais e de instituições financeiras. Por fim, a *análise hemerográfica* teve como objetivo auxiliar na organização da narrativa

---

53 Rathbun, Interviewing and Qualitative Field Methods, 2008.

do processo histórico. As informações colhidas em jornais diários de grande circulação, tanto na Argentina quanto nos Estados Unidos e no Brasil, são um recurso importante para catalogar a evolução das crises e também das negociações porque permitem reunir fatos, propostas e debates que não estão catalogados nos documentos oficiais, mas contribuem para um entendimento global da questão.

No desenvolvimento da análise empírica, as relações com os Estados Unidos da América foram sublinhadas como um eixo de particular interesse, haja vista a posição central desse país no sistema financeiro internacional. No caso dos governos de Carlos Menem (1989-1999), não me detive especificamente na avaliação das variáveis de interesse por uma razão de ordem lógica: não me pareceu necessário avaliar os constrangimentos à autonomia em um período no qual ela não era uma meta. No entanto, o capítulo dedicado a essa administração é de fundamental importância para que o exercício de estudo da diferença não seja indevidamente comprometido pela ausência de encadeamento histórico. Destarte, este livro se estrutura em cinco capítulos, além desta Introdução e das conclusões. No primeiro, apresento uma síntese conceitual que lastreia as premissas da análise e estabelece parâmetros e léxicos empregados posteriormente. O segundo e o quarto capítulos contêm uma revisão do trajeto que culminou nas crises dos anos 1980 e 1998-2001, integrando as dimensões interna e externa, e apresentando os dados referentes à hipótese. O terceiro e quinto capítulos, por sua vez, apresentam a análise dos governos Alfonsín e Kirchner.

Por fim, cabe uma palavra sobre ânimos e utopias. O emprego de tais termos, por si só, já torna desnecessária uma digressão de sociologia do conhecimento a respeito da neutralidade do investigador sobre seu objeto. Essa neutralidade não é desejada nem buscada, mas espero genuinamente que isso não tenha resultado em uma análise enviesada. Ao longo do texto, esforcei-me para que o exercício de compreensão fosse além do entendimento mais intuitivo que resulta das posições particulares sobre o assunto, e que os desejos sobre a realidade não se impusessem sobre aquilo que ela autoriza licitamente considerar – uma empreitada cujo êxito ficará sob julgamento de quem lê.

2
ESTADO E CAPITAL:
URBE ET ORBI

Ao ser descrito em termos de conexão entre uma vulnerabilidade financeira – a incapacidade de seguir arcando com os pagamentos de sua dívida – e a autonomia política do Estado, o problema a ser tratado neste livro se circunscreve às discussões sobre o nexo entre o poder político do Estado e a economia. Trata-se de uma problemática de larga trajetória intelectual, em particular nos estudos de economia política e ciência política, e à qual a bibliografia usualmente se refere sob as rubricas de "dependência do Estado em relação ao capital"[1] ou "autonomia relativa do político".[2] Em ambos os casos, contudo, as atenções se voltam principalmente a processos e eventos que ocorrem no interior dos Estados, e não aqueles que transcorrem para além das fronteiras nacionais. Foi somente a partir dos anos 1970 que economia e a política internacional superaram o que Susan Strange definia como um "caso de negligência mútua",[3] dando origem ao que hoje conhecemos como economia política internacional.

É à retomada dessas discussões que este capítulo se dedica. Recuperar os debates sobre as relações entre Estado e capital se mostra oportuno e necessário por diversos motivos. De um ponto de vista mais pragmático, é preciso fundamentar, conceitual e teoricamente, a proposta analítica que será desenvolvida ao longo deste texto, estabelecendo com maior nitidez os nexos que serão mobilizados adiante. Uma segunda vantagem reside em chamar a atenção às limitações do *mainstream* teórico das relações

---

1 Przeworski e Wallerstein, Structural Dependence of the State on Capital, p.12-29, 1988.
2 Poulantzas, *Poder político e classes sociais*, 1977.
3 Strange, International Economics and International Relations, 1970.

Matheus de Oliveira Pereira

internacionais, cujas mitologias fundantes reprisam convenções intelectuais próprias da representação do Estado como uma entidade neutra, uma associação entre iguais, apartada da sociedade civil[4] e com uma rígida separação entre o interno e o externo.

Na primeira parte do capítulo, busco retomar a bibliografia que discute a problemática da autonomia relativa do Estado. Nessa seção, foram priorizados os estudos dedicados à dimensão socioeconômica do problema, em detrimento das abordagens de viés institucionalista, uma opção consciente que se deve tanto às nuances do objeto deste trabalho quanto ao interesse de abordá-lo em uma chave crítica à reificação que ainda predomina na área. Em seguida, a discussão se volta à questão do financiamento estatal e da dívida pública, que constitui uma dimensão mais específica e central para este trabalho. Por fim, são abordadas algumas especificidades do Estado argentino que informam aspectos relevantes para a compreensão da narrativa que será desenvolvida nos capítulos seguintes. Importa frisar que não pretendo que a revisão aqui exposta resulte em uma síntese teoricamente superior; o interesse principal é situar os eventos concretos nos marcos de argumentações teóricas sobre o processo mais abrangente em que eles se inserem, de modo a organizar a narrativa e balizar as conclusões dela derivadas.

2.1. A problemática da autonomia relativa

Embora tenha se desenvolvido a partir de diferentes tradições intelectuais, a relação entre Estado e capital encontrou especial protagonismo nos debates do marxismo. Ralph Miliband teve um papel pioneiro ao elaborar uma crítica às teses do pluralismo democrático que representavam as sociedades capitalistas como "poliarquias", em que diferentes grupos competiam pelo poder do Estado, impedindo, assim, que houvesse uma classe dominante. Em *O Estado na sociedade capitalista*, Miliband demonstrou como as instituições estatais são regidas em direção aos interesses econômicos dominantes, mesmo quando estão sob o controle de grupos à esquerda.[5] A contribuição canônica a esse debate viria no final dos anos 1960, com a publicação do hermético *Poder político e classes sociais*, de Nicos Poulantzas, com quem Miliband travou uma animada polêmica nas páginas da revista *New Left Review* durante a década seguinte.

Na obra, Poulantzas apresenta um exercício de teoria pura, apoiado na exegese de textos clássicos e estimulado pela crítica ao empiricismo e ao historicismo presentes nas tipologias descritivas do Estado, como aquelas

---

4 Cox, Social Forces, States and World Orders, p.127, 1981.
5 Miliband, *O Estado na sociedade capitalista*, 1972.

propostas por Max Weber e ancoradas no programa de pesquisa inaugurado por Althusser. A teoria proposta por Poulantzas se estrutura em dois componentes principais, um voltado à estrutura jurídico-política do capitalismo, e o outro, à relação entre o Estado e as classes dominantes, sendo esta última a tese de maior repercussão no meio intelectual. Ao adotar uma abordagem estruturalista do problema, Poulantzas demarcava sua divergência em relação ao enfoque de Miliband, centrado nas elites dirigentes.

Um conceito central na obra é o de *bloco no poder*, desenvolvido na esteira da análise apresentada por Marx em *O dezoito de brumário de Luís Bonaparte* e nos escritos de Antonio Gramsci sobre o cesarismo. Nesses trabalhos, Marx e Gramsci tensionam a visão da burguesia como uma classe monolítica, una, ao analisar conflitos políticos contemplando as divisões existentes entre os capitalistas. Poulantzas recupera essas ideias sob a rubrica de *frações de classe* para, então, definir aquele que seria um conceito-chave em sua obra: o *bloco no poder*, definido como uma "configuração particular das classes dominantes",[6] constituída como unidade contraditória sob a liderança de uma fração hegemônica, que será, em última instância, "a detentora do poder do Estado em sua unidade".[7] O conceito de bloco no poder se insere dentro de um esquema de representação do modo de produção capitalista como uma unidade estrutural complexa na qual se articulam diferentes instâncias, classes e frações de classe.

Poulantzas opera uma diferenciação entre o político – entendido como estrutura – e a política, compreendida pelas relações e pelos conflitos de classe. Dessa maneira, o Estado capitalista é um elemento da superestrutura, do político, que tem a função de dar coesão aos diferentes níveis de uma formação social, condensando as contradições entre esses níveis.[8] Sai de cena a visão de Estado como "comitê da burguesia", popularizada no *Manifesto*. O Estado não possui uma função meramente apendicular da "base" econômica: ele é um fator de organização de uma unidade contraditória, determinado em *última instância*, mas não exclusivamente, pela economia e preservando *autonomia relativa* em relação a esta. Aqui, convém recordar a advertência feita por Décio Saes a respeito do engano frequente dos leitores de Poulantzas ao elaborarem a expressão "autonomia relativa" como um conceito, quando, na verdade, se trata de uma temática[9] que engloba diferentes aspectos que podem ser objeto de análise, como a relação entre a burocracia estatal e as classes dominantes, a separação entre o Estado e as relações de produção e a especificidade do político.[10]

---

6 Poulantzas, op. cit., p.294.
7 Ibid.
8 Ibid., p.44-5.
9 Saes, A questão da autonomia relativa do Estado em Poulantzas, 1998, p.52.
10 Codato, Poulantzas, 1, 2 e 3, 2011.

As teses de Poulantzas introduziram uma série de implicações relevantes no estudo marxista da política e do Estado. A burguesia não pode ser tratada como um bloco monolítico de interesses sempre convergentes. Há, é verdade, um interesse que a aglutina, mas que não se expressa em aspectos pontuais da política cotidiana, e sim no plano mais geral, que visa assegurar as condições para reprodução do capital enquanto relação social, mantendo as bases para dominação *de uma classe sobre a outra*. Não só é possível, como esperado, que as diferentes frações da burguesia divirjam frequentemente sobre traços específicos das políticas do Estado – impostos, câmbio, inflação, taxa de juros, por exemplo –, porque elas afetam de modos diversos seus interesses de lucro na conjuntura. No entanto, o interesse fundamental da classe é manter o sistema de dominação do capital sobre o trabalho, porque o Estado, muitas vezes, precisa atuar contrariamente a determinados setores da burguesia, inclusive atendendo a reivindicações dos dominados e limitando o poder da burguesia. Poulantzas exprime de forma lapidar esse aspecto:

> No caso do Estado capitalista, a autonomia do político pode permitir a satisfação de interesses econômicos de certas classes dominadas, limitando mesmo, eventualmente, o poder econômico das classes dominantes, refreando, em caso de necessidade a sua capacidade de realizar seus interesses econômicos a curto prazo, na única condição, porém – tornada *possível* nos casos do Estado capitalista – de que o seu poder político e o aparelho de Estado permaneçam intocados.[11]

Fred Block apresenta um interessante adendo à formulação da autonomia relativa em Poulantzas. Depois de recuperar a definição de Estado como uma condensação de forças, Block, argutamente, observa que "uma condensação não pode exercer poder".[12] Propõe considerar os operadores do Estado – *state managers* – como sujeitos históricos dotados de interesses próprios, de riqueza, poder e prestígio. O termo cunhado pelo autor se refere aos indivíduos que exercem funções nos cumes hierárquicos dos poderes Executivo e Legislativo que, em geral, são antes políticos por vocação do que membros orgânicos das classes dominantes.[13] Desse modo, ainda que o comportamento mais regular seja o de adotar políticas em benefício do capital, isso não se dá de modo determinístico, mas contingente, sendo possível que em circunstâncias específicas os operadores do Estado se comportem em busca dos seus interesses sem respeitar os limites estabelecidos pelas relações de classe.[14]

---

11 Poulantzas, op. cit., p.186, grifo do original.
12 Block, *Revising State Theory*, 1987, p.83.
13 Ibid., p.210.
14 Block, The Ruling Class Does Not Rule, 1977.

Ao situar a análise do Estado em um contexto de classe próprio do capitalismo, Block avança na definição de parâmetros para a análise de situações concretas. Contudo, há aspectos de sua argumentação que merecem reparos. Ao discorrer sobre os limites que o caráter classista do Estado impõe aos seus operadores, Block se concentra nas questões que afetam diretamente a propriedade privada e a geração de lucro para os capitalistas, o que, sem dúvida, é correto, mas também parcial. Block, é verdade, toca na questão das taxas de investimento, mas se limita a destacar os gastos militares,[15] sem levar em consideração diversas outras funções e atividades nas quais o Estado se empenha – comunicações, infraestrutura, ciência e tecnologia, entre outras.[16] Nesses casos, a atuação do Estado serve para atenuar conflitos de classe, socializar os custos de projetos que não atraem os interesses dos capitalistas privados ou simplesmente viabilizar a transferência de excedentes de uma classe ou fração de classe para a outra, como veremos mais adiante no caso da dívida externa.

Com o avanço da internacionalização do capital e da crise do Estado de bem-estar social, os debates sobre autonomia do Estado mantiveram fôlego e incorporaram novas camadas. Apesar da aceitação da funcionalidade do Estado em relação ao capital, divergências de interpretação da lei do valor em Marx suscitaram polêmicas sobre o alcance dessa funcionalidade[17] e, por extensão, da autonomia relativa do Estado. Robin Warren defendia que a internacionalização do capital punha em xeque o Estado-nação,[18] e Peter Burnham foi além, afirmando que a noção de autonomia do Estado seria "puro sofisma".[19] A réplica de Bill Warren, contudo, ainda me parece válida: autonomia não significa independência porque o caráter de classe está inscrito na estrutura do Estado capitalista.[20] Em linha similar, Ian Gough ressaltava a necessidade de o Estado ter um papel ativo e cotidiano nas lutas entre o capital e o trabalho,[21] o que incluía concessões aos trabalhadores, na forma de gastos sociais.

Com efeito, ao posicionar-se dessa forma, negando a autonomia relativa, Burnham parece confundir autonomia com independência, o que não é o caso de nenhuma argumentação consistente sobre a matéria, além de esvaziar a agência dos sujeitos históricos. Que a emergência do capitalismo seja um processo concomitante à formação dos Estados modernos não é uma coincidência cronológica, mas uma expressão dos vínculos intrínsecos

---

15 Id., *Revising State Theory*, 1987, p.85.
16 Mann, The Autonomous Power of the State, 1984.
17 Altamira, *Os marxismos do novo século*, 2008.
18 Murray, Internationalization of Capital and the Nation State, 1971.
19 Burnham, Capital, Crisis and the International State System, 1996, p.101.
20 Warren, The Internationalization of Capital and the Nation State, 1971.
21 Gough, State Expenditure in Advanced Capitalism, 1975.

que unem a forma do Estado moderno e a lógica capitalista do poder e da acumulação.[22] Fernand Braudel resumiu a questão ao afirmar que o capitalismo só triunfa "quando se identifica com o Estado, *quando é o Estado*".[23] Em suma, se o Estado não pode prescindir dos interesses capitalistas, estes tampouco se realizam à revelia dos Estados.

Coube a Ellen Wood o mérito de trazer uma formulação mais bem elaborada do tema, ao destacar que apresentar o Estado como dotado de uma autonomia relativa não significa propor uma demarcação regional do modo de produção capitalista, como se houvesse uma fronteira que informasse o "lugar" do político e do econômico. De fato, segundo a autora, a esquemática divisão "regional" do modo de produção capitalista entre infraestrutura e superestrutura organizadas segundo uma relação determinística da primeira sobre a segunda em muito contribuiu para que se postergasse a incorporação do refino e da complexidade do pensamento marxiano ao estudo do Estado e da política.[24] O que há, de fato, é que o "econômico" no capitalismo é irredutivelmente social, constituído de relações e práticas sociais que dão à política uma complexidade própria. Em suas palavras:

> A esfera política no capitalismo tem um caráter especial porque o poder de coação que apoia a exploração capitalista não é acionado diretamente pelo apropriado nem se baseia na subordinação política jurídica do produtor a um senhor apropriador. [...] a propriedade privada absoluta, a relação contratual que prende o produtor ao apropriador, o processo de troca de mercadorias, exigem formas legais, aparato de coação e as funções policiais do Estado.

Ao tentar enquadrar a problemática do Estado nos marcos dos processos globais de acumulação, Peter Burnham propõe abandonar a premissa do sistema mundial como um agregado de Estados, em favor de uma abordagem que considere as relações internacionais como "o processamento local de relações de classe globais".[25] Algumas derivações relevantes dessa tese são a impossibilidade de realização de uma política econômica autárquica, fora dos limites desenhados pela acumulação global, e a centralidade das tensões entre a forma nacional do Estado e o caráter global da acumulação capitalista.[26] Na mesma toada, John Holloway ressalta que as relações globais de exploração se dão antes entre classes do que entre países, é o capital global que explora o trabalho global,[27] ainda que essas relações sejam processadas nacionalmente.

---

22 Arrighi, *O longo século XX*, 2016.
23 Braudel, *Afterthoughts on Material Civilization and Capitalism*, 1979, p.64, grifos meus.
24 Wood, *Democracia contra capitalismo*, 2013, p.50-60.
25 Burnham, Marx, International Political Economy and Globalization, 2001.
26 Id., Capital, Crisis and the International State System, 1996, p.94.
27 Holloway, Global Capital and the National State, 1995, p.128.

Essa linha argumentativa avança em alguns pontos, mas conserva vezos que merecem atenção. É verdade que, a rigor, o capital internacional não é exatamente "externo" ao Estado, já que ambos estão em um circuito global de acumulação, mas isso não é suficiente para pasteurizar os Estados e menos ainda para negar-lhes autonomia relativa. É curioso, por exemplo, que a argumentação de que "o desenvolvimento de um Estado em particular pode ser entendido apenas no contexto do desenvolvimento das relações sociais capitalistas do qual é parte"[28] seja usada para declarar inválida a distinção entre Estados centrais e periféricos. A dominação é, de fato, de uma classe sobre a outra, mas se essas classes não se apresentam monoliticamente nos Estados nacionais, não há por que supor que elas seriam homogêneas quando consideradas globalmente. A transnacionalização do capital tampouco é um fenômeno novo. O capitalismo sempre foi um sistema global – basta lembrar, por exemplo, o papel dos sistemas coloniais como alavanca da acumulação primitiva europeia. O que as transformações técnico-científicas das últimas décadas fazem é reformular as possibilidades, os meandros, da circulação de capital, o que impõe desafios ao Estado, mas não o torna secundário nem anula suas relações de lealdade com as classes fisicamente situadas em seu território.

2.2. Financiamento estatal e dívida pública

Uma vez definidos os contornos gerais da relação entre Estado e capital, é necessário acrescentar uma segunda camada, mais específica, que se refere ao *financiamento* do Estado, um tópico muitas vezes ignorado, mas que, pela relevância nos marcos deste estudo, merece um tratamento mais circunstanciado. A questão do financiamento pode ser abordada a partir de dois caminhos que, embora epistemologicamente apartados, interagem com a questão da autonomia relativa do Estado e fornecem, ambos, intuições relevantes para esta pesquisa.

Fora do marxismo, Michael Mann estruturou uma das críticas mais consistentes à tese da autonomia relativa. Segundo o autor, embora atribuíssem ao Estado uma autonomia relativa, Poulantzas e seus discípulos, como Göran Therborn, não identificavam qual era a especificidade do Estado que servia como fonte dessa autonomia. Mann busca tratar dessa questão a partir de um extenso esforço de pesquisa histórica para determinar as origens do poder político, aspecto que ilustra que a opção por tipologias empíricas ou teóricas se constitui como uma das principais clivagens epistemológicas entre weberianos e marxistas na reflexão sobre o Estado. Em sua

---

28 Holloway, op. cit., p.124-35.

obra, Mann categoriza o poder do Estado em duas dimensões – despótica e infraestrutural. A primeira se refere ao poder que o Estado e suas elites têm para decisões vinculantes prescindido do aval e de negociações institucionalizadas com a sociedade, enquanto o segundo é a capacidade do Estado de penetrar a sociedade civil e implementar decisões no território.[29]

O argumento de Michael Mann é centrado na questão da territorialidade como fonte da autonomia do Estado. O Estado é, de fato, um *lugar*, uma arena, cujos contornos são necessariamente distintos de outros entes coletivos – classes, igrejas, Forças Armadas etc. Os Estados não podem ser instrumentos de classe simplesmente porque Estados e classes têm escopos territoriais distintos, a radiação de seu poder tem limites diferentes, não contíguos. As sociedades, por sua vez, têm necessidades cuja realização demanda um tipo de autoridade centralizada e territorialmente definida, aspectos incompatíveis com classes, igrejas, corporações, forças militares. Os recursos mobilizados pelo Estado não são, em geral, exclusivos da forma organização estatal, mas é a exclusividade de sua organização espacial que drena certos recursos de poder para as elites estatais. Na medida em que esses recursos são empregados no aumento do poder infraestrutural ou despótico, a tendência é que se incremente a autonomia estatal. A síntese de Mann para o argumento indicado é de que "o poder autônomo do Estado é produto da utilidade da centralização territorial para a vida social em geral".[30]

Não é necessário subscrever integralmente as teses de Mann para constatar que elas tocam em pontos relevantes para uma discussão mais abrangente sobre o Estado, inclusive do ponto de vista de uma análise marxista. Peter Burnham argumenta que o poder do Estado em sua forma capitalista liberal é corporificado nas leis e no dinheiro, o que faz dessa forma política a mais apropriada para servir à expansão das relações sociais capitalistas.[31] Ora, é precisamente a centralização de um conjunto de recursos – sobretudo os aparatos organizados de violência – que faz do Estado um ente capaz de impor as leis e a circulação de uma moeda de curso forçado. Como apontava o jurista soviético Evgeny Pachukanis, as formas jurídicas se encontram indissociáveis da forma mercadoria, o que torna o direito não apenas um compilado de regras, mas, antes, uma forma social específica do capitalismo. De nada servem os códigos legais protegendo a propriedade privada, regulando as relações de trabalho e circunscrevendo os limites físicos em que ambos se aplicam, sem a capacidade de imposição coercitiva proporcionada por polícias e exércitos. É preciso atentar, contudo, que a força pura e simples não serve plenamente ao capitalismo, que se distingue de

---

29 Mann, *The Sources of Social Power*, 1986.
30 Id., The Autonomous Power of the State, 1984, p.211.
31 Burnham, Capital, Crisis and the International State System, 1996, p.101-2.

outros modos de produção justamente por não depender da coerção direta dos explorados por seus exploradores para extração de valor; lei e ordem não são, portanto, categorias estanques, mas formas políticas submetidas às demandas dos processos de acumulação.[32]

Não por acaso, a narrativa canônica sobre o processo de construção estatal é uma simbiose entre centralização da força e da taxação,[33] entre a organização da violência e a extração de recursos da sociedade. É sob a égide do monopólio da violência que são organizados exércitos e polícias, e – aspecto muito menos recordado – é estabelecido o curso forçado de uma moeda que intermedeia relações sociais sob uma dada soberania. Essa centralização da violência é aquilo que, em última instância, assegurará ao Estado a obtenção dos recursos necessários para a conservação daquilo que Max Weber chamava de "meios materiais de gestão",[34] que demandam as receitas do Tesouro público. O Estado, portanto, depende do capital não apenas em termos de apoio ou veto da burguesia às suas decisões, mas também em decorrência de suas necessidades de *financiamento*. Edmund Burke resumiu a questão em poucas palavras ao afirmar que "a receita do Estado é o Estado",[35] enquanto Charles Tilly sublinha ser impossível gerir o Estado sem os arranjos sociais necessários à produção e à reprodução dos recursos que viabilizam a administração pública.[36] As finanças públicas, definidas por Schumpeter como um dos melhores pontos de partida para a investigação de uma sociedade,[37] se tornaram objeto de atenção no início do século XX, mas foi a generalizada crise fiscal nas economias desenvolvidas, entre os anos 1970 e 1980, que puseram o tema no centro das atenções de acadêmicos das mais variadas estirpes.

Quase quatro décadas depois de sua publicação, o estudo de James O'Connor sobre a crise fiscal dos Estados Unidos no pós-Segunda Guerra permanece sendo um vigoroso ponto de partida para a discussão. O principal mérito da teoria de O'Connor é de demonstrar como uma situação de crise fiscal não se resume ao desequilíbrio entre receitas e despesas, mas, sobretudo, evidencia as contradições entre o funcionamento do Estado e de uma economia capitalista e entre esta e a democracia. O problema do financiamento público engloba a necessidade de custear os meios materiais de gestão, mas não se esgota nela, referindo-se, em essência, à administração do conflito distributivo inerente a uma coletividade em que a riqueza é socialmente produzida, mas apropriada de modo privado.

---

32 Cf. Mascaro, *Crise e golpe*, 2019.
33 Tilly, *Coerção, capital e Estados europeus*, 1996.
34 Weber, *Ciência e política*, 1993.
35 Burke, *Reflections on the Revolution in France*, 1790, p.188-90.
36 Tilly, Extraction and Democracy, 2009, p.173-83.
37 Schumpeter, The Crisis of the Tax State, 1954.

A premissa fundamental da teoria é de que o Estado capitalista deve realizar duas tarefas básicas que, com frequência, se apresentam como mutuamente conflitantes: a acumulação e a legitimação. O Estado precisa criar ou manter as condições para a acumulação de capital, de realização de lucro, ao mesmo tempo que deve assegurar as condições para a harmonia social.[38] Desse modo, a legitimidade do Estado capitalista depende de sua capacidade de prover serviços à sociedade sem elevar a taxação a níveis considerados opressivos.[39] Importa ressaltar que esses serviços não podem ser reduzidos à acepção mais automática do termo – saúde, educação, assistência social etc. O dispêndio das receitas estatais é definido por O'Connor em três categorias principais: investimento social, consumo social e despesas sociais. O *investimento social* corresponde aos gastos públicos que contribuem diretamente para a acumulação de capital – como a criação de infraestrutura física, financiamento de pesquisa e desenvolvimento para inovação tecnológica, qualificação educacional da força de trabalho, entre outros. O *consumo social*, por sua vez, é o gasto público voltado à reprodução da classe trabalhadora. Isso envolve os gastos com saúde, assistência social, previdência, e subsídios para aquisição de moradias ou bens de consumo de alto custo. Por fim, as *despesas sociais* abrangem o desembolso de recursos para acomodar as contradições inerentes ao funcionamento do capitalismo, tais como a transferência de renda para pessoas fora do mercado de trabalho, ou os incentivos à manutenção da demanda agregada, como gastos militares.[40]

A natureza contraditória das duas funções básicas do Estado torna o seu exercício cotidiano extremamente complexo. É quase impossível identificar um grupo social que considere ter suas demandas plenamente contempladas pelo orçamento público, ou que julgue pertinente sofrer um aumento da carga tributária que lhe cabe. Por outro lado, o caráter classista do capitalismo significa não apenas uma forma de organização, mas também que as condições materiais da sociedade como um todo dependem das decisões de alocação de recursos tomadas pelos donos da riqueza.[41] Como não é possível reduzir o lucro e, ao mesmo tempo, aumentar os investimentos, os operadores do Estado se veem, então, enredados em uma série de dilemas: é preciso escolher entre distribuição e crescimento, entre equidade e eficiência,[42] tomando decisões que se aproximem tanto quanto possível de um equilíbrio que não pode ser de fato alcançado. Na prática, essas escolhas implicam ou o comprometimento da acumulação, ou a restrição de serviços sociais que, no limite, podem erodir a legitimidade do Estado perante

---

38 O'Connor, *The Fiscal Crisis of the State*, 1973, p.72-9.
39 Block, The Fiscal Crisis of the Capitalist State, 1981.
40 Ibid., p.7.
41 Przeworski e Wallerstein, op. cit., p.12.
42 Ibid.

a classe proprietária, trabalhadora ou ambas.[43] Segundo O'Connor, a crise fiscal se dá justamente quando se chega a uma situação em que o governo não consegue financiar os gastos requisitados pela acumulação capitalista sem comprometer a estabilidade da economia no longo prazo ou minar a capacidade de geração de receitas.[44] Para fazer frente a essas funções, o Estado pode lançar mão de diferentes meios, chegando, inclusive, a engajar-se diretamente no processo de acumulação através das empresas públicas. Os dois caminhos mais comuns, porém, são a taxação e, mais importante para esta pesquisa, o endividamento.

Um dos principais sinais de corrosão do consenso em torno da política macroeconômica de inspiração keynesiana nos países desenvolvidos veio justamente com as críticas à dívida pública. A austeridade do governo se tornou um dos dogmas mais elementares da ideologia neoliberal, sob o argumento de que os cortes de gastos e a redução da proporção dívida/PIB aumentarão a "confiança" dos mercados, atraindo investimentos. Longe de serem novas, essas ideias são uma adaptação de argumentos que há muito circulam no liberalismo. David Hume foi um crítico particularmente ferrenho do endividamento público, alegando que "ou a Nação destrói o crédito público, ou o crédito público destrói a Nação".[45] Embora apresentadas com menos verve, ideias similares a essa podem ser rastreadas em outros autores clássicos do pensamento liberal, como Locke e Adam Smith.[46]

As razões empunhadas pelos liberais contra a dívida pública têm mais a ver com a preservação dos interesses de uma classe específica, sobre a apropriação dos recursos do erário, do que propriamente uma preocupação genuína com a *res publica*. Nesse sentido, elas não deixam de ser esclarecedoras sobre o significado do endividamento público em uma sociedade capitalista. A dívida pública teve um papel crucial nas origens do capitalismo, servindo de trampolim para o empoderamento do poder privado sobre áreas cruciais da economia, como o setor fiscal e bancário.[47] A sua expansão serviu para a formação de uma elite rentista da qual o Estado se tornou financeiramente dependente, a tal ponto que, em diferentes momentos, a estabilidade de uma se tornou sinônimo da outra[48] – e até hoje as queixas quanto à dívida são mais uma preocupação com a garantia de remuneração desses atores do que uma objeção ao mecanismo em si. Na crítica demolidora à versão dada pela economia política de então para o surgimento do capitalismo como um processo autorregulado, Marx enfatiza a violência

---

43 O'Connor, op. cit.
44 Block, The Fiscal Crisis of the Capitalist State, 1981.
45 Hume, op. cit., p.213.
46 Blyth, *Austerity*, 2013.
47 Gottlieb, Political Economy of the Public Debt, 1956.
48 Marx, *O dezoito de brumário de Luís Bonaparte*, 2011, p.124-5.

Matheus de Oliveira Pereira

estatal como requisito determinante desse trajeto e ressalta a importância da dívida pública para incrementar as capacidades estatais sem sobretaxar a sociedade, como se vê na passagem a seguir:

> A dívida pública, isto é, a alienação [*Veräusserung*] do Estado – seja ele despótico, constitucional ou republicano – imprime sua marca sobre a era capitalista. A única parte da assim chamada riqueza nacional que realmente integra a posse coletiva dos povos modernos é... sua dívida pública. Daí que seja inteiramente coerente a doutrina moderna segundo a qual um povo se torna tanto mais rico quanto mais se endivida. [...] A dívida pública torna-se uma das alavancas mais poderosas da acumulação primitiva. Como com um toque de varinha mágica, ela infunde força criadora no dinheiro improdutivo e o transforma, assim, em capital, sem que, para isso, tenha necessidade de se expor aos esforços e riscos inseparáveis da aplicação industrial e mesmo usurária [...]. Os empréstimos capacitam o governo a cobrir os gastos extraordinários sem que o contribuinte o perceba de imediato, mas exigem, em contrapartida, um aumento de impostos.[49]

As dívidas públicas foram ainda centrais na formação de um sistema internacional de créditos,[50] funcionando como mecanismo pelo qual os Estados competiam pela atração dos capitais circulantes. Essa competição, contudo, não resultou em um sistema de unidades políticas equivalentes, como sublinhado em algumas interpretações, mas, sim, em hierarquias[51] que se expressam no presente de diferentes modos. A atenção ao elemento hierárquico é essencial para os propósitos deste trabalho não apenas por constituir parte da dinâmica política subjacente ao problema da dívida, mas também por informar especificidades dos atores estudados que devem ser consideradas quando da análise, e são sinteticamente sumarizadas na sequência.

2.3. Idiossincrasias do Estado capitalista na Argentina

Os eventos que servem de fundamentos às teses mencionadas até aqui estão situados na experiência histórica da Europa ocidental e dos Estados Unidos, que, evidentemente, não são idênticos àqueles transcorridos na América Latina de modo geral, e na Argentina mais especificamente. Nesse ponto, uma breve recapitulação das especificidades dos processos de formação estatal se mostra bastante oportuna, sobretudo porque a narrativa tradicional sobre o fenômeno, consubstanciada na célebre passagem de Charles Tilly "o Estado fez a guerra e a guerra fez o Estado", se mostra parcial quando

---

49 Marx, *O capital*, livro 1, 2013, p.536-8.
50 Ibid.
51 Arrighi, op. cit., p.14.

cotejada com a concreta experiência latino-americana. De início, deve-se notar que três questões tratadas em separado do ponto de vista analítico estão, de fato, imbricadas no processo de formação estatal – a dívida pública, a taxação e a moeda – que, por sua vez, é intimamente relacionado à centralização da violência organizada e ao engenho da guerra. O estabelecimento de uma moeda, na acepção que atribuímos hoje ao termo, se dá como parte de um processo político mais abrangente, em cujo centro reside a imposição da autoridade estatal sobre uma determinada coletividade.

> A capacidade de o poder político impor dívidas tributárias aos seus "súditos" garante-lhe a faculdade de escrever a unidade de conta e de definir o meio de pagamento socialmente reconhecido, através da escolha do que aceita como pagamento de tributos. [...] É importante destacar que essa não é uma decisão técnica, resultante de uma eleição consensual criada pelo mercado, mas, política, oriunda de uma vontade soberana, manifesta em sua capacidade de impor tributos e de definir o que usará e aceitará em suas transações. [...] As moedas restringem-se às dívidas emitidas pela autoridade central e por ela aceitas para liquidação das posições passivas impostas e continuamente recriadas sobre a coletividade em que exerce poder e dominação.[52]

Como se depreende da citação anterior, o estabelecimento da moeda está atrelado aos dois problemas mencionados no início desta seção – a dívida pública e a taxação. É a capacidade de extrair impostos da sociedade que permite ao Estado se endividar com a sociedade organizada sob sua égide e, daí, estabelecer uma moeda de curso forçado. Segundo Benjamin Cohen, o fundamento das funções da moeda é a confiança, que o autor aponta estar assentada em redes de transações.[53] O papel das trocas transnacionais entre agentes autônomos não pode ser subestimado, como o próprio Marx advertia, mas ele não é suficiente para sepultar as teorizações que ressaltam o papel do Estado, porque é a sua capacidade de extração de recursos da sociedade que, em última instância, sustenta o valor do dinheiro que ele emite. A capacidade de extração de recursos é vital para o valor do dinheiro não apenas por garantir o lastro material de seu valor, mas também como emblema do poder estatal, como expressão concreta de seu poder centralizado e capacidade organizadora, de penetração nas relações sociais. Trata-se, portanto, de uma atividade que requer elevadas doses de poder infraestrutural, recorrendo ao vocabulário de Michael Mann, aspecto em que os Estados latino-americanos foram muito mais fracos que os europeus.[54]

---

52 Metri, Acumulação de poder, sistemas e territórios monetários, 2012, p.412-3.
53 Cohen, *A geografia do dinheiro*, 2013.
54 Centeno, *Blood and Debt*, 2002, p.6-10.

Como mencionado, esse processo se deu, em geral, na esteira da guerra, mas teve repercussões bastante heterogêneas. Na Europa, por exemplo, os governos se endividavam para financiar os esforços de guerra e, em seguida, mobilizavam sua autoridade, reforçada pelos combates, para taxar a sociedade e liquidar seus passivos. Na América Latina, por sua vez, a guerra também aumentou as dívidas, mas isso não foi acompanhado da construção de sistemas fiscais robustos, o legado dos combates foi o sangue dos mortos e a dívida contraída para financiar os esforços guerreiros. A fragilidade fiscal do Estado latino-americano é um traço que perdura até hoje. Em média, os países latino-americanos têm uma relação impostos/PIB 11% menor do que aquela registrada nos países da OCDE,[55] por exemplo. A Argentina é um caso paradigmático a esse respeito, porque nem as guerras de independência contra a Espanha, nem a guerra da Tríplice Aliança levaram à criação de instituições fiscais sólidas. Até o começo dos anos 2000, a Argentina possuía o menor esforço fiscal dentre os países de renda média-alta e taxava significativamente menos que o esperado para um país de suas características, mesmo quando comparada a países como Brasil e México.[56]

Situadas historicamente, essas características remontam a alguns traços específicos da economia política da formação estatal argentina. Na citação que serve de epígrafe para esta tese, extraída da obra *Bases y puntos de partida para la organización política de la República Argentina*, de Juan Bautista Alberdi, nota-se uma defesa entusiasmada da dívida pública nacional como alavanca para o desenvolvimento econômico do país, que, à época de publicação do texto, se encontrava na fase final da contenda entre Buenos Aires e a Confederação das Províncias do interior. A celebridade que esse texto publicado em 1852 mantém até hoje não se deve a seus predicados literários, tampouco ao ineditismo de suas teses, mas à sua representatividade enquanto síntese da interpretação do país formulada pela geração de 1837 sob as lentes do pensamento liberal e à notável influência política que exerceu sobre os liberais argentinos e os governos que se sucederam entre 1860 e 1930.

Alberdi e muitos de seus contemporâneos abraçaram sem timidez a proposta de expansão da dívida pública como caminho para contornar os reduzidos estoques de capital e as diversas fragilidades de infraestrutura, especialmente de transportes e comunicação que a Argentina teve até o início da década de 1880. O modelo político-econômico que emergiu a partir dos anos 1860 foi uma república oligárquica em que o poder estava fortemente centrado nos latifundiários dos pampas, e a economia era organizada em um modelo aberto, orientado para exportação, no qual os fluxos internacionais de capital tiveram um papel decisivo na criação das condições para o período de expansão econômica vivenciado pelo país até a Primeira

---

55 OCDE, *Revenue Statistics in Latin America and the Caribbean 2021*, 2021.
56 Melo, Institutional Weakness and the Puzzle of Argentina's Low Taxation, 2017.

Guerra Mundial[57] e que fez da Argentina um dos principais destinos de capital estrangeiro, sobretudo britânico, da época.

Importa frisar que a opção pelo endividamento não reflete apenas uma consequência inescapável da falta de poupança interna ou as imposições do exterior, mas também uma decisão política que visava não elevar os níveis de taxação existentes à época. Um claro exemplo disso pode ser visto no início da década de 1880. Confrontado com uma queda nas receitas, o presidente Julio Roca não optou pela criação de um tributo, mas decidiu tomar dinheiro emprestado dos estancieiros, oferecendo, em troca, 20 milhões de hectares de terra que haviam sido apropriados pelo Estado dos povos nativos do país.[58] Como se nota, a existência de um sistema fiscal débil e descentralizado[59] persistiu mesmo após a reunificação, que consolidou a dependência das receitas públicas aos direitos de aduana.[60]

Essa situação foi se retroalimentando com o passar dos anos: uma vez que a dívida era mais externa do que interna, havia pouco incentivo para que as elites locais, sobretudo os estancieiros,[61] a oligarquia rural dos pampas, se organizassem em coalizões interessadas em pressionar o Estado para fortalecer sua capacidade fiscal, já que não seriam elas as beneficiárias do cancelamento das dívidas de guerra.[62] Esse foi um processo protagonizado pelo Estado e que não teve implicações relevantes do ponto de vista do sistema financeiro doméstico – os recursos obtidos no exterior eram empregados, principalmente, na importação de bens de produção e no financiamento da formação de capital, sobretudo da infraestrutura ferroviária.[63] A aristocracia financeira cevada pelas dívidas públicas argentinas foi, essencialmente, a britânica – as casas Baring e Rothschild lucraram mais com o negócio do que qualquer banco local.

O crescimento da dívida externa, portanto, foi a recíproca do processo de construção desse sistema político-econômico que, embora pretensamente inspirado nas teses liberais, não se ruboresceu em acatar um expediente rechaçado com tanta ênfase por alguns de seus próceres, como David Hume. Embora essa defesa possa soar estranha, ela talvez revele, inadvertidamente, o conteúdo mais profundo da leitura do pensamento liberal feita no país. As recomendações presentes nas *Bases* são parte do esforço de Alberdi em defesa de uma reprodução, nos Pampas, da ordem europeia. A defesa da abertura comercial e financeira é mais um recurso de acoplagem do país ao mundo do que resultado de uma reflexão ponderada sobre

---

57 Diaz-Alejandro, *Essays on the Economic History of the Argentina Republic*, 1970.
58 Oszlak, *La Formación del Estado argentino*, 1982.
59 Centeno, Blood and Debt, 1997.
60 Oszlak, op. cit.
61 Cortés Conde, *Dinero, deuda y crisis*, 1989.
62 Saylor, Debtor Coalitions and Weak Tax Institutions in Latin America, 2018.
63 Lenz, Crise e negociações externas na Argentina no final do século XIX, 2006, p.379-80.

as virtudes do *laissez-faire*. Observador atento da tumultuada vida política de então, Alberdi receitava ainda que os caminhos adotados no país fossem avalizados pela força de "tratados perpétuos com o estrangeiro", explicitando duas das ideias mais caras ao liberalismo argentino: o esforço de mimetizar a Europa e o recurso às relações exteriores como amarra da ordem política interna.

O endividamento público não destruiria a nação, não a deixaria em estado de langor diante do estrangeiro, como advertia Hume, mas seria o próprio alicerce da nação que se formava. A exposição do país aos interesses de credores estrangeiros não seria uma vulnerabilidade, mas fonte de força da ordem que se buscava forjar internamente, e que tinha como principal obstáculo não as potências externas, mas os grupos internos insubordinados a ela. A dívida, nesse sentido, servia ao duplo propósito de financiar as capacidades materiais do Estado e acomodar os interesses das elites dominantes, e, ao fazê-lo, reforçava a dependência ao capital estrangeiro e o padrão de inserção internacional forjado ainda na colonização, que é funcional à reprodução dos interesses de todas essas elites – locais ou estrangeiras.

2.4. Prejuízos exorbitantes

A dívida pública detém um caráter dual, podendo ser doença ou remédio. Sua existência favorece a imbricação dos interesses entre capitalistas e Estado, e permite aos gestores deste enfrentarem um problema de receitas sem recorrer a aumentos na taxação – que são operações politicamente muito custosas. Na verdade, por se tratar de um mecanismo de natureza hipotecária, a dívida pode ser um expediente sedutor para os governantes, que podem usufruir no presente dos benefícios de uma expansão dos recursos disponíveis, deixando para o futuro o problema de administrar o aumento dos passivos públicos. Por outro lado, o crescimento desenfreado do endividamento acirra o conflito distributivo e, em situações-limite, força os operadores do Estado a assumirem posições mais explícitas em favor de uma classe ou outra, o que compromete suas bases de apoio na sociedade.

Esse é um problema com o qual todas as economias capitalistas se defrontam de algum modo, mas ele se expressa de diferentes maneiras em contextos específicos. Por deterem a moeda dominante do sistema internacional, os Estados Unidos da América têm o "privilégio exorbitante"[64] de se endividar facilmente na sua própria moeda e de expandir sua base monetária sem maiores preocupações inflacionárias, o que torna a possibilidade

---

64 A expressão foi cunhada pelo ex-presidente e ex-ministro das Finanças da França, Valéry d'Estaing.

de default praticamente nula. Situação similar, mas de maneira muito mais restrita, ocorre nas economias centrais da zona do euro. Nos países da periferia, contudo, o problema da dívida, sobretudo a externa, pode ser fatal.

Os entraves começam já na emissão. Países periféricos usualmente não são capazes de se endividar com o exterior, e por vezes mesmo internamente, em sua moeda nacional, fenômeno conhecido como "pecado original".[65] Na Tabela 1, é possível observar os índices referentes à Argentina entre 2000 e 2015 – quanto mais próximo de um for o valor, maior é a incidência do problema.[66] Outra fragilidade típica dos países periféricos é a chamada "intolerância à dívida",[67] que faz que níveis de endividamento como proporção do PIB considerados aceitáveis em alguns países sejam tidos pelos mercados como intoleráveis em outros, e, mais uma vez, a Argentina é um exemplo paradigmático. Não é preciso ir muito longe para identificar os efeitos perniciosos dessas vulnerabilidades. Os autores que propuseram o conceito de "intolerância à dívida" estimam que, em alguns casos, a relação dívida/PIB considerada saudável pode ser até 15% mais baixa nos países que sofrem do problema,[68] o que gera significativas consequências fiscais.

Se os níveis de endividamento crescem além do que é percebido pelos mercados como "ótimo", a tendência é que ocorra um encarecimento do crédito externo e aumentem as chances de movimentos especulativos. Como as autoridades econômicas dos países periféricos não dispõem da prerrogativa de ajustarem seus balanços de pagamento à custa dos demais, como feito pelos Estados Unidos nos anos 1970, o resultado mais frequente termina sendo a recessão. Uma dívida externa denominada em moeda estrangeira torna muito mais custosa uma desvalorização cambial, por exemplo, porque agrava a posição financeira do setor público, além de aumentar a exposição do país ao problema do "descasamento de moedas",[69] que corresponde à posse de ativos e passivos em moedas distintas. O risco aqui é a desvalorização da moeda em que estão denominados os ativos, em relação à que denomina os ativos.[70]

Esses problemas são comumente associados ao desenho das instituições políticas domésticas, à fragilidade dos sistemas fiscais e financeiros nacionais, e a um histórico de inflação elevada. Alguns autores chegam a reconhecer que o problema pode incluir dimensões alheias ao comportamento das

---

65 Eichengreen, Hausmann e Panizza, Currency Mismatches, Debt Intolerance, and Original Sin, 2007, p.121-69.
66 Em contraste, um país que tenha índice = zero não sofre do "pecado original".
67 Reinhart, Rogoff e Savastano, Debt Intolerance, 2003.
68 Ibid.
69 Eichengreen, Hausmann e Panizza, Currency Mismatches, Debt Intolerance, and Original Sin, 2007, p.121-69.
70 Conti, Prates e Plihon, O sistema monetário internacional e seu caráter hierarquizado, 2013, p.40.

autoridades governamentais,[71] sem, no entanto, nomear a questão explicitamente, embora não haja mistério. Se os países periféricos precisam recorrer ao dólar e ao euro em suas transações comerciais e financeiras com o exterior é porque suas moedas nacionais não são capazes de exercer plenamente as funções de unidade de conta e reserva de valor. Não há razão para endividar-se em divisas quando se pode fazê-lo em moeda nacional; é uma questão de falta de opção. O fato de moedas de determinados países não conseguirem exercer plenamente suas funções nos mercados internacionais não é apenas resultado de escolhas equivocadas, realizadas em um contexto de plena liberdade de ação; elas são escolhas, não há dúvida, mas que refletem os limites à ação dos operadores do Estado em formações sociais periférico-dependentes. As limitações das moedas periféricas se encontram na gênese do caráter hierarquizado do sistema monetário internacional,[72] como apontam alguns autores, mas são, antes de tudo, expressões das hierarquias formadas pela expansão do capitalismo e as particularidades que ele assume em diferentes espaços e tempos.

Tabela 1 – Índice do "pecado original" na Argentina (2000-2015)

Ano	Índice
2000	0.973
2001	0.972
2002	0.992
2003	0.991
2004	0.992
2005	0.991
2006	0.987
2007	0.985
2008	0.986
2009	0.985
2010	0.988
2011	0.991
2012	0.994
2013	0.996
2014	0.997
2015	0.994

Fonte: Elaboração própria a partir dos dados de Gallo, Goés e Moraes, "Original Sin" in Latin America (2000-2015), 2019, p.134-75.

---

71 Eichengreen, Hausmann e Panizza, Currency Mismatches, Debt Intolerance, and Original Sin, 2007, p.126.
72 Conti, Prates e Plihon, op. cit., p.40.

Anotados esses aspectos, é possível discernir com maior clareza a encruzilhada em que os operadores do Estado se veem após uma moratória da dívida externa. A decisão de suspender os pagamentos pressupõe a existência de um elevado estresse financeiro, donde é razoável inferir que, no momento da decisão, o conflito distributivo na sociedade já está acentuado. O regime internacional de dívidas soberanas, entendido como o conjunto de normas, regras, princípios e regulamentos formais e informais que regem as expectativas dos atores em torno da questão da dívida soberana, tem como pedra angular a premissa de que os pagamentos serão cumpridos a despeito de eventuais mudanças em relação às circunstâncias iniciais do empréstimo.[73] Desse modo, a primeira consequência do default é o fechamento do acesso ao crédito externo privado, o que atinge não só o governo, como também as empresas. Criam-se, de pronto, duas fontes de pressão que dão o senso de urgência à retomada dos pagamentos – uma vinda dos credores e seus representantes políticos, e outra do empresariado local com problemas de financiamento externo.

Assumindo que o governo não pretenda estabelecer uma ditadura nem socializar os meios de produção, a questão que se instaura é a necessidade de equacionar receitas e despesas em um contexto de estrangulamento externo do balanço de pagamentos. Um primeiro dilema que se apresenta é quanto à política cambial. Estando a dívida denominada em moeda estrangeira, é preciso aumentar os saldos de divisas, o que requer uma melhoria no desempenho do setor exportador e/ou elevação dos investimentos externos – um caminho pouco provável para uma economia em default. Ganhos de competitividade nas exportações têm como caminho mais curto a desvalorização cambial, que, embora possa ser um recurso inevitável, tem importantes consequências fiscais e distributivas – faz crescer o montante da dívida e gera um repique inflacionário que incide diretamente sobre o salário real.

No ensaio "Estudo econômico da América Latina", Raúl Prebisch argumenta que uma das características que distinguem economias centrais das periféricas é que nestas últimas a estrutura produtiva é altamente especializada em um setor específico – o exportador – que concentra as maiores taxas de produtividade.[74] Como essa situação é resultado da forma como o progresso técnico é dissipado na economia internacional, o setor exportador, nas economias periféricas, corresponde àquele em que há vantagens comparativas resultantes da disponibilidade de terra ou trabalho, o que, na América Latina, recai sobre a produção agropecuária ou o extrativismo mineral. Dessa maneira, é sobre o campo que incide a principal pressão para

---

73 Lienau, op. cit.
74 Prebisch, *Estudio económico de la América Latina*, 1949.

gerar as divisas necessárias para o equilíbrio das contas externas, o que, no caso específico da Argentina, agrega um componente de enorme dificuldade à questão pelo elevado poder de influência sobre a formação dos preços da cesta básica disposto pelas oligarquias agrárias.[75] Desse modo, o aumento dos impostos sobre as exportações é sujeito à retaliação do campo na forma de aumento dos preços dos alimentos, o que, mais uma vez, penaliza diretamente os trabalhadores, tornando mais difícil a sua contenção.

Este sumário contempla um panorama geral, que se apresenta de forma nuançada nos casos concretos. Diversos fatores interferem na maneira como um país é impactado pela moratória de sua dívida soberana, por exemplo: a) a composição dos credores; b) os termos de troca da balança comercial; c) as taxas de juros que regulam os contratos da dívida; d) a moeda de denominação dos empréstimos; e) as correlações internas de força; f) o contexto geopolítico em que se insere o país; g) o custo e a disponibilidade de crédito internacional; h) o potencial de contágio da crise; entre outros. Seja como for, o ponto a ser retido aqui é que uma moratória impõe ao Estado uma série de custos distributivos que incidem sobre seu espaço fiscal e, portanto, afetam diretamente sua capacidade de exercício das duas funções básicas do Estado capitalista – assegurar a acumulação e acomodar os conflitos de classe.

---

75 Peralta Ramos, *La economía política argentina*, 2007.

3
Marchando para trás: origens e dinâmicas da crise dos anos 1980

Uma vez expostas e contextualizadas as referências que constituem o marco analítico da tese, cabe agora iniciar a etapa empírica do estudo. O objetivo deste capítulo é apresentar as origens e a dinâmica de desenvolvimento da crise da dívida externa ocorrida na década de 1980, fornecendo os subsídios necessários para a fase seguinte da discussão, em que a problemática da autonomia nas negociações será explorada mais detidamente. Esse propósito implica um duplo esforço, que contemple a caracterização empírica das variáveis de interesse da pesquisa e uma sistematização do processo histórico que resultou na crise.

Por um lado, a ocorrência de choques externos sobre vulnerabilidades características das economias latino-americanas, além de central para compreensão das origens da crise, criou diversos pontos de convergência entre a experiência argentina e a dos demais países da região. A experiência concreta da crise na Argentina, porém, foi condicionada por uma combinação de fatores que transcendiam as similitudes regionais, inscrevendo-se como produto de processos históricos específicos da trajetória argentina recente – em particular aqueles decorridos durante a última ditadura.

A sumarização dos traços mais marcantes do período autoritário é, portanto, o primeiro passo a ser dado. Mas devo deixar claro que não tenho nenhuma pretensão de oferecer uma síntese exaustiva desses anos que, a despeito de sua relativa brevidade, concentram um volume prodigioso de eventos extremamente complexos, que legaram consequências de longa duração para o país. Na sequência, apresento as informações sobre a dívida e recapitulo os principais eventos da crise do período que vai de sua eclosão até a redemocratização da Argentina, para, finalmente, estabelecer o quadro em que se desenrolaram as negociações.

3.1. O Processo de Reorganização Nacional

> "A luta que travamos não reconhece limites naturais nem morais, ela se realiza para além do bem e do mal."
>
> Tenente-coronel Hugo Idelbrando Pascarelli, 1976.

> "Se uma propaganda avassaladora, um reflexo distorcido de más ações, não fingisse que esta Junta busca a paz, que o general Videla defende os direitos humanos ou que o almirante Massera ama a vida, ainda seria possível pedir aos comandantes em chefe das três Armas que meditassem sobre o abismo a que conduzem o país sob a ilusão de ganhar uma guerra que, mesmo depois da morte do último guerrilheiro, começaria sob novas formas, pois as causas que movem a resistência do povo argentino há mais de vinte anos não desaparecerão, mas serão agravadas pela memória dos danos causados e pela revelação das atrocidades cometidas. São essas as reflexões que quis transmitir aos membros desta Junta no primeiro aniversário de seu infeliz governo, sem esperança de ser ouvido, com a certeza de ser perseguido, mas fiel ao compromisso que há muito assumi com dar testemunho nos momentos difíceis."[1]
>
> Rodolfo Walsh, jornalista, 1977.

Em outubro de 1973, quase duas décadas depois de ter sido apeado do poder por um golpe, Juan Domingo Perón assumiu pela terceira, e última, vez a presidência da Argentina. Seu retorno ao país se deu em um contexto de crise aguda, em cujas raízes estavam as restrições intrínsecas ao modelo econômico idealizado por Krieger Vasena e implementado desde março de 1967, e a intensificação das lutas sociais que persistiam desde sua deposição, alimentadas pela brutalidade do antiperonismo que proscreveu o movimento das disputas eleitorais, perseguiu implacavelmente seus militantes e chegou a proibir a menção pública aos nomes de Perón e Evita.[2]

Apesar do crescente autoritarismo do general Onganía, que liderou o golpe de julho de 1966, as forças governistas não foram capazes de conter as

---

1 Walsh, *Carta abierta de um escritor a la Junta Militar*, 1977.

2 Em março de 1956, o general Pedro Aramburu, presidente de fato do país e líder do golpe que depôs Perón, sancionou o Decreto-Lei nº 4.161/56, que, entre outras medidas, estipulava pena de prisão para quem fosse encontrado portando fotos de Perón e Evita, pronunciasse seus nomes em público ou entoasse a marcha peronista. Esses símbolos, nos termos do decreto, lesionavam a democracia argentina e, portanto, deveriam ser proscritos. A lei esteve em vigor até 1964, quando foi derrogada pelo presidente Arturo Illia, da União Cívica Radical.

pressões sociais derivadas do fracasso econômico representado pela "Revolução Argentina". O momento de virada se deu em maio de 1969, quando a sangrenta repressão às manifestações operárias e estudantis em Córdoba desataram uma espiral de protestos massivos em todo o país. O *Cordobazo* derrubou a última fonte de legitimidade da ditadura – a manutenção da ordem –, abrindo espaço para que as Forças Armadas depusessem Onganía. Contudo, as presidências dos generais Levingston e Lanusse também não se mostraram capazes de conter o conflito social, o que resultou em um amplo acordo para viabilizar eleições que foram vencidas pelo candidato peronista, Héctor Cámpora, cujo governo duraria menos de dois meses e teria como marca a organização do pleito que marcou o retorno de Perón.

A complexidade dos conflitos então existentes era acentuada por uma crescente crise de legitimidade que atingia tanto as instituições políticas quanto as formas tradicionais de representação de classe que vigiam na Argentina desde o início da experiência peronista, nos anos 1940. Um dado marcante da época foi o surgimento de organizações guerrilheiras, primeiro no seio da esquerda revolucionária, e posteriormente em grupos de extrema direita. É na segunda metade da década de 1960, por exemplo, que surgem as Forças Armadas Revolucionárias (FAR), enquanto 1970 marca a criação dos Montoneros e do Exército Revolucionário do Povo, de viés trotskista.[3]

Nesse contexto, a volta de Perón ao poder parecia aos seus apoiadores, e mesmo a segmentos da oposição, a única saída possível para debelar a crise. A contundente vitória obtida pela chapa formada pelo general e por sua esposa, Maria Estela Martinez de Perón, nas eleições de 1973 evidenciava as expectativas nutridas pela sociedade em relação à capacidade do velho líder de acomodar grupos de interesses conflitantes, oferecendo saídas para o impasse então existente. A resposta arquitetada por Perón foi lançada em dezembro do mesmo ano sob o título de "Plano Trienal para Reconstrução e Libertação Nacional". Formulado sob liderança do ministro da Economia, José Bel Gelbard, o plano tinha como eixos centrais a reconstrução da capacidade operativa do Estado, a expansão da atividade econômica e a justiça social, que se expressava, principalmente, na recomposição dos salários e na distribuição de renda.[4] Para executá-lo, o governo propunha um amplo acordo entre lideranças políticas, representantes de classe e o próprio Perón, na posição de liderança unificadora das diferentes facções do movimento que reivindicava seu nome.

As semelhanças entre esse pacto e aquele formulado nos anos 1940 vão pouco além dos aspectos formais e das palavras-chave que os descreviam. A reedição da aliança de classes que sustentou o primeiro peronismo e viabilizou o modelo de desenvolvimento industrial e políticas distributivas[5]

---

3 Romero, *História contemporânea da Argentina*, 2006, p.174.
4 Argentina, Plan Trienal para la Reconstrucción y la Liberación Nacional, 1973, p.13-5.
5 Peralta Ramos, op. cit., p.137.

era interditada pela existência de uma correlação de forças distinta daquela presente em 1946. Examinar em detalhes essa situação escapa em demasia aos propósitos desta seção, mas dois de seus componentes principais devem ser mencionados. O primeiro deles é a expansão, durante os anos 1960, da presença do capital estrangeiro na estrutura produtiva urbana, em particular no setor industrial.[6] Já o segundo fator nos remete às questões estruturais da dependência tecnológica e da restrição externa ao crescimento.

Entre idas e vindas, o projeto industrial iniciado no peronismo havia sido preservado, mas, diferentemente das expectativas mais otimistas, não foi capaz de superar a barreira imposta pela dependência de importação de bens de capital para sua expansão. As necessidades desencadeadas pelo aumento da produção de manufaturas levavam a um aumento das importações, inclusive em taxas superiores às dos volumes exportados.[7] Por consequência, as demandas de financiamento da indústria impuseram a diferentes governos uma mesma escolha: aumentar as retenções das divisas oriundas das exportações do campo ou reduzir os salários dos trabalhadores urbanos. Na intrincada trama dos conflitos sociais e alianças de classe do país, a saída mais frequente, até 1976, foi desfavorável ao campo, o que, é claro, suscitou intenso e persistente descontentamento da oligarquia dos Pampas.[8]

Diante dessa situação, o novo governo peronista passou a encampar uma interpretação distinta da que tradicionalmente orientou sua visão das relações entre Estado e classes sociais, e da inserção internacional do país. A tentativa de construção de um capitalismo de Estado, articulando os interesses dos setores populares com a burguesia nacional e enfrentando setores do capital externo, cedeu lugar à noção de capitalismo associado. Nesse modelo, cabia ao Estado atuar como garantidor de uma aliança entre a fração dinâmica da burguesia nacional e o capital estrangeiro, reiterando a necessidade de políticas distributivas.[9] Apesar dos ajustes, um aspecto permanecia idêntico: a viabilidade do projeto peronista dependia da capacidade de submeter os interesses do campo à política governamental.

As condições requeridas para o êxito desse projeto logo se revelaram insuficientes, quando não totalmente ausentes. O cumprimento dos acordos firmados entre as lideranças empresariais e sindicais foi comprometido pela oposição de movimentos de trabalhadores que questionavam as políticas oficiais e confrontavam as elites sindicais, bem como pela atuação de pequenos e médios empresários que descumpriam os acertos feitos pelas entidades patronais. As cisões no interior da burguesia foram acentuadas pelo descontentamento que as medidas de favorecimento ao setor industrial

---

6 Gerchunoff e Llach, Capitalismo industrial, desarrollo asociado y distribución del ingreso entre los dos gobiernos peronistas, 1975.

7 Peralta Ramos, op. cit., p.141.

8 O'Donnell, Estado y alianzas en la Argentina, 1956-1976, 1977.

9 Basualdo, *Estudios de historia económica argentina*, 2006, p.109.

estimularam no setor comercial, e nas entidades representativas do campo, que assumiram um papel de proa na confrontação com o governo.

A estabilidade do governo foi fatalmente comprometida pelas lutas internas do peronismo. Durante seu exílio, Perón havia sido hábil em manejar os conflitos entre diferentes facções do movimento, mas, uma vez de volta ao poder, a governabilidade exigia afastar as ambiguidades que permitiam manter sob a mesma denominação agrupamentos bastante heterogêneos. A disputa por espaços de influência na definição dos objetivos estratégicos do movimento opôs as alas do chamado "peronismo revolucionário", que incluía os Montoneros e a Juventude Peronista, à ala da burocracia sindical e política, que ocupava postos centrais na administração.[10] Ao final, a opção de Perón pelo modelo de capitalismo associado levou a uma cisão com a ala revolucionária do movimento, que tinha como horizonte a construção do socialismo, simbolicamente marcada pela saída desse grupo da Plaza de Mayo durante o discurso presidencial no Dia dos Trabalhadores.

Esse cisma, contudo, não aplainou o peronismo, cujas facções seguiram em uma escalada de enfrentamentos que se tornaram cada vez mais frequentes e violentos, passando a envolver o segmento de extrema direita, organizado na infame Triple A, a Ação Anticomunista Argentina. Em junho de 1974, em uma tentativa de obter a unidade do movimento, Perón ameaçou renunciar à presidência. O ato foi seguido de uma forte manifestação popular em seu apoio, e, em 12 de junho, o general discursou pela última vez na sacada da Casa Rosada, conclamando a população a manter uma postura vigilante em defesa do governo. Três semanas depois, em 1º de julho, e antes que houvesse tempo hábil para organizar um movimento de recomposição do pacto social ou de unificação das forças peronistas, a morte de Perón introduziria um novo componente de instabilidade.

Com seu falecimento, María Estela Martínez de Perón, viúva do general e sua vice, ascendeu à presidência para finalizar o mandato. Uma vez no poder, Isabelita, como era chamada, indicou pessoas de sua confiança, a maioria sem tradição no peronismo, para postos-chave da administração. O ministro do Bem-Estar Social, José López Rega, expoente da ala à direita do movimento, fortaleceu-se como principal conselheiro da presidente. Aos poucos, os pactos celebrados por Perón foram sendo desfeitos por Isabelita, que esperava construir novas pontes com o empresariado e os militares, e delas extrair o respaldo a seu governo.[11]

Foi um aliado de López Rega, Celestino Rodrigo, que desatou o conflito que marcaria o início da derrocada do governo. No ministério da Economia, Celestino Rodrigo propôs enfrentar a inflação através de uma desvalorização cambial de 100% e do aumento das tarifas administradas e dos preços dos

---

10 Ibid.
11 Romero, op. cit., p.190.

combustíveis.[12] O efeito prático do *Rodrigazo* era anular os aumentos salariais acordados nas paritárias de março de 1975, e suas repercussões negativas levaram à primeira greve liderada pela CGT contra um governo peronista. Mesmo após o veto da presidente, o plano acirrou as animosidades contra o governo, agora a partir do segmento mais fiel de sua base de apoio.

A partir de então, o crescimento descontrolado da crise de legitimidade das instituições políticas, da violência e do descalabro econômico fez do governo de Isabelita Perón uma espécie de cadáver insepulto.[13] Em agosto de 1975, a presidente nomeou o general Jorge Rafael Videla para o posto de comandante do Exército. Militar de perfil até então discreto, Videla reuniu apoios em diferentes setores da sociedade ao fazer uma defesa insistente da necessidade de restauração da ordem e da paz social. A convicção do general era de que essa tarefa deveria ser buscada mesmo ao custo do derramamento de sangue, como expressado em uma fala durante um evento em Montevidéu, em que afirmou que, "se for preciso, vão morrer na Argentina todas as pessoas necessárias para lograr a paz do país".[14]

Na véspera do Natal de 1975, após o Exército sufocar ações do movimento guerrilheiro na província de Tucumán, Videla deu um ultimato ao governo, que seria concretizado três meses depois. Na madrugada do dia 24 de março de 1976, as Forças Armadas ocuparam a sede do poder Executivo, os prédios do Congresso Nacional e dos principais sindicatos do país. A presidente Isabelita Perón e diversos líderes políticos e sindicais foram presos, e nas primeiras horas da manhã os meios de comunicação informaram à população que as Forças Armadas haviam ocupado o governo. Em menos de cinquenta anos, a Argentina adentrava em seu sexto golpe de Estado.

Embora reprisasse o figurino de sedições anteriores, o golpe de março de 1976 em muito se diferenciava dos episódios prévios de intervenção militar. O intervalo de três meses entre o ultimato de Videla e a deposição de Isabelita Perón ilustra que o golpe não foi um movimento improvisado, sobretudo porque as condições para a queda do governo já estavam dadas havia muito. Como ficaria provado, o golpe resultou de um meticuloso planejamento liderado pela cúpula das Forças Armadas, que dividiram entre si espaços de responsabilidade para sua execução e, apesar de uma macabra competição por "eficiência", conduziram o processo de modo ordenado.[15] Desde o primeiro momento, a Junta Militar deixou claro que a motivação do golpe ia além da destituição do governo, apontando o novo regime como arquiteto de uma nova, e irreversível, ordem política no país.[16] Tal pretensão

---

12 Cruz, *Trajetórias*, 2007, p.309.
13 Novaro e Palermo, *A ditadura militar argentina, 1976-1983*, 2007.
14 Larraqui, La Nochebuena del General Videla, 2017.
15 Romero, op. cit., p.97.
16 Novaro e Palermo, op. cit., p.26.

foi explicitada em 30 de março no pronunciamento em cadeia nacional feito por Videla, já alçado à presidência *de facto* da nação.

> Deve, porém, ficar claro que os eventos ocorridos em 24 de março de 1976 não provocaram apenas a queda de um governo. Significaram, pelo contrário, o encerramento definitivo de um ciclo histórico e a abertura de um novo, cuja característica básica residirá na tarefa de reorganizar a nação, executada com real vocação de serviço pelas Forças Armadas. Esse processo de reorganização nacional demandará tempo e esforços, requererá uma grande disposição para a convivência, exigirá, de cada um, sua porção de sacrifício pessoal, e deverá contar com a confiança sincera e efetiva dos argentinos. Conseguir essa confiança é, dentre todas as missões, a mais difícil que nos impusemos.[17]

Nesse sentido, embora a autodenominação de "Processo de Reorganização Nacional" servisse para dissimular a violência e a ilegitimidade do regime, ela não era de todo imprecisa enquanto caracterização das suas intenções. Ao longo de seus seis anos de duração, o Processo buscou efetivamente reorganizar as bases da vida política e econômica do país, alterando drasticamente as regras do jogo econômico e a correlação social de forças. O objetivo de representar o fim de um ciclo histórico foi extensamente buscado por intermédio de uma série de reformas estruturais, apoiadas na resoluta disposição das Forças Armadas em reprimir com violência os focos de resistência a essa agenda.

A premissa do projeto encampado pelos militares atribuía a longa instabilidade política da Argentina a causas estruturais relacionadas à prevalência de um modelo econômico responsável por induzir conflitos distributivos entre diferentes setores do empresariado.[18] Segundo essa visão, as variações de política econômica nas gestões que sucederam o peronismo se limitavam a diferenças de ênfase e intensidade, mantendo intocadas as linhas gerais de projeto de industrialização à custa do campo. Desse modo, defendia-se a necessidade de romper com esse padrão, adotando um conjunto de reformas estruturais que permitissem um crescimento econômico sustentável e harmônico.

Apesar da prédica unificadora do discurso de Videla, a harmonia que se pretendia obter dizia respeito não às relações entre capital e trabalho, mas, sobretudo, às interações intraclasse, e visava, em particular, restituir o poder perdido pelo campo desde o advento da industrialização substitutiva.[19] A meta era modificar a correlação de forças no interior do bloco dominante, viabilizando a formação de uma aliança de longo prazo entre a oligarquia rural e a grande burguesia industrial. Contudo, o fato de esses setores não

---

17 Argentina, Mensajes presidenciales, 1976, p.7-8.
18 Peralta Ramos, op. cit., p.163.
19 Ibid.

terem logrado a formação dessa aliança, mesmo na presença de condições objetivas favoráveis a ela, denotava a complexidade da questão.[20]

A construção de um pacto suficientemente estável que expressasse nas diretrizes das políticas de Estado a posição economicamente dominante da grande burguesia rural e urbana era obstaculizada por aquela que talvez seja a grande singularidade do capitalismo argentino: a capacidade de os setores populares e a pequena burguesia estabelecerem uma aliança defensiva que, embora não fosse capaz de superar os limites do capitalismo dependente, era suficientemente forte para conter a fusão das duas frações dominantes da burguesia.[21] As vitórias e derrotas dessa aliança, que teve no peronismo seu principal produto político, demarcaram as "espirais", nos termos de Guillermo O'Donnell, que caracterizam a evolução político-econômica da Argentina entre 1946 e 1976.

O projeto de criação de uma nova ordem econômica lastreada em uma aliança duradoura dos estratos dominantes da burguesia exigia, portanto, a desarticulação da pequena burguesia de capital nacional e o disciplinamento da mão de obra, de modo a impedir que tais grupos se alinhassem e oferecessem uma oposição viável à política econômica do regime. Para fazer frente ao primeiro elemento, a ditadura lançou mão de uma série de reformas estruturais que fizeram da Argentina um dos primeiros países do mundo a aderirem ao receituário neoliberal.[22]

A redução dos impostos de importação e a desregulamentação dos fluxos financeiros, introduzidas pelas reformas tributária e financeira de 1977, tiveram um efeito devastador sobre as empresas de pequeno porte e de capital predominantemente nacional. Ao perderem sua principal fonte de competitividade – a proteção tarifária –, algumas dessas empresas terminaram praticamente aniquiladas. Por sua vez, a reforma financeira não apenas fortaleceu a posição do capital financeiro internacional, como serviu diretamente à consolidação do predomínio dos grandes grupos empresariais que, beneficiados pela existência prévia de vínculos sólidos com a banca privada, puderam acessar em maior volume e rapidez o crédito externo, quando a reforma diminuiu as regulações sobre os fluxos de capitais.[23]

Já as empresas locais de menor porte se viram acossadas por um impasse, na medida em que a sua sobrevivência passou a demandar uma escolha: vincularem-se ao capital bancário local ou serem absorvidas por conglomerados com acesso à finança externa. A maioria dessas pequenas empresas nacionais acabou absorvida pela oligarquia pampeana, pelos grupos industriais de produção intensiva em capital e por outros de médio porte, especializados em bens de consumo intermediário. Desse processo, resultou uma

---

20 Portianero, Dominant Classes and Political Crisis in Argentina Today, 1974.
21 O'Donnell, Estado y alianzas en la Argentina, 1956-1976, 1977, p.547-8.
22 Cruz, op. cit.
23 Peralta Ramos, op. cit.

Dever e poder

"interpenetração de propriedade entre as grandes empresas nos setores líderes da indústria e a banca privada",[24] que poria em marcha, em ritmo acelerado, uma trajetória de concentração de capital e estrangeirização da economia.[25]

Em termos mais amplos, o programa econômico do regime consistiu em uma interrupção abrupta do processo de substituição de importações, em favor de um esquema de valorização de ativos financeiros e crescimento apoiado em vantagens comparativas. Ao retirarem da produção industrial o papel de eixo dinâmico da economia, os salários deixaram de ser uma peça-chave da manutenção da demanda e se converteram em mais um custo de produção que, como tal, deveria ser reduzido ao máximo para maximização dos lucros.[26] Poucos meses após o golpe, o salário real já havia caído 45%, e seu crescimento médio durante a ditadura foi de 0,23% ao ano.[27] Ao final do regime, a participação dos salários na composição do PIB era de cerca de 50% do registrado em 1975.[28]

É nesse sentido que as reformas adotadas pelo Processo têm seus significados mais profundos evidenciados e a fúria repressiva do regime encontra uma explicação parcial. A nova ordem buscada pode ser entendida como uma "revanche oligárquica",[29] segundo a definição do economista Eduardo Basualdo, na medida em que tornou possível transferir para os trabalhadores os custos do equilíbrio do balanço de pagamentos que, até então, recaíam sobre o campo. Para viabilizarem uma política tão regressiva em um país conhecido por um histórico de vibrantes mobilizações dos trabalhadores, os militares não hesitaram em desencadear, desde os primeiros momentos do golpe, um amplo movimento repressivo que, no afã de eliminar todos os focos de resistência ao regime, acabou por se converter em uma hedionda experiência de terrorismo de Estado.

3.2. A dívida externa durante o período autoritário

Ao funcionar como um mecanismo que permitia o deslocamento de capitais da atividade produtiva para a especulação e a valorização de ativos financeiros,[30] o endividamento externo assumiu um caráter central no funcionamento da engrenagem econômica da ditadura. De fato, não é possível compreender os sentidos do Processo em termos de suas múltiplas derivações econômicas e sociais sem cobrar atenção especial ao tema da dívida externa. Nos gráficos a seguir, é possível visualizar a evolução da dívida externa, pública

---

24 Ibid., p.177.
25 Wainer e Schorr, Concentración y extranjerización del capital en la Argentina reciente, 2014.
26 Basualdo, *Estudios de historia económica argentina*, 2006, p.117.
27 Peralta Ramos, op. cit., p.167.
28 Basualdo, *Estudios de historia económica argentina*, 2006, p.121.
29 Ibid.
30 Peralta Ramos, op. cit.

e privada, no período autoritário. No primeiro, pode-se notar que, em 1976 – ano do golpe –, a dívida externa argentina era de aproximadamente 8 bilhões de dólares. Sete anos depois, a cifra chegava a 45 bilhões – o que demarcava um crescimento total da ordem de 560%. O segundo gráfico apresenta esses mesmos valores em relação ao total das exportações do país. Trata-se de uma métrica interessante de se ter em vista, uma vez que as exportações são a principal fonte "genuína", autóctone, e de maior sustentabilidade, dos ingressos de divisas. Com esses números, fica evidente a existência de um cenário ainda mais crítico, haja vista que, ao final do regime, o total da dívida externa correspondia a quase seis vezes o volume de exportações.

A trajetória do endividamento pode ser decomposta em duas fases. A primeira delas, que vai de 1976 a 1981, ocorreu em um momento de expansão do crédito internacional, motivado em larga medida pelo aumento de liquidez dos mercados de petrodólares, na esteira da crise do petróleo de 1973.[31] Internamente, a liberalização dos fluxos financeiros, o aumento das taxas de juros e a defasagem cambial completavam o ambiente favorável para o deslocamento de importantes fluxos de capital externo para o sistema financeiro argentino.[32]

Gráfico 1 – Evolução da dívida externa argentina pública e privada (1975-1983)[33] (valores em bilhões de dólares, em dezembro de cada ano)

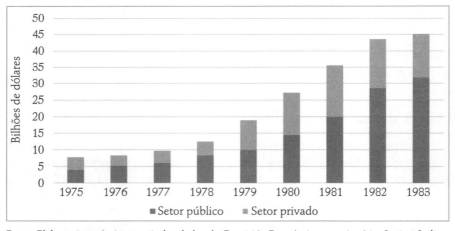

Fonte: Elaboração própria a partir dos dados de Comisión Económica para América Latina, Indicadores macroeconómicos de la Argentina, 1996.

---

31 Damill, Frenkel e Rapetti, La deuda argentina, 2005, p.7.
32 Peralta Ramos, op. cit.
33 O volume exato da dívida contraída durante a ditadura é controverso. Parte significativa da dívida envolveu operações clandestinas, não refletidas nos dados oficiais do Banco Central, resultando em estatísticas divergentes e estimativas variadas. Para este gráfico, foram utilizados dados da Cepal, que se baseiam nos números do Banco Central e convergem com as estimativas do Banco Mundial.

Nessa primeira fase, tanto o setor público quanto o privado aumentaram seu endividamento externo. Beneficiadas pela existência prévia de vínculos sólidos com o setor financeiro, as grandes empresas acessaram mais facilmente os mercados internacionais, quadruplicando suas obrigações com o exterior entre 1976 e 1980 (ver Gráfico 1). O aspecto distintivo desse processo foi o fato de que os recursos passaram a ser empregados antes na especulação financeira do que em atividades produtivas. A prática que sintetiza esse comportamento era a chamada "bicicleta financeira": empresas com acesso ao mercado internacional contraíam empréstimos a taxas de juros baixas, reciclando-os no mercado interno em investimentos de curto prazo e obtendo lucro a partir da diferença entre as taxas de juros internas e internacionais.[34]

Gráfico 2 – Evolução da razão entre dívida externa (pública e privada) e valores totais de exportação (1975-1983)

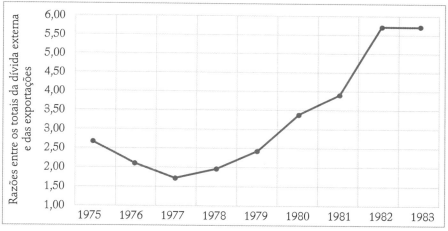

Fonte: Elaboração própria a partir dos dados de Comisión Económica para América Latina, Indicadores macroeconómicos de la Argentina, 1996.

Já o setor público (governos federal e provincial, autarquias, instituições financeiras públicas e empresas estatais) tendeu à substituição do financiamento interno pelo externo.[35] Entre 1976 e 1978, o governo argentino assinou dois acordos de *stand-by* com o FMI e oito empréstimos com o Banco Interamericano de Desenvolvimento, além de obter cerca de 300 milhões de dólares de um consórcio de bancos internacionais.[36] A partir de 1978,

---

34 Manzanelli et al., Deuda externa, fuga de capitales y restricción interna desde la última dictadura militar hasta la actualidad, 2015.
35 Ibid.
36 Brenta, *História de la deuda externa argentina*, 2019, p.50-7.

porém, a participação estatal no crescimento da dívida foi drasticamente reduzida, só retomando uma rápida trajetória de crescimento de 1981 em diante.[37]

Gráfico 3 – Participação percentual do setor público no endividamento externo total (1965-2000)

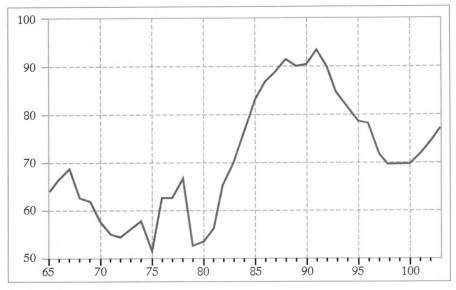

Fonte: Reproduzido de Damill, Frenkel e Rapetti, La deuda argentina, 2005, p.11.

O crescimento da participação do setor público caracteriza a segunda etapa da dinâmica de endividamento externo durante o regime. Em março de 1980, o Banco de Intercâmbio Regional (BIR), uma das maiores instituições financeiras do país, foi à falência, desatando uma onda de pânico em relação ao sistema bancário que culminou na necessidade de intervenção do Banco Central em 71 instituições financeiras.[38] A crise bancária intensificou as lutas entre os diferentes grupos econômicos do país, desejosos de fazer garantir seus interesses específicos sobre os demais naquela conjuntura.[39]

Embora fosse uma disputa renhida, havia uma demanda específica que unificava os interesses do setor privado: a liquidação da dívida externa por eles contraída nos anos anteriores. Em 1981, já na presidência do general Roberto Viola, o governo acatou essa demanda, apresentando um plano de refinanciamento que pretendia alcançar 50% dos passivos do setor industrial

---

37 Damill, Frenkel e Rapetti, La deuda argentina, 2005, p.11.
38 Baliño, The Argentina Banking Crisis of 1980, 1991.
39 Peralta Ramos, op. cit., p.185.

Dever e poder

e 40% dos passivos do agropecuário.[40] Desse modo, o endividamento do setor privado foi reduzido às expensas do Estado, e, até 1984, cerca de 10 bilhões de dólares em dívidas privadas haviam sido estatizados[41] – incrementando o montante da chamada "dívida ilegítima".

A crescente participação do Estado na dívida externa não demarca apenas uma fase cronológica, mas explicita o significado mais profundo do processo de endividamento, como evidencia o gráfico a seguir, elaborado a partir do cruzamento das variações de quatro indicadores: a) endividamento externo total; b) endividamento externo do setor público; c) reservas cambiais; e d) fuga de capitais.[42] Cotejados, esses dados evidenciam como a expansão da dívida externa pública a partir de 1981 se dá em ritmo assonante à socialização da dívida privada e à ampliação dos déficits da conta de capitais, provocados pela saída de divisas, tanto para remuneração dos credores externos quanto para financiamento da fuga de capitais.

O endividamento público como contrapartida da fuga de capitais foi amplamente destacado pela literatura acadêmica que analisa esse período, e também pelo amplo trabalho de auditoria empreendido durante o governo Alfonsín. No entanto, essa é uma conclusão secundada não só pelas avaliações críticas do regime autoritário, como também pelo próprio Banco Mundial. Em um memorando confidencial sobre a situação da economia argentina, elaborado em 1984, os analistas do Banco indicavam que "apenas uma pequena parte da acumulação de dívida parece ter financiado investimentos produtivos; de fato, a maior parte do endividamento aparenta ter sido usada ou para aquisição de material militar, ou para financiamento de fuga de capitais".[43]

Em um depoimento à justiça, dado em setembro de 1990 no âmbito de um processo que investigava o endividamento externo durante o regime, o ex-ministro Martínez de Hoz tratou o problema da dívida como resultado de uma convergência virtuosa da necessidade de descompressão dos mercados internacionais, provocada por excesso de liquidez, com as necessidades de financiamento da Argentina. Segundo seu relato, o problema do excesso de liquidez global foi levado às discussões do Banco Mundial e de outros organismos financeiros, e a solução encontrada foi o depósito dos

---

40 Ibid.
41 Brenta, op. cit., p.46.
42 Calculada segundo o método residual do balanço de pagamentos. Trata-se de um método que consiste no cálculo da fuga de capitais a partir da soma dos ingressos líquidos de capitais com o saldo líquido da conta corrente, e a variação de reservas internacionais. Quando há resultado positivo, tem-se a saída, e quando negativo, a repatriação de capitais. Para maiores detalhes, ver Basualdo e Kulfas, Fuga de capitales y endeudamiento externo en la Argentina, 2000.
43 Banco Mundial, Report n.4979-AR, 1984, p.13.

Gráfico 4 – Variação do endividamento externo total, do setor público, das reservas cambiais e da fuga de capitais (1975-1983), em bilhões de dólares (100 = ano 2000)

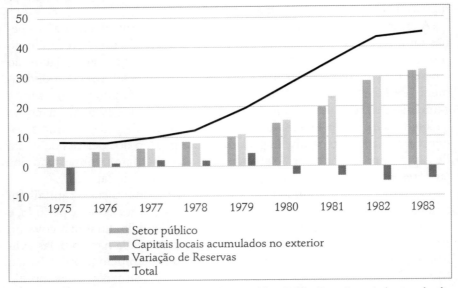

Fonte: Elaboração própria a partir dos dados de Basualdo e Kulfas, Fuga de capitales y endeudamiento externo en la Argentina, 2000; e Comisión Económica para América Latina, Indicadores macroeconómicos de la Argentina, 1996.

superávits financeiros nos bancos comerciais internacionais para posterior alocação nos países da periferia. Em suas palavras:

> Essa foi a grande oportunidade encontrada pelos países de desenvolvimento intermediário, incluindo a Argentina, em que o interesse de alocação dos proprietários desses recursos financeiros líquidos e o interesse do nosso país em recebê-los na forma de créditos facilitariam o financiamento do desenvolvimento dos setores público e privado. A partir de 1977, a evolução (econômico-financeira) de nosso país possibilitou o recebimento desse financiamento externo, que progrediu entre 1977 e 1981.[44]

Diferentemente do que afirma o ex-ministro, porém, os dados apontam que a dívida do setor público pouco serviu ao incremento ou à sofisticação da capacidade produtiva, a melhorias de infraestrutura ou a qualquer outro ganho objetivo que justificasse sua contração. Ela foi, ao contrário, determinada pelas necessidades do setor privado – primeiro para expansão da massa de lucros e, depois, para proteção da liquidez dos segmentos

---

44 Olmos, *Todo lo que usted quiso saber sobre la deuda externa y siempre se lo ocultaron*, 2006, p.90-2.

dominantes da economia argentina – aqueles que dispunham das redes e da estrutura necessária para remeter os capitais para o exterior.[45]

Na medida em que a sua dinâmica esteve atrelada à valorização financeira sem contrapartida equivalente na estrutura produtiva, a dívida teve como esteio a transferência de recursos do trabalho para os oligopólios nacionais e os setores externos a cujos interesses eles se alinhavam. Há, assim, a caracterização do aspecto mais brutal e regressivo do processo de endividamento durante a ditadura: uma redistribuição de renda socialmente regressiva, concentradora, desarticuladora da indústria de capital nacional, e viabilizada por uma política genocida de disciplinamento da oposição dos trabalhadores.

3.3. A eclosão da crise e as primeiras negociações (1982-1983)

Em 12 de agosto de 1982, o ministro das Finanças mexicano Jesús Silva-Herzog Flores comunicou formalmente ao governo dos Estados Unidos e ao FMI que o México não era mais capaz de cumprir com os pagamentos de sua dívida externa. Embora não tenha sido o primeiro caso de default – a Costa Rica havia decretado moratória em julho de 1981[46] –, esse episódio é tido como marco inicial da crise da dívida latino-americana pela dimensão de seu protagonista. Com um passivo externo de aproximadamente 93 bilhões de dólares,[47] o México era o segundo país mais endividado da América Latina, e o anúncio de seu default desatou uma espiral de desconfiança em relação aos demais países da região, que compartilhavam uma trajetória similar de aumento exponencial da dívida externa na década anterior.

A experiência específica da crise na Argentina foi moldada por uma série de choques internos e externos, alguns deles comuns à região e outros singulares, condicionados pela dinâmica político-econômica do país. De fato, a crise bancária de 1980 já sinalizava as fragilidades do modelo econômico do regime, cujas contradições seriam potencializadas pelos eventos apresentados a seguir.

O primeiro, e decisivo, choque foi o aumento das taxas de juros nos Estados Unidos. Em outubro de 1979, o Federal Reserve, à época dirigido por Paul Volcker, deu início a uma rígida política de combate à inflação, a partir de um enfoque monetarista, que resultou em um aumento expressivo das taxas de juros de curto prazo nos Estados Unidos e apreciação do dólar.[48] Embora tenha sido, à primeira vista, uma medida destinada a manter a estabilidade

---

45 Manzanelli et al., op. cit.
46 Bárcena, La crisis de la deuda latinoamericana, 2014.
47 Brenta, op. cit., p.77.
48 Krugman e Obstefeld, *International Economy*, 2009, p.546-7.

de preços nos Estados Unidos, o choque dos juros deve ser compreendido a partir de uma perspectiva mais dilatada, que ressalte suas implicações mais amplas. Após o abandono do acordo de Bretton-Woods, efetivado com o decreto do fim da conversibilidade do dólar em 1971 e a adoção do regime de câmbio flutuante em 1973, o aumento das taxas de juros foi a terceira parte de um movimento decorrido ao longo da década de 1970, que buscava responder à deterioração da posição americana na economia internacional, e resultou em uma revitalização da hegemonia estadunidense assentada na supremacia global do dólar.[49]

Do ponto de vista das economias periféricas, os efeitos do choque foram catastróficos e cumpriram um papel central para a eclosão e a dinâmica da crise da dívida.[50] O aumento dos juros nos Estados Unidos "realocou a liquidez global em direção às necessidades de financiamento do Tesouro americano",[51] o que, entre outras coisas, significava uma contração na disponibilidade e um aumento no custo de capitais para os países periféricos. Além disso, a maior parte dos empréstimos contraídos nos anos 1970 estava indexada segundo taxas de juros flutuantes vinculadas à Libor, a London Interbank Offered Rate, que também experimentou um crescimento expressivo no período.

Gráfico 5 – América Latina: taxas de juros reais (1963-2009)

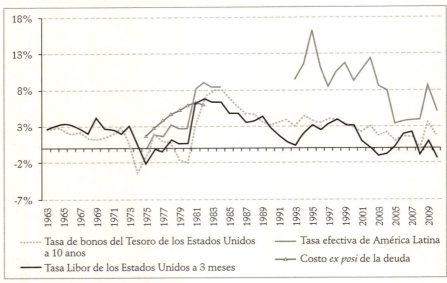

Fonte: Reproduzido de Ocampo, La crisis latinoamericana de la deuda a la luz de la historia, 2014, p.31.

---

49 Belluzzo, O dólar e os desequilíbrios globais, 2005.
50 Ocampo, La crisis latinoamericana de la deuda a la luz de la historia, 2014, p.31.
51 Coelho, Trajetórias e interesses, 2011.

No caso específico da Argentina, a dimensão do impacto do choque dos juros é perceptível ao constatarmos que, em 1982, apenas os juros da dívida externa correspondiam a 5% do PIB do país.[52] Formava-se, assim, um cenário de "tempestade perfeita", no qual o crescimento das taxas de juros em que estavam indexados os serviços da dívida incidia sobre uma moeda, o dólar, que já estava em trajetória de valorização – o que aumentava o custo tanto da dívida existente quanto de novos empréstimos.

Gráfico 6 – Evolução da taxa anual média de redesconto do Federal Reserve (1978-1983)

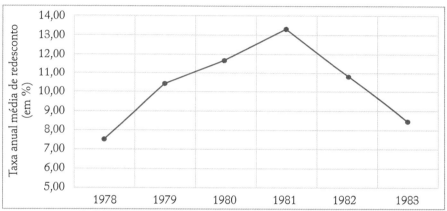

Fonte: Elaboração própria a partir dos dados de Cortés Conde, *The Political Economy of Argentina in the Twentieth Century*, 2009, p.271.

À gravidade do cenário financeiro se somava um panorama não menos crítico no comércio exterior. Aqui, o problema principal foi a queda dos preços reais dos produtos primários,[53] principais itens da pauta exportadora do país, e, por extensão, a geração de divisas "puras" na economia. A deterioração dos termos de troca persistiu durante toda a década, acentuando a restrição externa ao crescimento e comprometendo a capacidade de recuperação de uma economia fortemente dependente dos mercados externos. Embora tenha sido um fenômeno comum ao conjunto da América Latina, as especificidades do passado recente da Argentina agravavam a situação do país. A política de abertura comercial implantada desde 1976 aumentou os volumes exportados do país, mas não serviu para potencializar o crescimento do conjunto da economia,[54] tampouco resultou em uma transformação da estrutura produtiva que elevasse o valor agregado das exportações.

---

52 Brenta, op. cit., p.48.
53 Refere-se aos produtos primários não petroleiros.
54 Gerlini, El comercio exterior argentino, 1989.

Em vez disso, como um dos pilares do modelo do regime era justamente a valorização de ativos financeiros, o crescimento na disponibilidade de divisas nesses anos tendeu a ser empregado na especulação e não na produção.[55] O resultado era uma economia mais vulnerável a choques externos e com pouca capacidade de reação autóctone a estes no curto prazo.

Gráfico 7 – Índice dos termos de troca de bens (1980-1989) (índice 2010 = 100)

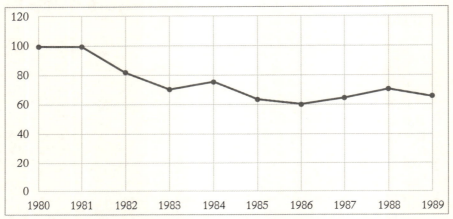

Fonte: Elaboração própria a partir dos dados de Comisión Económica para América Latina. Cepalstat, 2020.

Dois eventos relacionados à política interna encerram esse breve panorama. O primeiro deles foi a desditosa aventura militar empreendida nas ilhas Malvinas, em 1982. Com o fito de dar fôlego adicional a um regime cuja sustentação já se encontrava em processo de esgarçamento, a Junta Militar empreendeu uma tentativa de retomada do arquipélago no Atlântico Sul que, desde a década de 1830, estava sob domínio britânico. A euforia provocada pela bem-sucedida invasão das ilhas, em abril de 1982, teve, porém, vida curta.

A invasão das Malvinas foi empreendida segundo um cálculo político que se mostrou inteiramente equivocado. Primeiro, a expectativa de que os Estados Unidos apoiariam a decisão argentina em gratidão pelo papel do regime no combate ao comunismo foi malograda quando, previsivelmente, o governo de Ronald Reagan decidiu apoiar o Reino Unido. Por outro lado, esperava-se que não haveria reação firme por parte de Londres, em função da distância do arquipélago e dos custos envolvidos numa operação militar desse tipo. No entanto, num momento em que o governo britânico também

---

55 Basualdo, *Estudios de historia económica argentina*, 2006.

Dever e poder

se via às voltas com problemas de estabilidade, a retomada das ilhas foi instrumentalizada pela primeira-ministra Margaret Thatcher para se fortalecer internamente. A incontestável superioridade naval britânica encerrou o conflito com rapidez, a um terrível custo humano e econômico para a Argentina. A guerra resultou em 649 mortos, mais de mil feridos, além de ter provocado um bloqueio de importações de produtos argentinos por parte da Comunidade Econômica Europeia[56] e o congelamento de aproximadamente 1,2 bilhão de dólares em ativos argentinos que estavam depositados em bancos britânicos. Os Estados Unidos, por sua vez, interromperam a venda de armas para o país e bloquearam a ajuda para o comércio exterior que era transmitida à Argentina através do U.S. Exim. Bank e da Commodity Credit Corporation.[57]

A Guerra das Malvinas, portanto, contribuiu para agravar o já mencionado cenário de deterioração do comércio exterior argentino. Seus impactos, porém, transcenderam em muito a questão econômica. Na verdade, a principal consequência da desventura militar no Atlântico Sul foi a de catalisar a erosão de legitimidade do regime, que já se encontrava em curso tanto dentro quanto fora do país. Externamente, as denúncias de violações aos direitos humanos perpetradas pelo Estado na "guerra suja" encontravam uma crescente acolhida internacional, expressa, por exemplo, na concessão do Prêmio Nobel da Paz ao ativista de direitos humanos Adolfo Pérez Esquivel, em 1980. Ao entrar em guerra com o Reino Unido, a ditadura terminou corroendo os apoios dentro do bloco ocidental e viu sua capacidade de articulação internacional quase anulada. Como descreveu Carlos Escudé,[58] a Argentina era, então, um "pária internacional" – um país cuja reputação havia sofrido danos tão severos que dificilmente poderiam ser revertidos sem uma mudança de regime político.

Internamente, o entusiasmo em torno daquela que talvez seja a única causa unificadora de uma sociedade profundamente cindida, a soberania das Malvinas, atenuou brevemente as pressões sobre o regime. Mas, à medida que as notícias chegavam e o fracasso ficava claro, o quadro logo se reverteu. Fracassados no que supunham ser sua especialidade, os militares se viram confrontados pela combinação de colapso econômico, catástrofe humanitária e incapacidade de administrar os conflitos intestinos da burguesia argentina. O questionamento da legitimidade dos militares favoreceu a construção de um ambiente propício à retomada dos protestos sociais contra as políticas regressivas do regime,[59] tanto no quesito econômico quanto no dos direitos humanos.

---

56 Brenta, op. cit., p.49.
57 Boughton, *Silent Revolution*, 2001, p.330.
58 Escudé, *La Argentina*, 1984.
59 Peralta Ramos, op. cit.

O último ingrediente desse panorama de crise política aguda era dado pelas tensões entre diferentes facções das Forças Armadas argentinas que, diferentemente do que indicam apreciações açodadas, jamais foram um bloco homogêneo. As lutas internas das Forças Armadas foram acentuadas pela derrota militar e puseram fim à presidência de Leopoldo Galtieri. Seu sucessor, o general Reynaldo Bignone, empreendeu uma tentativa de recuperação do comércio exterior argentino através da desvalorização do peso e de uma segmentação do mercado cambial entre os setores comercial e financeiro.[60] Essas medidas, porém, fracassaram sob o peso de uma inflação crescente, da ampliação do mercado de câmbio paralelo e da própria perda de legitimidade do regime, inclusive entre as frações de classe dominantes, que inviabilizava a sustentabilidade de qualquer arranjo político.

Desse modo, quando a moratória mexicana levantou pressões e desconfianças sobre a dívida latino-americana, a Argentina já se encontrava em um momento crítico, no qual a capacidade de o país fazer frente a sua dívida – a terceira maior da região[61] – estava posta em xeque. Além da escassez de recursos, dois outros fatores aumentavam a probabilidade de um default. Primeiro, a Lei nº 22.591/1982[62] proibia a realização de pagamentos a residentes e/ou submetidos à jurisdição do Reino Unido. Não bastasse, os contratos dos empréstimos com os bancos estrangeiros estipulavam que qualquer credor que não fosse pago poderia reivindicar a suspensão dos pagamentos a todos os demais,[63] de modo que o não pagamento a qualquer banco britânico poderia levar a uma suspensão de todos os pagamentos da dívida argentina, deixando o país em situação de default.

Em setembro de 1982, quando a possibilidade de o país entrar em default já era publicamente levantada,[64] o governo argentino iniciou as negociações com o FMI para obtenção de um acordo *stand-by*. A realização de um acordo com o FMI e o descongelamento dos fundos britânicos eram duas condições impostas pelos credores privados para dar prosseguimento a qualquer esforço de negociação com o governo argentino. Foi em torno dessa questão que se deu a primeira conversa oficial entre Jorge Whebe, o ministro da Economia argentino, e o diretor-executivo do FMI Jacques de Larosière, durante o fórum anual do fundo, em Toronto.

As circunstâncias em que se deram as primeiras conversas com o FMI foram marcadas por uma ambiguidade dada pela combinação da fragilidade argentina com o temor de contágio da moratória mexicana. O receio de que a Argentina caminhasse rapidamente para a iliquidez e o consequente

---

60 Boughton, op. cit.
61 Brenta, op. cit.
62 Argentina, Ley 22.591, 1982.
63 Boughton, op. cit., p.331.
64 Schumacher, Argentina Default Is Feared, 1982, p.1.

default, caso não houvesse um acordo com os credores internacionais, granjearam às autoridades do país alguma boa vontade nas negociações, apesar do cenário francamente desfavorável. É óbvio que não foi um apoio gratuito, e as negociações só avançaram após o governo ceder na questão das sanções financeiras contra o Reino Unido.

A partir de então, Whebe e o presidente do Banco Central, Julio Gonzáles del Sola, passaram a negociar com o FMI os termos da carta de intenções a ser apresentada pela Argentina ao Fundo. O diretor do FMI, por sua vez, passou a discutir com os bancos privados a concessão de novos empréstimos em "dinheiro novo", para refinanciamento do serviço da dívida a ser pago no curto prazo. Tal qual ocorrido com o México, e estabelecendo o método que marcaria as negociações ao longo da década de 1980, os bancos privados atuaram de maneira concertada e sob a liderança de William Rhodes, presidente do Citibank. Dessas negociações resultou a costura de dois acordos. O primeiro consistia em um empréstimo-ponte de 1,1 bilhão de dólares concedido pelos bancos credores;[65] o segundo, em um crédito de 750 milhões de dólares do Banco de Pagamentos Internacionais. Por fim, em janeiro de 1983, a Argentina apresentou ao FMI a carta de intenções necessária à requisição formal de um acordo *stand-by* no valor de SDR[66] 1,5 bilhão – o máximo que o país podia acessar em recursos do Fundo[67] – e mais 520 milhões de dólares na forma de CFF.[68]

A carta de intenções enviada pelo governo argentino[69] incluía um conjunto de medidas de austeridade, ecoando a visão do Fundo de que o problema da economia argentina estava na incapacidade de reduzir o déficit fiscal. Mesmo assim, o acordo encontrou resistência no Conselho Executivo do FMI, em particular por parte de Jacques de Groote, representante da Bélgica. A minuta do acordo foi criticada por De Groote, que, na ocasião, argumentou que o fardo representado pela proposta era tão pesado que dificilmente as metas acordadas seriam observadas. Além disso, De Groote criticou o ritmo com que o governo argentino vinha eliminando as práticas discriminatórias contra os cidadãos britânicos e questionou em que medida o país era elegível para os CFF. Segundo ele, as perdas no comércio exterior

---

65 Boughton, op. cit., p.332.
66 Sigla em inglês para *Special Drawing Rights*, ou "direitos especiais de saque". Trata-se de um ativo de reserva internacional criado pelo FMI em 1969 para complementar as reservas oficiais de seus países-membros. Atualmente, o valor do SDR é baseado em uma cesta de cinco moedas: dólar americano, euro, renminbi chinês, iene japonês e libra esterlina.
67 Brenta, op. cit., p.66.
68 Sigla em inglês para *Compensatory Financing Facility*, ou "mecanismo de financiamento compensatório", que consiste em uma linha de crédito, criada em 1963, para possibilitar que países que enfrentavam choques exógenos temporários pudessem compensar as perdas de exportações sem recorrer a ajustes mais abrangentes.
69 FMI, Letter of Intent and Memorandum of Understanding, Argentina, Stand-By Arrangement EBS/83/8, 1983.

decorriam em parte da Guerra das Malvinas, e não de um evento fora do controle do solicitante – o que é condição para que esse tipo de crédito seja outorgado.[70]

O acordo acabou aprovado pelo FMI e, logo na sequência, os Estados Unidos intervieram junto ao BIS para a concessão de um crédito de curto prazo para a Argentina. Apesar desses suportes, o plano de ajuste se mostrou insuficiente já a partir de março de 1983, sem conseguir alcançar as metas previstas de redução do déficit fiscal e da inflação. Em setembro do mesmo ano, quando a situação já estava visivelmente fora de controle, o comitê dos bancos credores decidiu não renovar o empréstimo-ponte, enquanto o FMI denegou o desembolso da terceira parcela do acordo *stand-by*.[71]

Finalmente, no mês seguinte foram realizadas eleições diretas para presidente, que terminaram com a vitória do candidato da União Cívica Radical, Raúl Alfonsín. A vitória de Alfonsín é emblemática porque, além do contexto em que foi realizada, significou a primeira derrota do peronismo em um pleito justo. Apesar disso e da ampla legitimidade pessoal de que dispunha, veremos na sequência como os esforços de enfrentamento tanto da herança econômica recebida quanto da possibilidade de viabilizar um projeto alternativo de país realizados por Alfonsín foram tolhidos pelas circunstâncias em que se desenvolveu sua gestão. Na sequência, trataremos disso a partir de um aspecto específico, a política externa, à luz dos constrangimentos que lhe foram impostos pelo endividamento externo e da configuração específica de forças da qual ele era expressão e mecanismo de reprodução.

3.4. Dívida e autonomia: entendendo a relação

Uma vez sintetizada a dinâmica político-econômica das origens da crise, o passo seguinte é a caracterização das variáveis que compõem o modelo de transmissão de influência proposto para analisar a relação entre a dívida e a política exterior. Os dados apresentados na seção anterior já oferecem uma apreciação parcial do problema ao evidenciar o elevado peso representado pela dívida, seja em valores absolutos, seja em relação ao volume de exportações do país, mas ainda não são suficientes para uma avaliação mais precisa dos constrangimentos impostos pelo endividamento.

3.4.1. Concentração e natureza institucional dos credores

A primeira variável a ser destacada é *a concentração e a natureza institucional dos credores*. Trata-se de um aspecto que teve seu perfil fortemente

---

70 Boughton, op. cit., p.334-5.
71 Brenta, op. cit.

modificado durante o regime autoritário. Até então, a maior parte da dívida argentina era com instituições financeiras internacionais, o FMI em particular, e a países desenvolvidos, através de empréstimos bilaterais. Após o golpe, porém, o peso de ambos decaiu, e os bancos comerciais privados passaram a ser os principais credores externos do país, uma modificação coerente com a conjuntura internacional da época, e que foi um dos meios principais para reorganização dos vínculos entre a economia local e o sistema financeiro internacional que o regime objetivava.

Em dezembro de 1984, já com a absorção da dívida privada pelo erário, a dívida contraída com bancos privados correspondia a cerca de 70% do total, e 50% da dívida externa pública da Argentina estava contraída com bancos comerciais dos Estados Unidos.[72] Esses débitos estavam emitidos sob a rubrica de distintas formas jurídicas, incluindo letras do Tesouro, títulos da dívida pública e empréstimos, e eram denominados majoritariamente em moedas estrangeiras (dólar, libra esterlina, franco suíço, xelim, marco alemão), com juros flutuantes e indexados no índice da taxa anual do FED.[73] Os 30% restantes se constituíam de obrigações com fornecedores externos, instituições multilaterais (Banco Mundial, Banco Interamericano de Desenvolvimento e FMI), e detentores de títulos do setor público, além de um volume residual de empréstimos bilaterais.

Gráfico 8 – Dívida externa argentina: composição setorial dos credores (em dezembro de 1984)

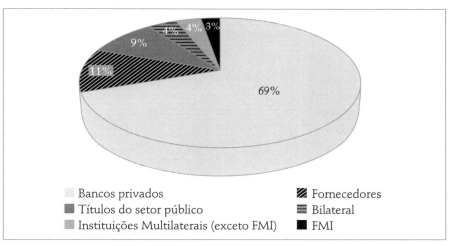

Fonte: Elaboração própria a partir dos dados de Brenta, *Historia de la deuda externa argentina*, 2019, p.51.

---

72 Frohmann, Democracia, deuda externa y disciplinamiento económico, 1986, p.51-2.
73 Ocampo, op. cit.

O elevado índice de concentração dos credores favoreceu uma atuação concertada entre eles. Desde a moratória mexicana, os bancos privados se reuniram em um "Advisory Committee", formado por representantes de onze bancos e sob liderança de William Rhodes, principal executivo do Citibank para a América Latina. Apesar de ser intitulado como "comitê", esse grupo funcionou, na prática, como um poderoso cartel que representava os interesses dos bancos credores,[74] o que, no caso argentino, envolvia 370 instituições bancárias distintas.[75] O grupo monitorava a evolução das economias latino-americanas e servia como um espaço de compartilhamento de informações e coordenação de posições, além de concentrar a interlocução com os demais atores envolvidos no processo.

Quadro 2 – Composição do Bank Advisory Committee on Argentina

Instituição bancária	País de origem
Bank of America	Estados Unidos da América
The Bank of Tokyo	Japão
Chase Manhattan Bank	Estados Unidos da América
Citibank	Estados Unidos da América
Credit Lyonnais	França
Credit Suisse	Suíça
Dresdner Bank	Alemanha
Lloyds Bank	Inglaterra
Manufacturers Hannover Trust	Estados Unidos da América
Morgan Guaranty Trust of New York	Estados Unidos da América
The Royal Bank of Canada	Canadá

Fonte: Elaboração própria a partir das informações de Brenta, *Historia de la deuda externa argentina*, 2019, p.83.

A ação coletiva dos bancos incrementou seu poder de pressão e capacidade de ditar os termos e as condições em que transcorreriam as negociações. Dessa atuação em bloco é que resultaram algumas caraterísticas marcantes das negociações, como a abordagem "caso a caso", que implicava a negociação individual com cada devedor, a vinculação entre as negociações e a realização de acordos com o FMI, e a distribuição assimétrica dos custos do ajuste, penalizando os devedores.

Visando assegurar seus ganhos, os bancos credores condicionavam o andamento das negociações à realização de acordos prévios com o FMI e, em menor medida, com o Banco Mundial[76] e o Banco Interamericano

---

74 O'Brien, The Latin American Debt Crisis, 1993.

75 Brenta, op. cit., p.83.

76 Cabe ressaltar que, embora o papel do Banco Mundial tenha sido coadjuvante nas negociações da dívida, o banco teve um papel decisivo na difusão das ideias e agendas do neoliberalismo na região.

Dever e poder

de Desenvolvimento. Na prática, portanto, embora fossem minoritárias enquanto credoras, as instituições internacionais de crédito foram as principais fontes de pressão externa sobre os governos devedores latino-americanos.[77] Como salientado por José Ocampo, essas pressões foram parcialmente responsáveis pela opção dos países da região por "moratórias silenciosas", na forma de "atrasos no pagamento do serviço da dívida comercial, bilateral e, em pouquíssimos casos, multilateral",[78] em vez de moratórias convencionais, com suspensão indefinida de pagamentos.

O envolvimento do governo dos Estados Unidos na dinâmica da crise é outro desdobramento da natureza e concentração dos credores. A elevada exposição do sistema bancário estadunidense na América Latina fundamentava os temores de que a crise na região pudesse levar a graves desdobramentos nos Estados Unidos. Em 1984, 45% do total da exposição dos bancos americanos na América Latina estava concentrado em quatro países: Argentina, Brasil, México e Venezuela,[79] e a dívida total da região equivalia a 180% do capital dos nove maiores bancos americanos,[80] de modo que um default generalizado comprometeria seriamente o sistema bancário estadunidense.

A atuação do Departamento do Tesouro e do representante dos Estados Unidos no FMI, por sua vez, foi fortemente influenciada pela ação coordenada dos credores e rapidamente assumiu um caráter de representação, ainda que informal, dos bancos. A pressão exercida pelo cartel, somada à convergência entre seus interesses e a agenda econômica patrocinada pelo governo Reagan, resultou na aprovação pelo Congresso, em novembro de 1983, de uma emenda ao Ato dos Acordos de Bretton-Woods. O novo texto disciplinava a atuação do governo dos Estados Unidos com vistas ao crescimento econômico sustentável, tanto nas relações bilaterais quanto no FMI, nos seguintes termos:

(1) O presidente instruirá o secretário do Tesouro, o secretário de Estado e outros oficiais federais, e solicitará ao presidente do Conselho de Governadores do Sistema de Reserva Federal, a adotar todos os meios apropriados para incentivar os países a formularem programas de ajuste econômico para lidar com as dificuldades da balança de pagamentos e a dívida externa com bancos privados.

(2) Tais programas de ajuste econômico devem ser projetados para salvaguardar, na máxima extensão possível, o crescimento econômico internacional, o comércio mundial, o emprego e a solvência de longo prazo dos bancos, e minimizar a

---

77 Stallings, op. cit., p.42-88.
78 Ocampo, op. cit., p.38.
79 Sachs e Huizinga, U.S. Commercial Banks and Developing-countries Debt Crisis, 1987, p.556.
80 Ocampo, op. cit., p.38.

probabilidade de distúrbios civis nos países que precisam de programas de ajuste econômico.

[...]

Para garantir a eficácia dos programas de ajuste econômico apoiado pelos recursos do Fundo

(1) o diretor-executivo do Fundo dos Estados Unidos recomendará e trabalhará por mudanças nas diretrizes, políticas e decisões do Fundo que:

a. Convertam dívidas bancárias de curto prazo que foram feitas com altas taxas de juros em dívidas de longo prazo com taxas de juros mais baixas;

b. Garantam que o serviço anual da dívida externa, que inclui principal, juros, pontos, taxas e outros encargos exigidos ao país envolvido, seja uma porcentagem gerenciável e prudente dos ganhos anuais projetados para exportação desse país; e

c. Estabeleçam que, ao aprovar qualquer programa de ajuste econômico, o Fundo leve em consideração o número de países que se candidatam ao Fundo para programas de ajuste econômico e os efeitos agregados que tais programas terão sobre o crescimento econômico internacional, o comércio mundial, as exportações e o emprego de outros países-membros, e a solvência de longo prazo dos bancos.[81]

A experiência futura da Argentina – como a de diversos outros países – mostraria que o apego dos Estados Unidos aos termos dessa emenda era parcial. Na prática, as posições adotadas pelos Estados Unidos ao longo da maior parte da crise revelavam que a solvência dos bancos era um objetivo mais relevante do que a saúde financeira dos países latino-americanos, o que se nota na persistente defesa feita pelo FMI dos programas de ajuste recessivo como único caminho possível para enfrentar a crise.

3.4.2. Correlação doméstica de forças

A segunda variável a considerar é a *correlação doméstica de forças*, destacando os segmentos que compõem o estrato dominante, o núcleo do bloco no poder. Os dados estatísticos mais precisos para avaliar esse aspecto são aqueles produzidos pela *Encuesta Nacional a Grandes Empresas*, realizada anualmente pelo Indec. Mas a pesquisa começou a ser realizada apenas em 1993, de modo que os indicadores não estão disponíveis para a primeira parte da análise, que compreende o governo Alfonsín. Há, contudo, alguns marcadores que ilustram com suficiente clareza a configuração do poder econômico argentino da época.

Já vimos que o Processo implementou uma política econômica que visava a uma reordenação das relações de força na sociedade argentina através da concentração do poder econômico nos diferentes ramos da grande

---

81 United States House of Representatives, United States Code, 22 USC 286cc, 1983, tradução nossa.

burguesia. Os resultados desse programa econômico foram bastante significativos nesse sentido, promovendo uma modificação na correlação de forças que, no limite, levaria à formação de um novo bloco, cuja liderança foi assumida por uma oligarquia que combinava os grandes produtores agropecuários, o setor bancário-financeiro e os grandes grupos industriais.[82]

As características específicas dessa nova configuração eram um elevado índice de concentração de capital, uma maior imbricação entre grupos econômicos locais e estrangeiros, e um aprofundamento da dependência das dinâmicas globais da economia para realização de seus lucros. Esse processo é descrito pelo economista Eduardo Basualdo nos seguintes termos:

> A oligarquia dos pampas e, especificamente, sua fração diversificada eram a contraparte local do capital financeiro internacional, e foram seus intelectuais orgânicos que lideraram a estratégia de reestruturação que encerrou a proposta industrial em vigor até aquele momento. Para que isso fosse possível, dada a predominância estrutural do capital estrangeiro, ela se valeu do controle do aparato estatal para fraturar as demais frações do capital, integrando parte de seus respectivos membros ao novo bloco social dominante, recriando assim a composição da própria fração diversificada da oligarquia.[83]

Os efeitos dessa política eram visíveis nos números da economia. Os dados compilados por Basualdo revelam que a participação da burguesia nacional, de capital local, na formação das vendas das duzentas maiores empresas do país decaiu de pouco mais de 10% para 5% entre 1975 e 1984. Por sua vez, o que ele chama de "oligarquia diversificada" também teve sua participação incrementada em dez pontos percentuais.[84] As estatísticas sobre a participação setorial na composição do PIB indicam uma tendência similar. A partir do golpe, há um persistente decréscimo na participação da indústria, e uma tendência constante de elevação da participação do setor primário agroexportador (exceto em 1980).

Embora essa queda tenha sido gradativa, e a indústria tenha mantido um peso relevante na economia argentina, ela não deve ser minimizada. Como se nota no Gráfico 9, ao final do regime, a adição de valor ao PIB da indústria manufatureira havia declinado de forma significativa, e, mais grave, o setor

---

82 A unidade fundamental de organização das frações dominantes passou a ser o *grupo econômico* – um conjunto de empresas que atua em diversos setores econômicos e têm sua coordenação articulada por um grupo de diretores e uma propriedade acionária comuns. A esses grupos, somavam-se as *empresas transnacionais diversificadas*, que se diferenciam dos grupos econômicos nacionais por ter seu controle exercido por uma matriz sediada no exterior. Cf. Acevedo, Basualdo e Khavisse, *El nuevo poder económico en la Argentina de los años 80*, 2004.

83 Basualdo, La reestructuración de la economía argentina durante las últimas décadas de la sustitución de importaciones a la valorización financiera, 2006, p.140.

84 Ibid., p.142.

perdia progressivamente seu caráter nacional (ver Tabela 2) – duas tendências que seriam consolidadas na década seguinte. Além disso, os dados da Tabela 3 informam que os principais volumes de exportação seguiam correspondendo aos da produção agropecuária, o que mantinha esse segmento na posição privilegiada de liderar a geração de divisas.

Tabela 2 – Participação na cúpula industrial argentina por tipo de empresa (1976-1983), como porcentagem do total de vendas

Tipo de empresa	1976	1983	Variação
Estatais	28.6%	20.8%	- 7.8%
Grupos econômicos nacionais	15.6%	23.3%	+ 7.7%
Empresas transnacionais diversificadas	24.6%	32.1%	+ 7.5%

Fonte: Adaptado de Acevedo, Basualdo e Khavisse, *El nuevo poder económico en la Argentina de los años 80*, 2004, p.2-3.

Gráfico 9 – Valores agregados da indústria manufatureira e do setor primário (agricultura, silvicultura e setor pesqueiro) como proporção do PIB (1975-1989)

Fonte: Elaboração própria a partir de dados do Banco Mundial (2020).

Embora o apogeu dessa coalizão tenha ocorrido apenas nos anos 1990, seu poder de influência durante o governo Alfonsín não pode ser subestimado. De fato, uma vez que esses grupos já detinham liderança do processo de acumulação, e particularmente de geração de divisas, sua atuação se deu, sobretudo, no sentido de retomar a influência sobre a política econômica, de modo a empregar os recursos de poder do Estado para eliminar os obstáculos restantes, como as empresas estatais, e interditar medidas contrárias a seus interesses, como a valorização dos salários. Além de saírem fortalecidos do regime, do qual a estatização de sua dívida era a principal evidência, sua

Tabela 3 – Argentina: exportações de produtos primários e manufaturados (1985-1989). Valores em porcentagem

Ano	Produtos primários	Produtos manufaturados
1983	83.7	16.3
1984	82.9	17.1
1985	79.2	20.8
1986	73.9	26.1
1987	68.6	31.4
1988	68.6	31.4
1989	64.6	35.4

Fonte: Elaboração própria a partir dos dados da Cepal (1990).

posição foi favorecida pelo alinhamento aos interesses de atores estrangeiros, em especial do setor financeiro. Mais uma vez, a dívida externa tinha um papel central na convergência de posições entre atores externos e domésticos.

3.4.3. Espaço fiscal

Por fim, resta identificar o comportamento do *espaço fiscal*. Essa variável é computada a partir de três indicadores cuja visão em conjunto permite capturar com acuidade a disponibilidade de recursos efetivamente existente à época e, por conseguinte, o peso da dívida em relação às reais capacidades de pagamento e das margens de ação da política econômica. Os indicadores selecionados são: (a) resultado primário do setor público não financeiro; (b) estoque total da dívida externa como porcentagem do Rendimento Nacional Bruto (RNB); (c) serviço da dívida externa como porcentagem das exportações de bens, serviços e da renda primária. No caso do resultado primário, que serve como uma síntese precisa, ainda que não exaustiva, da situação fiscal do país, o que se nota a partir do gráfico a seguir é a existência de um déficit persistente, que atravessa toda a década sem registrar valores positivos em nenhum ano.

Por sua vez, a relação entre o estoque da dívida e o PIB sintetiza com clareza lapidar a dinâmica em meio a qual transcorreu a crise da dívida. As elevadas taxas reais de juros (ver Gráfico 5), encarecendo o custo dos capitais externos, combinavam-se à contração[85] da atividade econômica interna e à deterioração dos termos de intercâmbio (ver Gráfico 6), criando um círculo vicioso que ampliava o descolamento entre o desempenho da economia real e as obrigações de pagamento da dívida.

---

85 Uma ilustração dessa contração, dentre várias possíveis, é o declínio de dez pontos percentuais na participação da formação bruta de capital fixo na formação do PIB, entre 1980 e 1989. Cf. Banco Mundial, Gross Capital Formation (% of GDP), 2020.

Gráfico 10 – Resultado primário do setor não financeiro (1975-1989). Valores em porcentagem do PIB

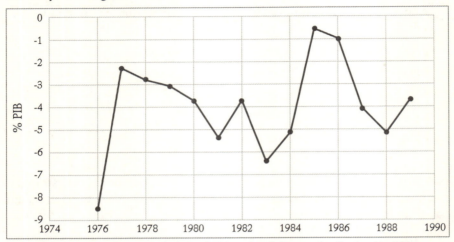

Fonte: Elaboração própria a partir de dados do Ministério de Economía y Producción (2004).

Gráfico 11 – Estoque total da dívida externa como porcentagem do RNB, 1975-1989

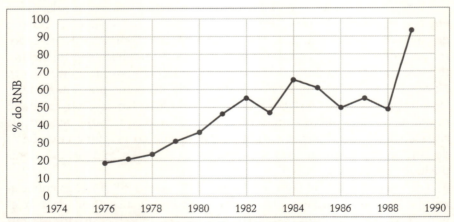

Fonte: Elaboração própria a partir de dados do Banco Mundial (2020).

Pode-se identificar a mesma lógica a partir de outro ângulo, considerando a relação entre o serviço da dívida e as receitas de exportação, e a renda primária. As altas taxas de juros ampliavam o peso do serviço da dívida em uma conjuntura de queda no desempenho das exportações, fazendo que os juros e as amortizações do principal crescessem em ritmo superior à geração endógena de divisas. O pico dessa situação se deu em 1986, quando o serviço da dívida equivalia a 83% das receitas de exportação.

Gráfico 12 – Serviço da dívida externa como porcentagem das exportações de bens, serviços e da renda primária

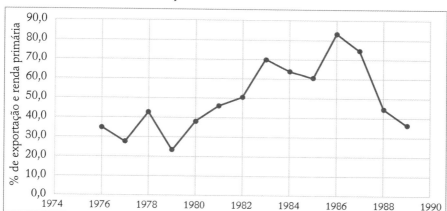

Fonte: Elaboração própria a partir de dados do Banco Mundial (2020).

O cotejo desses dados aponta a existência de uma situação na qual a transmissão de uma influência restritiva por parte da dívida externa era amplamente favorecida pela forma como se apresentavam as variáveis de interesse do *leverage* e do *disciplinamento financeiro*. Além de posicionados no centro do sistema financeiro, os credores da dívida estavam concentrados e fortemente organizados, atuando em conjunto desde o início da crise, o que permitia fortalecer tanto a sua posição perante a Argentina quanto sua capacidade de pressão sobre os principais atores políticos do sistema financeiro internacional. Em paralelo, o progressivo fortalecimento de segmentos empresariais cujos interesses eram convergentes com os dos credores externos se estabeleceu durante uma conjuntura desfavorável para as economias periférico-dependentes, em particular pela deterioração de seu comércio exterior. O fato de esse bloco não ter suas agendas setoriais legitimadas pelo conjunto da sociedade nos primeiros anos da redemocratização não inibia sua capacidade de pressão, então já forte o suficiente para inviabilizar as escolhas do governo que atentavam contra seus interesses.

Nesse contexto, a dívida externa propiciou o estabelecimento de uma rede de interesses compartilhados entre os grupos econômicos dominantes da Argentina, o *establishment* financeiro global e seus representantes políticos, que formaram uma espécie de coalizão informal para pressionar o governo local e aproximar suas políticas à defesa de tais interesses. Essa configuração particular de forças tornou possível o exercício de uma constante e intensa pressão sobre o governo, ratificando o *leverage* como mecanismo de influência sobre a política exterior. Em paralelo, a persistente deterioração dos termos de troca e as restrições de acesso aos mercados de capitais (também relacionadas à pressão externa) amplificaram o impacto do *disciplinamento financeiro*, estimulando os comportamentos desejáveis e punindo os que iam de encontro aos interesses desses grupos. Disso resultou o embate de vontades que deu a tônica do governo Alfonsín e incidiu sobre diferentes esferas de sua gestão, uma das quais a política externa, que passaremos a examinar na sequência.

Quadro 3 – Síntese da caracterização empírica da hipótese

Variável	Características
Concentração e natureza institucional dos credores	a) Elevado índice de concentração; b) Atuação concertada dos bancos credores; c) Bancos privados estrangeiros como principais credores; d) Centralidade política das instituições financeiras internacionais (FMI, sobretudo) e do Departamento do Tesouro dos Estados Unidos.
Correlação doméstica de forças	a) Impactos do regime autoritário: modificação das posições relativas no interior da coalizão dominante; b) Fortalecimento crescente da coalizão neoliberal (setores agroexportador, bancário-financeiro, e indústria capital-intensiva).
Espaço fiscal	a) Restrição fiscal; b) Trajetória crescente do peso da dívida sobre o PIB; c) Aumento da carga da dívida como percentual das exportações.

Fonte: Elaboração própria.

4
A DÍVIDA EXTERNA NO GOVERNO RAÚL ALFONSÍN (1983-1985): A AUTONOMIA ENSAIADA

4.1. Democracia, heterodoxia e autonomia

Raúl Ricardo Alfonsín tomou posse como presidente da Argentina em 10 de dezembro de 1983, em meio a uma efusiva festa popular que tomou as ruas de Buenos Aires durante todo o sábado. A intensidade da celebração não era sem causa, já que a posse demarcava não só uma mudança de governo, mas também de regime político, restaurando a democracia interrompida pelos canhões sete anos antes. Advogado e político de extensa trajetória na União Cívica Radical – o mais antigo partido político do país –, Alfonsín chegou à presidência investido de ampla legitimidade, não apenas por ser o primeiro presidente eleito democraticamente em uma década, mas pelo feito, até então inédito, de vencer o peronismo em eleições limpas. Dispondo de um vasto capital político, o presidente encampou uma agenda que buscava alcançar aquilo que definia como a "principal tarefa que nos encomendou o país":[1] construir a ordem democrática.

Concretamente, essa tarefa exigia um esforço duplo, complementar e simultâneo de redesenho institucional, no sentido de restituir a legitimidade, e de enfrentamento da gravíssima crise econômica. O caminho demarcado pelo governo para isso era a própria democracia, elevada ao estatuto de valor máximo de civilidade e que tinha funcionado como elemento de coesão para o heterogêneo conjunto de forças que deu a Alfonsín a vitória eleitoral. O famoso *slogan* de sua campanha – "Com a democracia,

---

1 Alfonsín, *Memoria política*, 2013, p.25.

se come, se educa" – refletia e alimentava a crença então arraigada na sociedade argentina de que a restauração da democracia seria, por si só, a solução de todos os problemas enfrentados pelo país.[2]

Esse otimismo se desgastaria rapidamente, tão logo ficou claro que a existência de um governo legitimado pelo voto popular não era condição suficiente para encaminhar as respostas exigidas pela sociedade às suas demandas. No centro desse impasse estava o choque entre a universalidade dos imperativos éticos que o governo pretendia traduzir em ação e a natureza contraditória dos interesses setoriais que reclamavam respostas do governo. Essa tensão, visível principalmente nos enfrentamentos com as Forças Armadas e na política econômica, foi agravada pelos erros de cálculo de Alfonsín e de alguns de seus principais colaboradores.

A compreensão limitada que tais atores tinham da profundidade das transformações vividas pelo país durante o Processo levou o governo a subestimar as razões, os interesses e, sobretudo, a capacidade de resistência dos grupos sociais que eles supunham vencidos com o fim do regime.[3] De fato, o que se veria repetidamente nos cinco anos e meio seguintes era a contradição de ter a estabilidade do regime condicionada à capitulação ante interesses cujas credenciais democráticas oscilavam entre o duvidoso e o inexistente.

O caso das Forças Armadas é exemplar. Alfonsín entendia a questão militar na Argentina a partir de uma perspectiva excessivamente legalista, formal, que explicava a participação dos militares nos golpes de Estado como manifestação de perda do senso de legalidade e manipulações.[4] Embora não haja dúvida de que as questões de classe e as disputas de interesses econômicos eram peças-chave na criação das condições objetivas que tornavam possíveis as rupturas institucionais, o fato de elas se darem pela via do golpe militar evidencia a existência de um quadro mais complexo. A presença de um senso de excepcionalidade firmemente cristalizado no *éthos* das Forças Armadas desempenhava um papel central na atuação política dos militares, que se investiam, com respaldo de parte da sociedade, da prerrogativa de moderar o processo político sob a prédica da regeneração e do saneamento moral da "Nação".

A interpretação de Alfonsín não estava inteiramente equivocada, porque havia de fato uma persistente quebra de legalidade, mas era parcial na medida em que ocultava a autonomia relativa dos militares. Dessa interpretação parcial decorria a presunção de que restaurar a ordem democrática formal e julgar as cúpulas militares era suficiente para sufocar o golpismo sem provocar instabilidades maiores do que aquelas inerentes à transição.

---

2 Romero, op. cit., p.230.
3 Ibid.
4 Alfonsín, *Memoria política*, 2013, p.33-49.

Os levantes do movimento *carapintada*, formados pelo baixo oficialato, demonstraram que isso não era verdade e mantiveram o governo Alfonsín, o tempo todo, sob a sombra de um possível golpe,[5] forçando uma série de concessões,[6] notadamente as chamadas "Leis do Perdão".[7]

A economia mostraria, por outro ângulo, o mesmo problema. Alfonsín fez campanha com um discurso crítico à política econômica da ditadura, principalmente à ação predatória da chamada "pátria financeira" – os grupos financistas e especuladores que vicejaram durante o regime. Uma vez no governo, o presidente anunciou um programa econômico de inspiração heterodoxa, que defendia a retomada do crescimento a partir do equilíbrio da participação do campo e da indústria na composição do PIB, além de uma melhora distributiva, sobretudo para recuperação das profundas perdas salariais dos trabalhadores operadas pela ditadura. Num primeiro momento, a execução desse programa, cujas linhas gerais eram muito próximas às da presidência de Arturo Illia, ficaria a cargo de uma equipe de economistas ligados ao pensamento cepalino, liderada pelo ministro da Economia, Bernardo Grinspun, e pelo presidente do Banco Central, Enrique García Vázquez.

Entre as primeiras medidas anunciadas, incluíam-se a fixação de uma meta de crescimento anual de 5% do PIB, a elevação dos salários reais, o combate à inflação e mudanças no regime tributário.[8] Com isso, o objetivo era atacar os problemas centrais da economia à época: o pagamento da dívida externa, a retomada da atividade econômica e o equilíbrio fiscal. Embora pretendessem acomodar os diferentes interesses em choque, as medidas adotadas pelo governo agudizaram os conflitos que pretendiam arbitrar.

A cúpula empresarial do país vocalizou suas críticas ao governo através de associações como o Centro Empresario Argentino (CEA), o "Grupo María" e a célebre Capitanes da Indústria, agrupamentos que assumiram um papel de destaque no debate público acerca da política econômica nos anos seguintes.[9] Além dessas entidades, diversos grupos de intelectuais vinculados ao pensamento ortodoxo tiveram importante projeção no debate econômico durante os anos 1980 e 1990, como o Centro de Estudios Macroeconómicos de Argentina (Cema), a Fundación Mediterránea e o Instituto de Estudios

---

5 Para uma apreciação detalhada do período, ver Diamint, *Sin gloria*, 2014; e Saín, Democracia e Forças Armadas, 2000.

6 O tema foi objeto de uma reflexão anterior, que pode ser vista em Pereira, Controle civil e os limites da política de defesa da Argentina (1983-2001), 2019.

7 Expressão pela qual se conhecem as leis de Obediência Devida e do Ponto Final, que, juntas, anistiaram a maior parte dos militares envolvidos no terrorismo de Estado.

8 Ferrer, *A economia argentina*, 2006, p.254.

9 Um estudo seminal sobre o assunto é o livro de Pierre Osteguy, *Los capitanes de la industria: grandes empresarios, política y economía en la Argentina de los años 80*.

Económicos sobre la Realidad Argentina (Ieeral), responsáveis por fornecer quadros à administração pública, como Domingo Cavallo.

Mais do que uma oposição retórica, o comportamento dos diferentes atores revelava a inadequação das premissas do programa econômico à nova forma de organização da economia argentina. A proposta de expansão da demanda agregada, por exemplo, foi duramente criticada pelos credores da dívida e pelos organismos de crédito, que prescreviam justamente sua contração, para aumentar os superávits comerciais e, assim, gerar receitas para pagar os juros.[10] O aumento dos salários também não levou a um aumento do investimento. Além da corrosão do poder de compra que a inflação gerava, predominou um quadro em que as expectativas de rendimento de ativos de capital se mostraram inferiores às taxas de retorno das operações financeiras.

Gráfico 13 – Argentina: taxa de inflação (1983-1989)

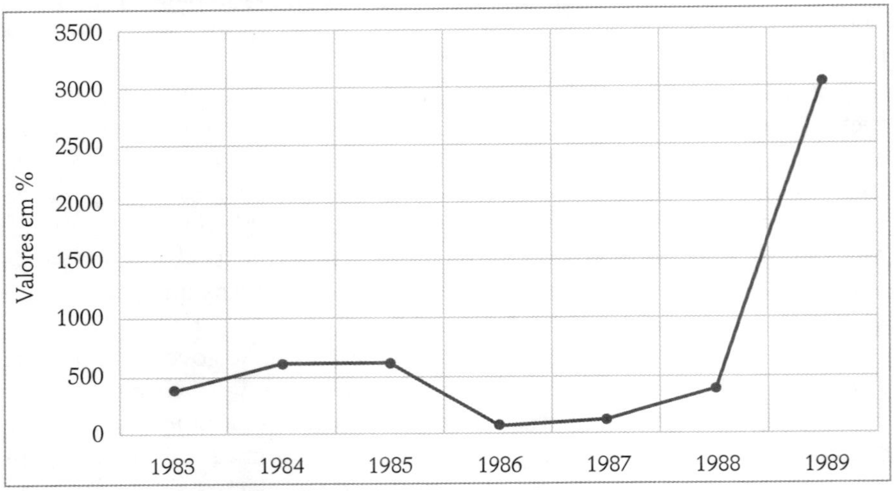

Fonte: Elaboração própria a partir de dados do Banco Mundial (2020).

As externalidades da política econômica produziram vários reveses ao governo, estimulando sectarismos e resistências de outros setores organizados, tanto patronais quanto de trabalhadores. No caso da política cambial, por exemplo, a desvalorização promovida em estímulo à formação de superávits comerciais acabou levando a mais pressão inflacionária e contração dos salários reais – na exata contramão dos objetivos do governo.[11] Já o alívio

---

10 Basualdo, *Estudios de historia económica argentina*, 2006, p.220.
11 Javier Amadeo, *O debate econômico na Argentina da democratização*, 2005.

Dever e poder

parcial das retenções ao setor agroexportador, além de não ser considerado suficiente pelo setor, também despertou a objeção dos industriais.[12] As restrições impostas pela política de preços do governo foram facilmente contornadas pelos grandes grupos econômicos, resultando no esvaziamento das medidas de combate à inflação que, apenas em 1984, subiu mais de 600%.

Em suma, a densa trama de interesses e hostilidades apresentada pelos setores econômicos dominantes locais e externos mostrou que a chancela popular outorgada ao programa econômico nas urnas não era condição suficiente para que ele fosse concretizado. Tendo o peronismo na oposição, Alfonsín não contou com o poderoso respaldo dos sindicatos – que, de resto, consideravam insuficientes as medidas do governo. Ainda assim, o presidente resistiu, de início, às pressões por medidas de austeridade, reiterando o compromisso com um programa econômico submisso às necessidades de estabilidade democrática. Ao final, acabaram prevalecendo os interesses das "minorias inescrupulosas" e da "pátria financeira", que o presidente supunha derrotados pela democracia. A partir do Plano Austral (1985) e da conclusão da estatização da dívida ilegítima, o governo se transformou em um administrador de crises, perdendo a capacidade propositiva e quase sempre movimentando-se reativamente. O problema seria reconhecido pelo próprio Alfonsín, anos depois, ao escrever que "é certo que houve coisas que não soubemos fazer [...]. Por erros de diagnóstico em algumas oportunidades [...]; ou por mau cálculo de tempo em outras".[13]

A centralidade da democracia como valor e as urgências da crise econômica também se expressaram nos objetivos e nas escolhas da política externa. O trágico legado do regime era especialmente notório nesse campo, visto no ostracismo internacional a que havia sido relegado o país, no somatório das denúncias de violações aos direitos humanos, na irresponsável aventura nas Malvinas e na perda de credibilidade decorrente da recusa em respeitar compromissos voluntariamente aceitos.[14] A política externa do novo governo se defrontava, assim, com os imperativos do resgate da reputação do país, ao mesmo tempo que precisava acomodar as demandas geradas pela crise econômica.

O ponto de partida da agenda desenhada pelo chanceler Dante Caputo era o reconhecimento da Argentina como um país ocidental, não alinhado e em desenvolvimento.[15] Essa reafirmação da posição terceiro-mundista vinha junto à recuperação de diversos princípios caros às tradições da União Cívica Radical e a alguns segmentos do peronismo. Retomava-se, assim, a

---

12 Peralta Ramos, op. cit., p.195.
13 Alfonsín, *Memória política*, 2013, p.27.
14 Escudé, *La Argentina*, 1984.
15 Russell, Los ejes estructurantes de la política exterior argentina a partir del inicio de la transición a la democracia, 1994.

91

defesa do multilateralismo, da não ingerência em assuntos internos, da solução pacífica de controvérsias, do pluralismo político e do respeito ao direito internacional.[16] Ademais, elegia-se a América Latina, e o Cone Sul em particular, como espaço prioritário de atuação e coordenação política, com um acento explícito na proposta da integração regional. Por fim, buscava-se uma ampliação dos vínculos extrarregionais, particularmente com a Europa ocidental, além de relações amistosas com o bloco soviético.

Com isso, almejava-se uma "diversificação de pontos de apoio", ou seja, uma diluição dos interesses argentinos em diferentes frentes de relacionamento externo, de modo a impedir que a realização de tais interesses ficasse a reboque de um único ator – os Estados Unidos. A pretensão do governo era de desenvolver relações "maduras" com os Estados Unidos que escapassem tanto do alinhamento automático quanto da confrontação persistente. Ciente de que muitas posições do governo radical, seja em economia, seja em política, divergiam das linhas adotadas pelos Estados Unidos, Caputo esperava decompor as relações bilaterais em duas camadas: as convergências essenciais – que constituíam o arrimo do relacionamento bilateral – e as divergências metodológicas; desencontros a respeito dos meios mais apropriados para alcançar os objetivos presentes nas convergências.[17] A construção de espaços de autonomia, que tornassem possível manter posições que fossem de encontro às expectativas estadunidenses, os "dissensos metodológicos", era, portanto, relacionada à diversificação das relações exteriores.[18]

Apesar não trazerem uma conexão explícita no plano discursivo, as linhas de ação projetadas para a política externa convergiam com os princípios básicos do paradigma autonomista que, na Argentina, teve em Juan Carlos Puig[19] seu proponente mais relevante. Em especial, a política externa concebida por Alfonsín e Caputo se aproximava daquilo que Puig[20] chamava de "autonomia heterodoxa" – a busca por ampliar os espaços de decisão própria sem incorrer em confrontações diretas ou desafios explícitos às potências dominantes. A existência de uma política externa definida em termos de autonomia heterodoxa requer o manejo e a avaliação adequados de duas variáveis: a permissividade internacional, cujo limite é dado pelos interesses vitais das potências, e a coesão das elites internas em torno do projeto autonomista.[21]

---

16 Míguez, *Los partidos políticos y la política exterior argentina*, 2013.

17 Russell, op. cit.

18 Míguez, op. cit.

19 Jurista e político, foi ministro das Relações Exteriores durante a brevíssima gestão de Héctor Cámpora (de maio a julho de 1973). Junto ao brasileiro Hélio Jaguaribe, é o principal formulador do que se conhece atualmente como "paradigma autonomista" de política externa.

20 Puig, *América Latina*, 1984.

21 Id., *Doctrinas internacionales y autonomía latinoamericana*, 1980.

Um ponto-chave dessa concepção é que, nela, não é preciso que as diretrizes econômicas nacionais estejam em consonância com as expectativas dos centros de poder, mas, sim, que não haja choques frontais nas questões essenciais para estes.[22] A presença dessa lógica nas expectativas nutridas pelo governo em relação aos Estados Unidos é clara, na medida em que a aspiração era exatamente enfatizar o pertencimento argentino ao bloco ocidental e a convergência sobre a questão democrática e dos direitos humanos, enquanto se reservava o direito de manter uma política econômica diferente daquela defendida pelos Estados Unidos. Política e economia eram vistas como "janelas" distintas do relacionamento bilateral, que não deveriam se "contaminar" umas com as outras.[23]

Como ensina a sabedoria popular argentina, são necessários dois para dançar um tango. Para que a estratégia de "janelas" distintas, "convergências essenciais" e "dissensos metodológicos" fosse viável, era necessário que, além de um sólido apoio interno, houvesse disposição de Washington em pautar seu comportamento em relação à Argentina a partir de diretrizes similares. Sobre este último aspecto, as expectativas se ancoravam na premissa da excepcionalidade democrática, isto é, a ideia de que a transição para a democracia permitiria que a Argentina gozasse de certa permissividade, porque seria a promoção da democracia liberal, e não do neoliberalismo, o interesse prioritário de Washington. Em ambos os casos, a leitura do governo radical pecaria pelo excesso de otimismo, o que seria desnudado pelo tema que melhor articulava política externa, economia e democracia: a dívida externa.

4.2. A dívida externa: diagnósticos, intenções e primeiras iniciativas

O problema da dívida externa, talvez um dos mais graves a configurarem a situação que recebemos, *será encarado de acordo com os critérios que oportunamente proporemos*. Após a devida análise e estudo para determinarmos *que parte da dívida é realmente legítima*, buscaremos renegociar nossas obrigações, nas condições mais favoráveis e *com modalidades de pagamento que se ajustem às nossas possibilidades*. Não descartamos acudir aos organismos internacionais de crédito para obtenção do apoio financeiro que nos corresponde, assim como o respaldo para a ação que devemos empreender junto à banca internacional. *Isso não significa, de maneira alguma, que vamos submeter a economia argentina a receitas recessivas, sejam de dentro ou de fora do país.* Apresentaremos nosso programa, sensato, tecnicamente correto, compatível com o crescimento do país e o pagamento da dívida, e a ele vamos nos ater. *Seremos flexíveis na forma, mas*

---

22 Simonoff, Integración y autonomía en el pensamiento de Juan Carlos Puig, 2015.
23 Míguez, op. cit., p.59.

Matheus de Oliveira Pereira

não no conteúdo, porque não acreditamos que o problema da dívida possa ser resolvido com ações que impliquem mais recessão econômica, nem no pressuposto inconcebível de que estivéssemos dispostos a aceitar o inaceitável, isto é, o prolongamento da pobreza e da miséria do povo.[24]

Esse longo excerto é bastante oportuno para os propósitos deste trabalho, porque mostra de modo certeiro a visão e as intenções em relação à dívida, que, acareadas com ações e resultados efetivamente alcançados, permitem dimensionar o nível de pressão e restrição encaminhada por esse problema. O trecho traz a autonomia nacional como premissa subjacente a todas as posições assumidas em relação ao endividamento. Já no início, o presidente deixava claro o compromisso de pagar a dívida, mas defendia que isso deveria ser feito em um calendário compatível com a capacidade de pagamento da economia e sem agravar a já deteriorada situação social em que o país se encontrava. Na prática, isso implicava a intenção de delimitar os termos em que se dariam as negociações com os credores, reservando para o governo a palavra final sobre prazos, valores e condições de pagamento.

Lógica similar era encontrada na menção feita aos organismos internacionais de crédito. Vimos anteriormente que esses atores – FMI, Banco Mundial e Banco Interamericano de Desenvolvimento – atuavam na crise como representantes políticos dos credores. O que se nota da fala de Alfonsín é a intenção de negociar com essas instituições em condições de equilíbrio e a partir de um conjunto de princípios e diretrizes sobre os quais a Argentina tivesse poder de veto – sem se "submeter a receitas recessivas".

Essas "receitas recessivas" nada mais eram do que as condicionalidades impostas pelos organismos de crédito para a concessão dos empréstimos necessários para fazer frente à dívida, em especial a de curto prazo. Seguindo as demandas de remuneração dos bancos, as condicionalidades abarcavam um conjunto amplo de medidas que convergiam em dois pontos principais, a defesa da austeridade fiscal e o impulso de "reformas estruturantes"[25] em direção à liberalização fiscal e financeira, na contramão do programa de governo.[26]

De todos os pontos levantados no discurso, o mais polêmico era a menção à "dívida ilegítima". Em sua fala, o presidente informava o interesse em realizar uma auditoria da dívida externa pública, visando identificar os montantes que correspondiam tanto ao resultado de corrupção quanto aos valores da dívida privada estatizada pelo regime. A proposta de separar dívida legítima

---

24 Alfonsín, Discurso de asunción presidencial ante Asamblea Legislativa, 1983, grifos nossos.
25 Cruz, op. cit.
26 Alfonsín, Discurso de asunción presidencial ante Asamblea Legislativa, 1983.

e ilegítima era uma promessa de campanha de Alfonsín,[27] que também encontrou acolhida no poder Legislativo, com a criação, por unanimidade, da Comissão Investigadora de Ilícitos Econômicos, no Senado Federal.[28]

Esse era o tema que provocava maior tensão nas negociações, porque os bancos se mantinham irredutíveis na exigência de que todos os pagamentos fossem honrados,[29] independentemente de considerações sobre sua legitimidade. Adotando uma interpretação rigorosa da doutrina da "dívida odiosa",[30] os empréstimos contraídos pela ditadura poderiam ser questionados tanto sob o argumento da ilegitimidade do regime quanto pela malversação desses recursos. Além de espúrio, o processo de estatização da dívida privada foi marcado por diversas ilegalidades, como a existência de operações em que uma mesma pessoa jurídica aparecia como credora e devedora, o que contrariava o artigo 862 do Código Civil da época, e a existência de dívidas já pagas, mas que ainda não constavam como liquidadas nos balanços do Banco Central.[31]

Como indicam os dados apresentados no capítulo anterior, o resultado de uma operação dessa natureza invariavelmente levaria a perdas massivas dos credores. Ciente de que o tema desatava amplas controvérsias, Alfonsín não mencionou a dívida ilegítima durante a conversa que teve no dia da posse com o então vice-presidente dos Estados Unidos, George H. W. Bush. No encontro, Alfonsín se limitou a expor a posição oficial do governo e reiterou, de forma categórica, o compromisso de pagar a dívida externa, mas sem fazer qualquer distinção quanto a sua legitimidade.[32]

Apesar das ambiguidades que, de resto, seriam frequentes no tratamento da dívida, está claro que as posições do governo sobre o tema se estruturavam em torno da autonomia como ideia-força. Sob essa ótica, a dívida externa não deveria ser abordada como algo subsumível a um

---

27 Durante o período eleitoral, praticamente todos os candidatos se comprometeram com a realização de algum tipo de auditoria da dívida externa, e o tema serviu de mote para manifestações de movimentos sociais situados em diferentes pontos do espectro político.

28 Brenta, op. cit.

29 Roett, Latin America's Response to the Debt Crisis, 1985.

30 Desde o ensaio seminal do jurista russo Alexander Nahum Sack, publicado em 1927, o tema da dívida odiosa é objeto de um extenso debate acadêmico de natureza jurídica, financeira e político-filosófica. Em sua acepção mais comumente aceita – e aqui adotada –, o termo se refere à dívida contraída por um governo na contramão dos interesses de seus cidadãos. Concretamente, uma dívida pode ser considerada odiosa quando foi contraída por um governo ilegítimo e/ou para usos impróprios, como a prática de corrupção. Cf. Sack, *Les effets des transformations des états sur leurs dettes publiques et autres obligations financièrs*, 1927; e King, *The Doctrine of Odious Debt in International Law*, 2016.

31 Em um balanço de sua gestão, o próprio Martínez de Hoz reconheceu a existência desse débito, estimado em 4 bilhões de dólares (Martínez de Hoz, *Bases para una Argentina moderna*, 1981, p.202).

32 The Office of the Vice President of the United States, Bush-Alfonsín Meeting, 2016.

cálculo puramente econômico, mas como um problema político que, como tal, deveria ser objeto de consideração dos governos dos países credores e devedores,[33] em condições minimamente equilibradas, seguindo o princípio da soberania.

Entretanto, ao denunciar a dívida ilegítima, propor recuperar o papel da indústria substitutiva e condicionar os pagamentos da dívida a uma disponibilidade de recursos que não comprometessem o bem-estar social, Alfonsín estipulava um conjunto de metas que punham seu governo em rota de confronto direto com aqueles que seriam prejudicados por sua concretização: os grandes grupos econômicos privilegiados pelo regime autoritário, a banca internacional e os atores políticos que a representavam.

A busca por uma solução política para a crise da dívida envolveu a política externa desde antes da posse. Entre outubro e dezembro de 1983, os principais nomes da futura administração se reuniram com representantes brasileiros no país e enfatizaram a importância que seria atribuída às relações regionais, especialmente no âmbito comercial. Em 15 de novembro, o próprio Alfonsín recebeu o embaixador brasileiro em Buenos Aires e expôs a visão de que os países da América Latina não deveriam aceitar termos de negociação que limitassem ou atrasassem seu desenvolvimento econômico e social, e defendeu que a região agisse com base em uma atualização da Doutrina Drago.[34]

Embora uma invasão militar à região como resposta à crise da dívida não estivesse no horizonte, a menção à Doutrina Drago não era inteiramente descabida. Formulada como resposta ao bloqueio da Venezuela por potências europeias, a Doutrina Drago é fundamentada no entendimento de que as dívidas de um país não podem servir de atalho para imposição de interesses estrangeiros aos devedores. Ao evocá-la, portanto, Alfonsín reforçava o conteúdo autonomista que buscaria adotar na política externa, e sua disposição em não permitir que as vulnerabilidades econômicas decorrentes da dívida se transladassem para o âmbito político. Em seu entendimento, a América Latina não deveria acatar acriticamente planos que, além de incompatíveis com suas prioridades, haviam sido concebidos no exterior por grupos que não dispunham de legitimidade para determinar a gestão político-econômica de países soberanos.

A esta altura, é pertinente perguntar-se o que embasava uma postura tão assertiva de um país em tamanha situação de vulnerabilidade. Sobre isso, há dois pontos a serem destacados. Primeiro, a ideia de que haveria respaldo internacional às posições do governo como meio de preservar a nascente democracia argentina. De fato, circulava em alguns segmentos do

---

33 Escudé e Cisneros, Las relaciones con Estados Unidos, 2000.
34 Saraiva Guerreiro, Informação para o senhor presidente da República: Brasil-Argentina, 1983.

país a noção de que a Argentina constituía um "caso especial" que, portanto, demandava um tratamento especial.[35] Nesse sentido, as reiteradas manifestações dos Estados Unidos exaltando a democracia como um valor compartilhado e central das relações bilaterais foram interpretadas pelo governo Alfonsín como um sinal de que o governo Reagan teria maior empenho em ajudar a Argentina a resolver sua situação com os bancos credores.[36]

O segundo elemento era o cálculo de que volume da dívida era tão grande que deixava não apenas o país, como também os bancos, em situação de vulnerabilidade. Em uma reunião reservada com diplomatas brasileiros, por exemplo, Grinspun diria que o pagamento de amortizações previsto para 15 de dezembro de 1983 deveria preocupar mais os credores do que o governo, porque a capacidade financeira do país era tão limitada que não importava se o montante a vencer fosse de "800 milhões de dólares em vez de oito bilhões",[37] simplesmente não havia condições de pagá-lo. Posteriormente, o ministro repetiria publicamente o raciocínio ao decretar a suspensão dos pagamentos da dívida até junho de 1984[38] e levaria as negociações ao extremo, na expectativa de obter concessões.

Em paralelo, a equipe econômica começou a buscar pontes nos Estados Unidos, em particular com o Departamento do Tesouro. Entre novembro de 1983 e janeiro de 1984, houve uma série de encontros entre funcionários argentinos e estadunidenses, visando estabelecer um patamar de entendimento mútuo para as negociações. Os resultados, porém, foram tímidos e apareceram mais na forma de manifestações de solidariedade do que em sinais de medidas concretas a serem adotadas em favor do país. A preocupação com os impactos da crise na economia doméstica[39] e a proximidade com o setor financeiro influenciaram a postura inicial adotada pelo governo Reagan, de tratar a crise como um problema de liquidez, estritamente econômico, e que, como tal, deveria ser resolvido diretamente entre credores e devedores.[40]

Apesar dos crescentes apelos dos governos latino-americanos por um envolvimento direto de Washington, a situação pouco se havia alterado entre a eclosão da crise e a posse de Alfonsín, evento em que os Estados Unidos foram representados pelo então vice-presidente, George H. W. Bush. Os memorandos preparatórios da visita instruíam o vice-presidente a destacar para a imprensa a disposição americana em ajudar a Argentina a negociar com o FMI, "sempre que possível",[41] mas frisavam que eventuais

---

35 Frohmann, op. cit.
36 Escudé e Cisneros, Las relaciones con Estados Unidos, 2000.
37 Saraiva Guerreiro, Informação para o senhor presidente da República: economia, 1984.
38 Escudé e Cisneros, Las relaciones con Estados Unidos, 2000.
39 Frohmann, op. cit., p.56.
40 Roett, op. cit.
41 United States Departament of State, Briefing Paper, 1983.

questionamentos sobre iniciativas de assistência deveriam ser respondidos com o reforço da posição que tratava as negociações como um tema restrito aos bancos e ao governo argentino.[42]

Após a posse, Bush e Alfonsín tiveram uma reunião privada na residência oficial de Olivos. A condução da conversa esteve a cargo de Bush, que, depois de feitas as cortesias de praxe, trouxe à tona o tema da dívida. Segundo ele, os Estados Unidos tentariam ajudar a Argentina na questão financeira, referindo-se especificamente à abertura comercial e sugerindo que a recuperação da economia estadunidense poderia incrementar o comércio entre os dois países.[43] A possibilidade de apoio, portanto, não consistia em oferta de respaldo político às demandas apresentadas pelo governo à banca e aos organismos multilaterais, mas, sim, em uma promessa difusa de que os movimentos da economia poderiam melhorar a capacidade de pagamento.

Alfonsín, por sua vez, afirmou que reduzir a magnitude do problema da dívida era "absolutamente vital" e que havia o perigo de seu governo não conseguir atender às expectativas que gerou.[44] A questão principal, em sua visão, era aumentar as exportações e negociar um refinanciamento equitativo dos débitos, de modo a assegurar a capacidade de pagamento do país. Alfonsín advogou ainda pela redução das taxas de juros, cuja trajetória crescente já exigia um superávit primário de 5% do PIB apenas para fazer frente ao serviço da dívida.[45] Sobre isso, Bush não fez nenhum comentário.

Imediatamente após a discussão sobre a dívida, Bush levantou a questão nuclear, destacando a relevância que o assunto tinha para os Estados Unidos e indicando que a adesão da Argentina às normas internacionais de salvaguarda nuclear tornaria mais fácil a cooperação bilateral em "todas as áreas". Enfatizou ainda que reconhecia se tratar de um assunto argentino, mas que Alfonsín deveria ter claro que qualquer decisão que tomasse nesse campo teria um efeito na "cooperação possível" entre os dois países.[46] Pressionado a tomar posição, Alfonsín se limitou a enfatizar que a Argentina não desenvolveria uma bomba atômica e que buscaria a cooperação com os países vizinhos para apaziguar os ânimos com a opinião pública.

A narrativa presente nos telegramas e memorandos do governo dos Estados Unidos oferece uma primeira evidência empírica de como o problema da dívida externa interagia com a dinâmica das relações bilaterais, reforçando assimetrias e encaminhando restrições à política externa da Argentina. O memorando elaborado pelo Departamento de Estado tratava a dívida como um "problema de interesse da Argentina", e descrevia a

---

42 United States Embassy in Argentina, U. S. Delegation to Argentine Presidential Inauguration, 1983.
43 The Office of the Vice President of the United States, op. cit.
44 Ibid.
45 Ferrer, op. cit., p.253.
46 The Office of the Vice President of the United States, op. cit.

Dever e poder

questão nuclear como um foco potencial de conflito, além de dizer explicitamente que a aderência do país às salvaguardas internacionais poderia converter um potencial conflito em futura cooperação.[47]

Não me parece fortuito que Bush, a quem, como já dito, coube a introdução de todos os tópicos da conversa, tenha trazido o tema nuclear na sequência da discussão sobre a dívida, tampouco que ele tenha sinalizado que a adequação da política nuclear argentina aos regimes internacionais tornaria mais fáceis as relações bilaterais como um todo. A mensagem era sutil, mas clara. A combinação de promessas de apoio, seguida de uma demonstração do comportamento esperado da Argentina em relação ao principal tópico de interesse dos Estados Unidos, estabelecia as condições que o governo argentino precisaria atender para poder esperar uma postura cooperativa por parte de Washington.

É importante frisar que o fato de não haver ofertas de atendimento às demandas mais específicas da Argentina, como o tratamento intergovernamental da crise, não basta para interditar nossa linha analítica. As posições assumidas pelos Estados Unidos eram decisivas para qualquer resultado nas negociações da crise, porque, além de país-sede de bancos que detinham porções importantes da dívida argentina, os Estados Unidos eram também o ator-chave na tomada de decisão dos organismos internacionais de crédito. Sem respaldo de Washington, a obtenção de melhores termos nas negociações era, portanto, praticamente impossível. Nesse sentido, a questão que estava posta não era apenas a busca pelas condições desejadas de negociação, mas, principalmente, a obtenção de uma postura que fosse, se não de respaldo explícito, ao menos amistosa, uma vez que, sem o aval dos Estados Unidos, a única saída factível era a capitulação integral aos credores.

4.3. Multilateralismo e confrontação: a iniciativa de Cartagena

> O que, portanto, devemos fazer? Qual é o desafio que se apresenta a nós, argentinos? É preciso pôr em marcha um empreendimento coletivo, que modifique o atual estado de coisas e logre, em definitivo, uma reunião de forças junto aos nossos irmãos da América Latina para sermos protagonistas nas decisões no âmbito internacional.[48]

A crise da dívida foi um poderoso incentivo à revitalização do espaço conferido à América Latina pela política externa da Argentina. Num primeiro momento, o país envidou esforços na Organização dos Estados

---

47 United States Departament of State, op. cit.
48 Alfonsín, Cien días de gobierno por cien años de democracia, 1984.

Americanos na expectativa de que, a partir desse órgão, fosse possível pressionar os Estados Unidos a adotarem uma postura mais ativa nas negociações.[49] Foi, porém, para os países da América Latina que o governo argentino direcionou seus esforços para formar uma concertação política voltada à problemática da dívida externa. A estratégia de politização do tema e de impulso à capacidade exportadora do país tornava a região um espaço relevante por seu potencial comercial e pela possibilidade de que os desafios similares enfrentados pela América Latina produzissem uma convergência em torno de maior cooperação e do aprofundamento das iniciativas de integração regional então existentes. Ademais, o contexto em que Alfonsín assumiu a presidência foi o mais oportuno para a cooperação desde a eclosão da crise.

O embrião de concertação regional surgiu seis meses após a moratória mexicana, quando, em fevereiro de 1983, o presidente do Equador, Osvaldo Hurtado, encomendou à Cepal e ao Sela (Sistema Econômico Latino-Americano e do Caribe) um estudo para embasar um plano de ação para respostas coletivas ao problema da dívida. Na carta enviada à Cepal, Hurtado destacava que as dificuldades enfrentadas pelos países tornavam necessária a formulação de uma "resposta latino-americana à crise".[50] Abria-se, assim, uma fissura no padrão de resposta individual que predominava até então, seguindo o precedente estabelecido por México, Nicarágua e Costa Rica,[51] e favorecido pela ausência de canais apropriados para coordenação de respostas.

O relatório apresentado pela Comissão em maio do mesmo ano, intitulado "Bases for a Latin American Response to the International Economic Crisis", trazia um diagnóstico da situação econômica da região e propunha medidas para enfrentamento da crise, tendo como premissa a necessidade de preservação dos níveis de renda *per capita* e a contenção das externalidades negativas no plano social. Como o título permite antever, o cenário externo era identificado como a principal fonte da crise, mas o texto reconhecia a contribuição das políticas econômicas excessivamente dependentes do financiamento externo para deflagração da crise.[52]

As medidas protecionistas dos países centrais e a súbita mudança nas condições de financiamento externo e de reestruturação da dívida eram sublinhadas como elementos de um círculo vicioso que punha em xeque a capacidade de pagamento da dívida. Por consequência, o desafio era construir um tratamento alternativo para o problema do endividamento, que

---

49 Sheinin, *Argentina and the United States*, 2006.
50 Cepal, Bases for a Latin American Response to the International Economic Crisis, 1983, p.iv.
51 Tussie, La coordinación de los deudores latinoamericanos, 1988, p.69.
52 Cepal, Bases for a Latin American Response to the International Economic Crisis, 1983, p.8-12.

Dever e poder

oferecesse condições mais equitativas para o ajuste e impulsionasse a geração de receitas de exportação, através da diversificação de mercados e do combate ao protecionismo dos países desenvolvidos.[53]

Em relação à dívida, o diagnóstico da Cepal reconhecia que, dadas as condições da economia internacional, o atendimento às demandas de ajuste equitativo e com menor impacto social era inviável sem que houvesse uma reprogramação dos pagamentos de curto e médio prazos, em paralelo a uma expansão dos capitais disponíveis para a América Latina.[54] Para chegar a essa situação, seria preciso uma atuação mais robusta das instituições financeiras – o texto propunha, inclusive, a criação de mecanismos *ad hoc* – e a manutenção das linhas de crédito dos bancos privados, além de uma redução dos custos de refinanciamento.

Em todas essas frentes, uma atuação concertada da região, com o aprofundamento das iniciativas existentes, era apontada como um caminho necessário e urgente. A Cepal recomendava que o comércio intrarregional deveria ser expandido e defendia a construção de canais para cooperação financeira, além de ações coordenadas para ampliar o poder de barganha da América Latina em negociações internacionais, sobretudo na questão do protecionismo. Os conflitos políticos que invariavelmente seriam desatados por tais medidas reforçavam a importância da cooperação intergovernamental.

> Também acreditamos que seria um bom momento para abrir um diálogo direto entre os governos dos países credores e os governos latino-americanos, atuando como um grupo coordenado. Isso representaria um avanço significativo em relação à situação atual, na qual as negociações estão sendo realizadas fundamentalmente entre os governos da região, por um lado, e os bancos comerciais e instituições financeiras internacionais, por outro. Essa opção não só possibilitaria promover soluções básicas para as dificuldades mencionadas anteriormente, como também compreenderia a verdadeira magnitude da crise internacional e seus possíveis remédios, levando em consideração os importantes interesses políticos envolvidos.[55]

O relatório foi apresentado pelo presidente Hurtado aos representantes de 23 países latino-americanos em maio, ocasião em que a possibilidade de construir um "clube de devedores" começou a circular de modo ainda incipiente. Além da troca de impressões sobre o documento, o encontro em Quito terminou com o agendamento de outra reunião, na República Dominicana, em agosto. À reunião em Santo Domingo compareceram representantes de 26 países, que acordaram a realização de uma conferência de

---

53 Ibid., p.58.
54 Ibid., p.28-33.
55 Cepal, Bases for a Latin American Response to the International Economic Crisis, 1983, p.37.

101

chefes de Estado e de governo para janeiro de 1984, em Quito. Nesse ínterim, Alfonsín foi eleito e as intenções do novo governo em relação à dívida se mostravam aderentes ao ambiente regional do momento.

Entretanto, a Conferência de Quito mostraria que, naquele momento, a convergência das equipes econômica e diplomática na defesa de uma postura assertiva e autônoma no tratamento da dívida não se repetia em relação às bases em que essa atitude deveria se assentar. Enquanto a chancelaria mostrou, desde o início, otimismo em relação ao potencial da ação coletiva, ativando mecanismos multilaterais[56] e canais bilaterais para construção de uma posição, e, eventualmente, um plano de ação comum, o ministro Grinspun era cético quanto às chances de êxito dessa linha de ação.

Para Grinspun, era no potencial econômico e em suas especificidades políticas que a Argentina deveria se escudar para manter uma posição firme nas negociações com credores e o FMI. As relações regionais eram relevantes, mas fundamentalmente do ponto de vista de uma ampliação do comércio, que o ministro considerava essencial para a superação da crise do balanço de pagamentos. O entendimento manifestado por Grinspun cerca de um mês antes da Conferência de Quito era de que as situações nacionais eram muito diversas, de modo que esquemas de ação conjunta, clube de devedores ou quaisquer iniciativas nessa linha não eram viáveis nem oportunas.[57]

A representação argentina na Conferência de Quito ficou a cargo do chanceler Dante Caputo, que realizou um discurso incisivo em que defendeu a integração regional e a necessidade de ações coletivas que protegessem a região de interesses externos. Caputo denunciou o endividamento externo como uma "armadilha" criada pelo sistema financeiro internacional e por seus aliados domésticos para enriquecer especulando à custa do Estado,[58] armadilha essa que não seria aceita pela democracia argentina.

Da Conferência resultaram dois documentos, a Declaração de Quito e o Plano de Ação, em cujas propostas era visível a inspiração do relatório produzido pela Cepal. A Declaração de Quito, por sua vez, defendia o princípio da corresponsabilidade de credores e devedores, e fazia um "chamado formal" aos dirigentes dos países desenvolvidos para que participassem "urgentemente de medidas que permitam enfrentar a crise, diretamente através de seus governos e dos organismos internacionais".[59]

O texto frisava ainda que, "a fim de darem maior autonomia à região", os signatários se comprometiam a mobilizar os recursos humanos e

---

56 Escudé e Cisneros, La administración radical (1983-1989), 2000.
57 Saraiva Guerreiro, Informação para o senhor presidente da República: economia, 1984.
58 Míguez, op. cit., p.60.
59 Conferencia Económica Latinoamericana, Declaración de Quito y Plan de Acción de la Conferencia Económica Latinoamericana, 1984.

materiais de que dispunham para articular uma resposta conjunta à crise. Já o Plano de Ação trazia um conjunto amplo de sugestões baseadas nos princípios da flexibilidade e da razoabilidade. Dentre as demandas estavam a redução do serviço, a reprogramação dos pagamentos e o estabelecimento de períodos de graça, a redução das taxas de juros e a reversão da tendência de fluxos de capital para a região.[60]

O principal logro da reunião, porém, não esteve nos documentos produzidos, mas, antes, em sua própria realização. A Conferência de Quito simbolizava um deslocamento de duas tendências que, até então, haviam caracterizado as negociações da dívida externa. A primeira era destacar o caráter político do problema, em contraste com a abordagem pretensamente técnica dos credores e das instituições financeiras.[61] Ao destacar os impactos sociais e políticos produzidos pela crise e pelos ajustes ortodoxos, o documento afastava a premissa defendida pelos credores de que os problemas do setor financeiro eram de natureza técnica, e, como tais, deveriam ter suas resoluções encaminhadas a partir de especialistas e das autoridades econômicas dos países envolvidos.[62]

Já a segunda dizia respeito à geometria das negociações, ao sinalizar a possibilidade de uma ação conjunta dos países devedores. Essa era uma questão central porque, diferentemente do que fizeram os primeiros países a entrarem em crise, os bancos credores logo estabeleceram uma atuação conjunta. Através de um consórcio liderado pelo presidente do Citibank, William Rhodes, e sob acompanhamento vigilante do Departamento do Tesouro dos Estados Unidos,[63] os bancos comerciais negociavam com cada país de forma individual, o que, é claro, afetava negativamente a capacidade de barganha dos governos endividados.

Não por acaso, a Conferência de Quito foi recebida com desconfiança nas praças financeiras internacionais, justamente pelo receio de que a reunião pudesse marcar o início de um clube de devedores que adotasse uma postura de enfrentamento radical dos credores. Dentre as possibilidades vislumbradas estavam a imposição de limites ao pagamento dos serviços da dívida, a suspensão de pagamentos dos juros ou, num caso mais extremo, uma moratória coletiva.[64] Mas esses temores decorriam mais de uma possibilidade levantada pelos credores do que de algum movimento mais consistente dos países latino-americanos, já que não há nenhum indício sólido de que algo dessa natureza tenha sido seriamente considerado naquela reunião.

---

60 Ibid.
61 Roett, op. cit., p.227-41.
62 Navarrete, Política exterior y negociación financiera internacional, 1985.
63 Devlin, *Debt and Crisis in Latin America*, 1989.
64 Durán, Latin America's External Debt, 1986, p.85-8.

Matheus de Oliveira Pereira

As impressões deixadas pela reunião em Quito se somaram à retórica altiva do governo argentino e a sua decisão de interromper os pagamentos dos juros de mora na formatação do ambiente em que transcorreram as primeiras negociações após a redemocratização. Naquele momento, a intenção da equipe econômica era, sobretudo, ganhar tempo para que os efeitos previstos do plano de recuperação econômica começassem a surgir. Para que isso ocorresse, era preciso aliviar a pressão exercida pela dívida, o que se expressava nas demandas por redução das taxas de juros e reprogramação dos vencimentos, especialmente dos empréstimos de curto prazo.

Os primeiros contatos com os credores esbarraram logo cedo em um impasse. Os bancos se mantiveram firmes na exigência de um acordo entre a Argentina e o FMI como condição precípua para avançar em qualquer tentativa de negociação. O Fundo, por sua vez, condicionava a concessão de um novo crédito ao compromisso com um ajuste recessivo aceito pelos militares no ano anterior, mas visto pelo novo governo como inaceitável, inclusive por uma questão de sobrevivência política. A indisposição de todas as partes em ceder às pressões dos demais levou à prorrogação do imbróglio pelos meses seguintes.

No final de janeiro, o acordo *stand-by* firmado pelos militares no ano anterior foi tornado sem efeito, e o FMI enviou uma missão a Buenos Aires com o objetivo de negociar um novo programa. Durante quase todo o mês seguinte, as equipes argentina e do FMI discutiram a fundo a situação do país, mas os empecilhos políticos impediram a realização de um acordo. Os técnicos do FMI sustentavam que a essência do problema era fiscal, mas o governo permanecia irredutível no compromisso de não adotar medidas que piorassem a já bastante deteriorada situação social do país.

O impasse foi relatado ao diretor-executivo do Fundo e a funcionários estadunidenses por um dos chefes da missão em uma reunião em Washington. A visão prevalecente era de que o governo tomava medidas deslocadas da realidade econômica do país, como o aumento real dos salários, e tentava negociar transferindo para os credores o ônus de encontrar uma solução.[65] Um dia após o encerramento da missão, William Rhodes pediu que o diretor-executivo do FMI, William Dale, fosse a Nova York, para uma reunião com representantes do consórcio dos credores. Dale ouviu queixas em relação à falta de informação dos argentinos, o que deixava os credores cada vez mais "frustrados e irritados".[66]

A intransigência inicial da Argentina repercutia o já aludido posicionamento de Bernardo Grinspun em relação à interdependência do país e seus credores. Em relação aos juros atrasados, além das expectativas nutridas com a redemocratização, a equipe econômica esperava manejar uma

---

65 Boughton, op. cit., p.389.
66 Ibid.

104

tecnicidade do sistema regulatório americano em favor de suas demandas. Pelas normas do FED, se a Argentina não pagasse os juros de mora até 31 de março, os bancos deveriam registrar as perdas em seus balanços, o que levaria a uma deterioração do valor de seus ativos denominados na forma dos títulos públicos argentinos.[67]

Desse modo, a persistência do impasse representava um perigo crescente de prejuízo para os bancos. Esse receio foi decisivo para que um acordo fosse esboçado no final do mês, durante a reunião anual do BID, em Punta del Este. Durante os três dias do encontro, a situação argentina foi objeto de intensos esforços envolvendo os representantes do FMI e dos governos dos Estados Unidos, do México, do Brasil, da Venezuela e da Colômbia. A saída encontrada foi a concessão de um pacote de resgate na forma de dois empréstimos-ponte que, juntos, totalizavam 500 milhões de dólares e tinham como condição a promessa do governo Alfonsín de chegar a um entendimento com o FMI em trinta dias.[68]

Desse total, seguindo uma proposta do ministro mexicano das Finanças, 300 milhões de dólares[69] seriam concedidos na forma de um empréstimo conjunto dos bancos centrais de México, Brasil, Venezuela e Colômbia. O formato inusual do acerto foi viabilizado pelo compromisso americano de atuar como avalista de fato do empréstimo. Ficou acertado que, tão logo a Argentina assinasse uma carta de intenções com o FMI, os Estados Unidos emprestariam os mesmos 300 milhões de dólares ao país, que então poderia ressarcir os quatro credores.[70]

A conclusão do acordo só ocorreria no dia 31, às vésperas do default, e todo o seu desenrolar enfatiza alguns pontos-chave deste trabalho, como o papel imprescindível dos Estados Unidos para tornar possível qualquer arranjo nas negociações, a atuação concertada dos credores e do FMI, e a firme convicção argentina em relação à autonomia nas negociações. Entretanto, o aspecto mais importante a ser destacado é como a situação descrita se relaciona à autonomia nas relações exteriores da Argentina.

À primeira vista, o acordo formatado no Uruguai e finalizado em Washington pode ser visto como uma vitória argentina que, em vez de ceder às exigências do FMI, obteve um empréstimo que lhe garantia mais tempo para negociar com o Fundo. Além disso, o fato de o arranjo ter sido proposto pelo México e envolvido a participação de mais países latino-americanos poderia ser lido como um desdobramento concreto da Conferência de Quito. Há, de fato, analistas que interpretaram esse acordo como

---

67 Brenta, op. cit., p.8.
68 Stiles, Argentina's Bargaining with the IMF, 1987.
69 Dos 200 milhões de dólares restantes, metade foi aportada por um conjunto de onze bancos comerciais e a outra metade correspondia a um desembolso das reservas internacionais argentinas.
70 Frohmann, op. cit., p.60.

Matheus de Oliveira Pereira

demonstração da solidariedade florescida em Quito e exemplo das potencialidades da ação coletiva regional.[71]

Em primeiro lugar, é preciso registrar que havia mais do que solidariedade na postura desses países, embora ela fosse, sem dúvida, um elemento presente. Apesar das semelhanças na situação enfrentada, esses países apostaram em um enfoque distinto do argentino, priorizando a contemporização com os credores e uma postura mais comedida nas negociações e manifestações públicas. Brasil e México, os dois maiores devedores da região, estavam explorando com relativo sucesso sua relevância econômica e estratégica nas relações com os Estados Unidos para obtenção de condições menos duras com os credores.[72]

Ao aderirem a um acordo de resgate temporário à Argentina, esses países também agiam no sentido de preservar seus próprios esforços individuais de negociação,[73] pelo temor de que um eventual default argentino contaminasse o ambiente de negociações e estimulasse uma maior rigidez dos credores. O ministro mexicano Jesús Herzog defendeu o acordo argumentando que "a maior ameaça à estabilidade financeira da região como um todo era perder as boas relações desenvolvidas com os bancos".[74] A solidariedade para com a Argentina existia, mas era restrita ao contexto especial que a redemocratização implicava, não podendo, de modo algum, ser confundida com um respaldo, mesmo que tácito, à abordagem conflitiva adotada pelo governo Alfonsín.

Por fim, é preciso lembrar que, estando os quatro países em uma situação de intenso estresse financeiro, o que tornou o acordo efetivamente possível foi o aceite do Tesouro dos Estados Unidos em prover títulos de sua dívida como garantia dos desembolsos feitos pelo grupo. Ao condicionar o repasse desses recursos à assinatura de uma carta de intenções com o FMI, o acordo fazia de Brasil, México, Colômbia e Venezuela fontes indiretas de pressão, na medida em que passavam à posição de interessados diretos em um entendimento entre a Argentina e o FMI.

Uma vez que as posições de ambos permaneciam irredutíveis, as chances de esse entendimento ocorrer no prazo estipulado eram completamente irrealistas. O FMI persistia na defesa do corte de gastos públicos, incluindo a reversão parcial dos aumentos salariais concedidos a partir de dezembro de 1983 e a desvalorização cambial como passos indispensáveis para recuperação da estabilidade financeira e contenção da fuga de capitais. Já o governo reiterava o rechaço ao pacote, alegando sua inviabilidade política e o apego de Alfonsín ao compromisso de conceder os aumentos salariais prometidos

---

71 Durán, op. cit., p.85.
72 Frohmann, op. cit.
73 Tussie, La coordinación de los deudores latinoamericanos, 1988, p.70.
74 Boughton, op. cit., p.389.

na campanha. As pressões sobre o governo foram intensificadas pela incerteza quanto à renovação, por parte do Tesouro estadunidense, da garantia do empréstimo de 300 milhões de dólares outorgado à Argentina no final de março.[75]

Enquanto as conversas com o Fundo permaneciam estéreis, a deterioração da situação econômica regional provocada por um novo aumento dos juros ensejou o segundo impulso de concertação política com a América Latina. No dia 17 de maio, enquanto o ministro Grinspun participava de uma sessão no Senado, denunciando a dívida como uma forma de "novo colonialismo", Alfonsín defendeu a importância de harmonizar as posições argentinas com as dos demais países da região, rechaçando, porém, a formação de um clube ou cartel de devedores.[76]

Em 19 de maio de 1984 – menos de uma semana após rechaçar o programa econômico proposto pelo FMI –, Alfonsín subscreveu, junto aos presidentes de Brasil, Colômbia e México, uma declaração que reiterava a defesa de um enfoque político para o problema da dívida externa e convocava uma reunião de chanceleres e ministros da área econômica de toda a América Latina para debater o tema. A Declaração Presidencial Conjunta é frequentemente recuperada pela bibliografia[77] como um marco relevante da cronologia dos esforços de concertação regional em torno da dívida e, em particular, daqueles envidados pelo governo argentino.[78]

Sem prejuízo dessas interpretações, a adição de alguns elementos de contexto permite a formulação de um juízo mais abrangente a respeito desse episódio. O esforço inicial de articulação partiu da Argentina e envolveu as chancelarias de Brasil, México e Venezuela, que mantiveram intenso contato nos dias que antecederam a divulgação do documento. Embora seja indicativo de um interesse compartilhado pela tomada de posição conjunta, o processo de confecção do texto também serviu para reafirmar as divergências existentes entre esses países, em especial no que dizia respeito à assertividade de suas posições e à dimensão apropriada da atuação em grupo.

O principal ponto de dissenso se deu justamente em relação aos Estados Unidos. As primeiras minutas incluíam uma referência direta a esse país, cujos secretários de Estado e do Tesouro eram convidados a participar de uma reunião com seus homólogos dos países signatários. O texto indicava que o objetivo proposto para o encontro era a discussão sobre as implicações políticas e econômicas da crise e os caminhos possíveis para sua superação – já destacando os pontos que constituíam o cerne das queixas dos

---

75 Frohmann, op. cit., p.61-2.
76 Ares, El ministro de Economía anuncia que Argentina no pagará la deuda que considere "ilegítima", 1984.
77 Tussie, El consenso de Cartagena, 2013.
78 Escudé e Cisneros, La participación argentina en los organismos multilaterales, 2000.

países devedores, tais como a ampliação dos prazos de graça e para amortização dos juros.

A questão política mais relevante não estava, porém, na discussão sobre práticas financeiras ou comerciais, mas no fato de o convite ser estendido a duas autoridades políticas que, ao menos para efeitos formais, não atuavam como representantes dos credores. Ao formularem esse convite, os quatro países instavam publicamente o governo dos Estados Unidos a reverem sua posição oficial em relação à crise da dívida, reconhecendo-a como um problema essencialmente político cuja solução demandava o envolvimento dos governos credores, e não apenas dos bancos, como vinha sendo defendido por Washington até então.

Esses termos foram rejeitados pelo governo mexicano, receoso de que as menções fossem recebidas nos Estados Unidos como um ultimato, e não um convite – uma objeção secundada pelo Brasil.[79] Diante da negativa mexicana, uma nova redação foi costurada pela Argentina, primeiro com o Brasil, depois com o México. Essa sequência de eventos oferece fortes indícios de que a alusão aos Estados Unidos havia sido incluída no projeto de declaração por iniciativa argentina, que, além de não registrar oposição ao convite, era o único país do grupo a sustentar publicamente uma postura de resistência e aberta confrontação com os credores e o FMI.

O cotejo das diferentes versões da declaração permite constatar que, além da retirada da citação aos Estados Unidos, os termos empregados no texto final eram muito mais vagos, e as posições sustentadas, bem mais brandas. Trechos mais incisivos, como os que citavam a "ausência flagrante de uma ação política internacional coerente" e os que apontavam que "as consequências políticas e sociais do problema da dívida repercutem sobre a própria segurança do hemisfério", foram suprimidos. Os governos credores foram excluídos do convite à reunião e as "aspirações de desenvolvimento de novos povos" não mais estavam "sufocadas", e sim "seriamente afetadas".[80]

A revisão da documentação diplomática do período ainda permitiu identificar outro aspecto relevante do processo que culminou na declaração conjunta que não consta na literatura atualmente disponível. Trata-se do fato de que a declaração veiculada em 19 de maio não trazia assinatura do presidente Jaime Luschini, mas, sim, do mandatário colombiano, Belisario Betancur. Essa é uma questão central porque, como dito, a Venezuela era o quarto membro do grupo inicial que, com sua presença, congregava os quatro maiores devedores da América Latina. De fato, o projeto de declaração objetado pelo México na véspera não só incluía a Venezuela, como indicava Caracas como o local da reunião proposta pelo grupo às autoridades dos Estados Unidos.

---

79 Saraiva Guerreiro, Informação para o senhor presidente da República: dívida externa, 1984.
80 Ibid.

Dever e poder

A declaração conjunta foi um fato marcante na cronologia da crise da dívida porque resultava de um até então inédito processo de consulta e articulação de manifestações públicas, além de ter sido assinada pelos presidentes, em vez dos ministros da área econômica, como era de praxe. Sem desconsiderar a relevância desse aspecto, é preciso registrar que a unidade do grupo era restrita a poucos itens, sobretudo os juros, e que do ponto de vista político havia uma clara cisão entre as abordagens mexicana e brasileira e da Argentina. O próprio teor final do texto, mais ameno e vago, pode ser considerado uma derrota do governo argentino, que, dentre os signatários, era o país que não apenas possuía o discurso mais incisivo, como também o que persistia na confrontação pública com o FMI e os credores.

A reiterada mostra de indisposição de Brasil e México em adotar um tom semelhante ao da Argentina não foi, porém, suficiente para demover a administração radical da expectativa de constituir um meio de ação coletiva para pressionar os credores. Por iniciativa de Alfonsín, os governos de Brasil, México, Colômbia, Venezuela, Equador e Peru enviaram uma carta conjunta para os países-membros do G7, que se reuniram em Londres no início de junho. Na carta, os presidentes advogavam a impossibilidade de se resolver a questão através de negociações isoladas, o que tornava necessário o desenvolvimento de um diálogo construtivo entre os países credores e devedores.[81]

Parte da literatura reporta que a recepção dos "sete grandes" à carta foi fria e que a iniciativa não produziu resultados práticos,[82] sobretudo por não ter sido mencionada no documento final da cúpula.[83] Embora a carta não tenha ensejado mudanças públicas no discurso dos membros do G7, a interpretação de que o gesto não teve repercussões significativas não reflete com precisão o episódio. Durante a cúpula de Londres, o presidente francês, François Miterrand, defendeu uma ampla revisão dos marcos do sistema financeiro internacional[84] e, junto aos representantes japonês e italiano, cobrou do presidente Reagan uma diminuição do déficit público estadunidense e uma queda nas taxas de juros.

França e Itália, ambas governadas por partidos socialistas, pressionaram, em conversas informais, por uma abordagem diferente para o problema da dívida, sob o argumento de que receitas politicamente inviáveis não deveriam ser impostas aos países devedores.[85] Desse modo, a falta de uma referência explícita à carta dos presidentes latino-americanos refletia mais a posição

---

81 Roett, op. cit., p.234.

82 Escudé e Cisneros, *Las relaciones con Estados Unidos*, 2000.

83 Durán, op. cit., p.85.

84 Roett, op. cit., p.234.

85 Saraiva Guerreiro, *Informação para o senhor presidente da República: dívida externa latino--americana*, 1984.

dominante assumida por Estados Unidos e Reino Unido na condução dos trabalhos do que uma desconsideração de seu teor ou uma antipatia a seu conteúdo por parte de todos os membros do encontro. A mensagem enviada ao G7 também ecoou no comitê dos credores e, somada à convocatória de 19 de maio, fez crescer nos bancos a percepção de que o diálogo entre os devedores poderia levar à formação de um cartel.[86]

Após assinar as duas declarações presidenciais e concordar em sediar a reunião convocada em 19 de maio, o governo da Colômbia passou a ser alvo de pressões contrárias à realização do encontro. Em telegrama relatando um evento ocorrido no Palácio de Nariño,[87] o embaixador brasileiro em Bogotá descreveu a seguinte fala do presidente Belisario Betancur:

> [...] Referiu-se [o presidente Belisario Betancur], após, à mensagem ontem entregue aos sete governantes reunidos em Londres, destacando seu alto espírito; assinalou, a propósito, que a responsabilidade da atual situação deve ser compartilhada pelos países desenvolvidos e pelo sistema bancário internacional. Quanto à posição da Colômbia, *recordou as pressões que vem sofrendo seu governo para não se aliar aos demais países da região, sob a alegação de que a situação colombiana é peculiar e que, uma atitude nesse sentido poderia, inclusive, comprometer a boa vontade de entidades de crédito em situações futuras.*[88]

Esse relato ilustra de modo cristalino como os credores mobilizaram os recursos de poder que tinham à disposição para conter as iniciativas de articulação entre os devedores. A abordagem de "cenoura e porrete", como traz a literatura, nada mais é do que uma forma anedótica de referência ao que tratamos neste livro como *"leverage"*. Primeiro, a situação do interlocutor era caracterizada como específica, distinta dos demais, deixando subentendida a promessa de um tratamento diferenciado. Após acenar com a "cenoura", vinha o porrete, sob a forma da ameaça velada de que uma eventual aliança com outros governos comprometeria a disposição dos credores em oferecer condições mais vantajosas ao "rebelde". Mais uma vez, a Argentina era retratada pelo cartel como um "mau exemplo". Segundo Roett, o enfoque de "dividir para conquistar" parecia desenhado para países "como a Argentina", que permaneciam "indispostos a cooperar", mantendo "a 'cenoura' de melhores termos para os governos capazes e dispostos a impor medidas rigorosas de austeridade ao seu povo e a cumprir com as condicionalidades do FMI".[89]

---

86 Devlin, External Debt and Crisis, 1985.

87 Sede do governo colombiano.

88 MSGOF00476A, de 8 de junho de 1984. Urgente, G/SG/DPF/DEM/DAM. Confidencial. Disponível no Arquivo Saraiva Guerreiro do Centro de Pesquisa e Documentação de História Contemporânea do Brasil, grifos nossos.

89 Roett, op. cit., p.234.

A posição da Colômbia naquele momento era, de fato, singular, porque além de estar em dia com os vencimentos da dívida sem recorrer a linhas de crédito excepcionais, Betancur desfrutava de uma breve trégua com os movimentos guerrilheiros colombianos,[90] o que fortalecia temporariamente sua posição. Desse modo, a despeito das pressões, a reunião foi realizada na cidade de Cartagena das Índias, nos dias 21 e 22 de junho. Reverberando a leitura dos credores, parte da imprensa internacional previu que o evento seria palco de uma rebelião, ou resultaria na formação de um cartel de devedores, com consequências catastróficas para o sistema financeiro.[91]

A proposta de uma iniciativa nessa direção esteve efetivamente presente nas conversas que antecederam o encontro em Cartagena[92] e teria partido, de acordo com o jornalista Martín Granovsky, de dois membros da delegação argentina, Arturo O'Connell e Jorge Romero.[93] Independentemente da autoria, o fato é que as propostas de formação de um cartel ou de estímulo a uma moratória em bloco nunca ganharam fôlego suficiente para merecer uma séria discussão. Antes mesmo de a reunião ocorrer, o representante mexicano, Francisco Suárez Dávila, rechaçou publicamente a ideia de formação de um cartel,[94] e, ao longo dos dois dias de encontro, vários dos representantes latino-americanos se mantiveram em permanente contato com o governo dos Estados Unidos, reiterando sucessivamente que a reunião não se encaminharia para a formação de um cartel.[95]

Tão logo a reunião começou, as delegações de Brasil e México assumiram a liderança na condução dos trabalhos, imprimindo um tom de moderação às conversas e bloqueando as iniciativas que implicassem maior densidade política, como a proposta boliviana de criação de uma comissão de renegociação das dívidas.[96] A sugestão de que o pagamento dos serviços da dívida não poderia comprometer mais de 25% do volume das exportações foi igualmente rejeitada, embora estivesse em clara conformidade com os critérios básicos aprovados para o plano de ação formulado na Conferência de Quito.[97]

A declaração final teve como base uma minuta preparada pelo governo brasileiro e foi intitulada "Consenso de Cartagena". O texto se estruturava

---

90 Tussie, El consenso de Cartagena, 2013, p.6.
91 Id., La coordinación de los deudores latinoamericanos, 1988, p.71.
92 Suárez Dávila, La política financiera internacional de México, 1994, p.861.
93 Granovsky, *Misión cumplida*, 1992, p.186.
94 Cf. Roett, op. cit., p.238; e Ceberio, "Cumbre" de 11 países latinoamericanos para buscar un marco global en la renegociación de la deuda exterior, 1984.
95 Saraiva Guerreiro, Informação para o senhor presidente da República: a reunião de Cartagena e as atitudes dos países desenvolvidos com relação à questão do endividamento externo, 1984.
96 Roett, op. cit., p.234.
97 Conferencia Económica Latinoamericana, op. cit.. Cf. item (i) do Plano de Ação.

em cinco eixos principais: a corresponsabilidade de devedores e credores; o compromisso com o pagamento da dívida; a defesa do diálogo político; a manutenção da abordagem caso a caso; e a simetria do ajuste e a inter-relação entre dívida, financiamento externo e comércio exterior.[98] Embora destacasse que o problema não poderia ser resolvido apenas em negociações com os bancos, a declaração reafirmava às claras o compromisso com os pagamentos da dívida e reiterava que "cada país era responsável por suas próprias negociações".[99] Assim, além de não apresentar o compromisso de formação de um mecanismo institucionalizado de ação coletiva, a declaração de Cartagena se afastava de qualquer forma de respaldo à moratória individual.

A ideia de politizar a dívida não correspondia, portanto, à caricatura formulada por setores da imprensa e alimentada pelo cartel de devedores, segundo a qual a América Latina almejaria uma rebelião na forma de calote.[100] De fato, o sentido de "politização" atribuído em Cartagena se referia à constatação de que o núcleo do problema estava dado pela mudança nas condições dos mercados financeiros, mais do que pelo volume dos débitos contraídos, de tal modo que uma solução efetiva demandava o engajamento e a cooperação das autoridades políticas dos países credores.[101]

A tônica da reunião de junho seria reprisada nos encontros posteriores do Consenso de Cartagena, em que foram reafirmados os princípios já consensuados, sem registrar nenhum avanço significativo em termos de coordenação política (ver Quadro 4). Em paralelo, a posição argentina já apresentava sinais evidentes de esgotamento, encaminhando-se para a distensão com o FMI. Em setembro de 1984, durante reunião em Mar del Plata, o presidente Alfonsín defendeu o diálogo intergovernamental sobre a dívida, mas rechaçou a possibilidade de uma associação de devedores.[102] Ao final, a iniciativa de Cartagena ficou limitada a um fórum consultivo e de densidade política bastante restrita, características cujo significado não pode ser automaticamente deduzido ou generalizado sem que sejam considerados os interesses específicos de cada ator.

Ou seja, não se pode atribuir ao conclave uma interpretação de êxito ou fracasso sem antes relacionar os resultados obtidos aos diferentes propósitos nacionais. Apesar das expectativas de alguns participantes e dos prognósticos formulados pela imprensa, as chances de as reuniões, especialmente a de junho de 1984, resultarem em algo distinto de declarações de intenção e propostas de consulta *ad hoc* eram muito escassas, como estava claro desde a Conferência de Quito. É verdade que o descontentamento da

---

98 Argentina et al., Cartagena Communique on Foreign Debt and Economic Development, 1984.

99 Ibid. Cf. item 10.

100 Kilborn, Debt Talks Draw a Mixed Reaction, 1984.

101 O'Connell, La coordinación de los deudores latinoamericanos, 1988.

102 Alfonsín pide una cumbre de gobiernos por la deuda, 1984.

região havia crescido no intervalo entre os dois encontros. A evolução das taxas de juros, a dureza das receitas de ajuste, o protecionismo comercial e a recusa dos países desenvolvidos em se engajarem diretamente na busca por uma solução generalizavam o desagrado entre os governos latino-americanos, mas a existência desse contexto não era condição suficiente para tornar crível um movimento de ruptura ou viabilizar a existência de um cartel de devedores.

Em primeiro lugar, predominava o medo generalizado de que atitudes hostis com os credores provocassem retaliações de consequências politicamente insustentáveis para os governos – um receio que tinha respaldo no histórico das negociações desenvolvidas até então. Desde o início da crise, os países latino-americanos enfrentavam pressões externas para manter um "bom comportamento", uma atitude amistosa em relação aos credores, como forma de granjear uma "boa vontade". Ainda que os benefícios do bom comportamento não fossem claros, as implicações sobre aqueles que insistiam na mão oposta eram bem mais evidentes na intransigência dos bancos e do FMI, o que invariavelmente se refletia na piora da situação econômica do devedor, cujo exemplo notório era a Argentina.

A fala do presidente colombiano citada anteriormente resume bem a dinâmica dessas pressões e evidencia como elas iam além dos aspectos mais específicos dos acordos financeiros. No caso específico da Argentina, essa lógica de ação aparece de modo bastante claro na visão de que apoiar o país era uma tarefa difícil para o governo estadunidense, tanto pelas ambiguidades no comportamento de figuras importantes da administração Alfonsín quanto por sua resistência em fazer o que era necessário.[103]

Deve-se ressaltar ainda que o apoio dos principais atores políticos do sistema financeiro internacional aos credores e as projeções dos impactos de uma eventual exclusão dos mercados de capitais faziam das retaliações uma possibilidade suficientemente crível para demover os devedores. Desse modo, a resistência de quase todos os participantes do encontro de Cartagena em formar um cartel ou mesmo aderir a ações conjuntas mais acrimoniosas era pouco mais do que expressão da certeza de que um movimento dessa natureza teria implicações muito piores do que aquelas já impostas pela crise.

Além das pressões externas, essa linha interpretativa era secundada também internamente, de forma que muitos governos enfrentavam fortes objeções domésticas a atitudes de enfrentamento. O que chama a atenção nesse aspecto é que o rechaço à possibilidade de um calote não ficava restrita aos defensores da ortodoxia, sendo reverberado também por figuras ligadas ao pensamento heterodoxo e que sustentavam posições críticas às condições em que se davam as negociações. O trecho a seguir, de autoria do economista Jorge Schvarzer, não só resume bem a recepção dos heterodoxos à tese do

---

103 Entrevista concedida ao autor, Washington, 2020.

repúdio à dívida, como destaca o principal problema enfrentado internamente pelo governo para adotar posições mais rigorosas diante dos credores

> Em outro extremo de espectro se propõe a tese do não pagamento da dívida. [...] A negativa de pagar a dívida *significaria um desconhecimento oficial das regras do jogo do mercado internacional*, que implicaria, por extensão, uma forte sensação de perigo para o empresariado local. A reação destes pode ser extremamente negativa e apresenta uma série de consequências políticas que não devem ser ignoradas e cujos efeitos podem ser tão importantes quanto os das represálias externas. Porém, sobretudo, *não parece que o governo tenha força, homogeneidade e capacidade necessárias* para enfrentar uma aposta dessa magnitude, cujo resultado é incerto no melhor dos casos.[104]

O último fator a ser considerado é a posição específica de Brasil e México. O raciocínio exposto pelo ministro Grinspun, de que grandes volumes de dívida são mais um problema dos credores do que dos devedores, não era de todo equivocado, mas era nas situações brasileira e mexicana que ele aparecia de modo mais exato. À época, a imprensa noticiou fartamente o temor de um calote coletivo, mas os principais focos de tensão dos credores eram antes Brasil e México do que a região como um todo.

Isso, claro, não quer dizer que uma associação que excluísse os dois países era bem-vista ou seria consentida, mas a possível presença de ambos em um arranjo dessa natureza já era intolerável. Brasil e México, além de serem geopoliticamente mais relevantes para os interesses dos Estados Unidos, correspondiam juntos a mais da metade da dívida externa da América Latina. Isoladamente, portanto, cada um deles era comparável a um conjunto de devedores menores, e o default de apenas um seria suficiente para desencadear uma severa crise bancária nos Estados Unidos. Apesar disso, Brasil e México foram, desde cedo, muito cautelosos. Robert Devlin resume a situação nos seguintes termos:

> [Brasil e México] exerceram esse poder de maneira muito seletiva, obtendo apenas uma vantagem marginal em sua busca pela reincorporação ao mercado autônomo de crédito. Sua posição como quase cartéis e a esperança de conseguir um ajuste rápido para restaurar sua credibilidade também ajudam a explicar por que esses países têm sido muito cautelosos quanto à cooperação regional em relação à dívida e, principalmente, à formação de um clube de devedores. [...] os mutuários mais poderosos, confrontados com o que consideram problemas de liquidez, provavelmente poderiam reduzir as transferências para os bancos se estivessem dispostos a exercer seu poder de negociação, sugerindo que a alternativa à concessão de novos empréstimos poderia ser o calote.[105]

---

104 Schvarzer, Dimensiones políticas de la deuda externa de la Argentina, 1984, p.10, grifos nossos.
105 Devlin, External Debt and Crisis, 1985, p.44.

Esse aspecto evidentemente não era ignorado por nenhum dos atores em cena e foi habilmente manejado pelos governos mexicano e brasileiro. Não por acaso, quando a possibilidade de formação de um cartel passou a circular, os que receberam dos bancos a oferta de termos de negociação muito superiores aos que estavam disponíveis para os demais países foram Brasil e México. O movimento dos credores visava evitar um default de consequências catastróficas, mas servia também como sinalização – um tanto vã – aos demais devedores de que posturas moderadas e cooperativas podiam ser recompensadas.

Nesse sentido, as frustrações que a reunião de Cartagena causou à Argentina diferiam em muito da apreciação brasileira e mexicana do evento. Uma vez que, para ambos, a mera *ameaça* de default era suficiente para fortalecer sua posição negociadora, a simples ocorrência da reunião bastava como forma de pressionar seus credores. Os relatos veiculados pela imprensa de que eram os delegados brasileiro e mexicano os responsáveis por amortecerem as tensões e neutralizarem posições mais radicais serviram bem aos propósitos de ambos, que podiam então se apresentar aos credores como forças moderadoras dos ímpetos regionais, reforçando uma imagem de credibilidade e responsabilidade.

Por outro lado, a sustentabilidade da posição mantida pela Argentina demandava mais do que declarações de intenção, demonstrações de solidariedade e sintonias no discurso. Da mesma forma que a proposta de "janelas distintas" dependia da disposição dos Estados Unidos em manter a agenda econômica afastada das demais, uma combinação de fatores tornava o apoio regional uma variável decisiva para a postura de embate com os credores. A própria crise já confirmava que a ação coletiva de atores em posições similares era um fator essencial para garantir a viabilidade de posições mais rígidas. Em um contexto em que os credores estavam cartelizados e respaldados pelos principais atores políticos do sistema financeiro internacional, e de ausência de um massivo suporte doméstico, suficientemente coeso e disposto a respaldar o governo diante de eventuais retaliações, a manutenção e o êxito de uma postura de enfrentamento requeriam a formação de uma coalizão que redistribuísse os custos e benefícios de um calote em favor dos devedores.

Ou seja, era preciso inverter a situação, tornando os custos de uma moratória generalizada mais penosos e factíveis para os credores do que eram os impactos do isolamento dos mercados internacionais[106] para os devedores. O que a iniciativa de Cartagena evidenciou foi justamente a falta de condições concretas para que um arranjo desse tipo fosse criado. Dificilmente será possível identificar alguma intencionalidade específica para com a Argentina por parte de Brasil, México ou Venezuela, mas as posições assumidas

---

106 O'Donnell, External Debt, 1985.

por esses países em momentos-chave da crise foram decisivas para interditar a viabilidade da posição argentina.

Entender de modo mais preciso no que consistia essa posição é essencial. Apesar da pecha de rebeldia, Alfonsín nunca foi um carbonário; suas pretensões não estavam em um movimento de ruptura com o sistema financeiro internacional. Com efeito, sua posição nos primeiros meses de governo beirava o idealismo ingênuo; o presidente parecia efetivamente acreditar que seria possível convencer os credores externos e o empresariado local de que era preciso submeter o pagamento da dívida à estabilidade da democracia.

Já a noção de que Alfonsín e Grinspun esperavam que Cartagena pudesse resultar em um movimento combinado de moratória não encontra amparo nas evidências empíricas atualmente disponíveis. Na verdade, as expectativas, sobretudo de Grinspun, eram de que a reunião fortalecesse seu empenho pessoal em reformar os marcos em que se davam as negociações, visando a um maior equilíbrio entre credores e devedores, e a uma relativização do papel dos organismos financeiros internacionais.[107]

A construção de uma saída que fosse politicamente possível, socialmente aceitável e economicamente viável representava uma ambição que, embora não fosse secessionista, tampouco era modesta. As premissas e metas que orientavam a proposta argentina para a economia estavam em frontal colisão com as prescrições do paradigma neoliberal que, à época, já estavam em fulminante expansão. Nesse quadro, os objetivos mencionados ficaram muito aquém de realização, mesmo com o Fundo tendo assentido com termos um pouco menos rígidos para o acordo celebrado com a Argentina meses depois.

Um aspecto final a ser destacado é que a interdição das possibilidades de êxito da Argentina não requisitou o exercício da coação direta, dando-se pela ausência de condições que tornassem o curso de ação pretendido factível, e seus resultados, sustentáveis. Não se pode afirmar que Brasil, México e Venezuela tenham atuado de maneira deliberada como prepostos dos credores visando constranger a Argentina, tampouco eludir o fato de que o comportamento desses atores foi decisivo para debilitar a posição argentina a ponto de inviabilizá-la. Da mesma forma, não há elementos que confirmem que o governo argentino foi diretamente instruído pelos credores ou por representantes do empresariado local a não tomar parte em um cartel – embora essa seja uma possibilidade significativa. Tais atos, porém, não são necessários para evidenciar o cerceamento imposto pela dívida à capacidade de decisão e ação do governo argentino.

O que o contexto analisado revela são as imbricações entre as lógicas direta e estrutural do poder disposto pela finança, na medida em que se pode catalogar uma série de atos que revelam a pressão direta exercida pelos

---

107 Javier Amadeo, op. cit., p.38.

credores como os impactos que a distribuição assimétrica de recursos teve sobre o conflito distributivo em que se desenrolou o processo de Cartagena. A capacidade de mobilização dos recursos de poder dos credores – em especial os apoios políticos e o controle da oferta de crédito – se mostrou amplamente superior aos parcos recursos disponíveis ao governo Alfonsín para escudar suas posições.

Em Cartagena, a autonomia não foi bloqueada por obra de resistência ou ação impositiva especificamente direcionada por um ator à Argentina, mas pela corrosão das condições – políticas e econômicas, domésticas e internacionais – requeridas para sua existência. Decerto é possível levantar diferentes hipóteses explicativas sobre essa circunstância, mas, independentemente da resposta que se dê, o disciplinamento a que a dívida submeteu as escolhas de política externa se afigura como um fato inelutável.

Quadro 4 – Cronologia da iniciativa de Cartagena

Data	Evento
1/1983	Presidente Osvaldo Hurtado (EQU) escreve uma carta à Cepal e Cela, solicitando um plano de ação para respostas coletivas ao problema da dívida externa
5/1983	Lançamento do documento "Bases for a Latin American Response to the International Economic Crisis", com apoio de Aladi, Pacto Andino, Cemla, Olade, em Quito. Debate entre os representantes de governos
8/1983	Encontro dos representantes de governo em Santo Domingo. Acorda-se uma reunião de chefes de governo para janeiro de 1984, no Equador
10/1983	Raúl Alfonsín é eleito presidente da Argentina
10/12/1983	Posse de Raúl Alfonsín
12/12/1983	Em reunião com diplomatas brasileiros, Bernardo Grinspun afasta a possibilidade de criação de um clube de devedores
1/1984	Conferência Econômica Latino-Americana, Declaração de Quito
3/1984	Concessão de empréstimo-ponte à Argentina por Brasil, Colômbia, Estados Unidos, México e Venezuela
5/1984	Lançamento da declaração conjunta de Argentina, Brasil, Colômbia e México
6/1984	Reunião do G7 em Londres
11/6/1984	Divulgação da carta de intenções enviada ao diretor do FMI
21 e 22/6/1984	Reunião em Cartagena das Índias, lançamento do "Consenso de Cartagena"
9/1984	Reunião do Grupo de Cartagena em Mar del Plata
9/1984	Conclusão do acordo entre a Argentina e o FMI
2/1985	Reunião do Grupo de Cartagena em Santo Domingo
10/1985	Lançamento do Plano Baker
12/1985	Encontro do Grupo de Cartagena em Montevidéu

Fonte: Elaboração própria.

4.4 Distensão e "giro realista"

Logo após a reunião em Cartagena, Bernardo Grinspun viajou aos Estados Unidos para negociar com os bancos e o FMI uma saída que viabilizasse o pagamento dos juros da dívida que venciam no dia 30 de junho. Na semana anterior, o governo já havia pagado 100 milhões de dólares em juros, na expectativa de que o gesto fosse visto pelos bancos como um aceno positivo para as negociações, mas o contexto mais amplo da viagem era bastante adverso para o país. As análises que circulavam em torno ao encontro de Cartagena inseriam a Argentina no rol dos países "radicais", reforçando a narrativa de rebeldia forjada desde o início da administração Alfonsín.

Por outro lado, a relação com o FMI se encontrava em um momento crítico desde que Grinspun, numa tentativa de driblar a burocracia do Fundo,[108] enviou ao diretor-geral uma carta de intenções que não havia sido previamente submetida à apreciação do corpo técnico do FMI. Ao romper com uma liturgia assentada por décadas, o governo argentino desafiava, de forma pública e ostensiva, a intransigente posição do FMI. No documento, cujo recebimento formal não foi sequer confirmado, Grinspun buscava justificar e reiterava os fundamentos da resistência argentina em acatar as recomendações das missões do FMI realizadas até então. Por fim, durante a primeira escala do ministro nos Estados Unidos, em Nova York, a taxa de juros *prime* sofreu o quarto aumento consecutivo, o que elevava a Libor e, por extensão, o serviço da dívida latino-americana.

Após se reunir com os representantes dos bancos em Nova York, Grinspun viajou a Washington na expectativa de obter uma declaração do FMI sinalizando a proximidade de um acordo com a Argentina. A versão oferecida pelo historiador oficial do FMI, James Boughton, é de que tanto De Larosière quanto Rhodes "encontraram incentivo suficiente nas explicações de Grinspun para justificar pedir aos credores que rolassem os créditos existentes por mais um mês, evitando, uma vez mais, as consequências financeiras e políticas do default".[109] Esse desfecho, porém, começou a ser urdido logo depois do envio da carta e teve mais nuances do que o comentário de Boughton permite apreender.

Em primeiro lugar, é preciso sublinhar que a decisão de enviar uma carta de intenções unilateral foi lida pelas autoridades do FMI e de vários governos exatamente nos termos em que foi pensada desde Buenos Aires: como uma forma de pressionar o Fundo, politizando o debate sobre a situação financeira da Argentina e as alternativas então postas à disposição da equipe econômica. A reação não tardou. Os termos da carta unilateral

---

108 Schvarzer, Negociación de la deuda externa, 1984, p.29.
109 Boughton, op. cit., p.392.

foram conhecidos no momento em que Alfonsín chegava à Espanha para uma visita oficial. Em Madri, o primeiro-ministro Felipe González indicou a Alfonsín que não considerava razoável a decisão de enfrentamento com o FMI, o que representou um baque diante das expectativas de solidariedade em relação a um político do Partido Socialista. Em 17 de junho, outro movimento teve início, dessa vez liderado por Michel Camdessus, então chefe do Clube de Paris. A abordagem, contudo, foi distinta. Em vez de criticar o gesto argentino, Camdessus saudou a iniciativa por seu "gaullismo", mobilizando o histórico de críticas da França ao FMI e à preponderância dos Estados Unidos no organismo. Por mais amistosas que fossem as conversas, no entanto, do ponto de vista programático a posição de Camdessus era estritamente alinhada à do Fundo. De fato, ao se reunir com Grinspun, Adolfo Canitrot e José Luis Machinea, as sugestões apresentadas à equipe econômica consistiam em uma lista idêntica à que era defendida pelo FMI.[110]

A viagem de Camdessus deixou explícita a falta de respaldo dos centros financeiros à postura de confrontação da Argentina, apenas alguns dias antes do encontro em Cartagena – onde ficou claro que também não havia apoio brasileiro e mexicano a essa abordagem. Da Colômbia, Grinspun seguiu para os Estados Unidos, onde manteve uma primeira reunião com Jacques de Larosière em 26 de junho, sem resultados conclusivos. Em vez de um abrandamento da posição do FMI, De Larosière usou a ocasião para apresentar suas objeções a diferentes pontos da carta de intenções enviada semanas antes. No dia seguinte, Grinspun teve um encontro com o secretário do Tesouro, Donald Reagan, para então se reunir novamente com De Larosière e anunciar que havia tido progressos com o Fundo.[111]

No dia seguinte, foi anunciado que a Argentina havia chegado a um acordo com dez dos onze bancos[112] que formavam o cartel de credores, que concordaram em conceder um empréstimo adicional de 125 milhões de dólares, a ser complementado por fundos das reservas internacionais do país e com um valor remanescente do empréstimo de março. O acordo não foi antecedido de uma declaração pública de apoio do FMI, mas o trecho citado acima permite corroborar as especulações da época, segundo as quais De Larosière havia chancelado informalmente o acerto.

Esse evento marca o início de um processo lento, mas contínuo, de distensão entre a Argentina e o FMI que culminaria nos acordos de 1985. Em vista do histórico dessa relação e dos eventos ocorridos desde dezembro de 1983, esse é um resultado no mínimo chamativo. De fato, a postura mais amistosa do Fundo e dos bancos chegou a ser creditada por fontes oficiais dos Estados

---

110 Torre, *Diário de una temporada en el quinto piso*, 2022, p.113-5.
111 Argentina reduz divergências com o FMI, 1984.
112 O único a não participar do acerto foi o britânico Lloyds Bank.

Unidos como um resultado de Cartagena, segundo a ideia de que o encontro aumentou a disposição dos credores e do FMI em abrandar o tratamento dispensado à Argentina.[113] Além de considerar essa hipótese pouco plausível, é preciso ter em mente que diferentes fatores convergiram para a existência desse quadro.

O ufanismo de Grinspun, que apresentou o acordo orgulhosamente, como prova de que "este é um país que não se pode colocar contra a parede",[114] contrastava com a postura comedida adotada pelo governo na ocasião, ainda que envolvida em ambiguidades. Em 27 de junho, Alfonsín fez um discurso em cadeia nacional no qual pedia à população um "esforço excepcional" e anunciava o compromisso do governo com um programa de austeridade e com a aceleração das privatizações de empresas públicas.[115] Enquanto isso, Grinspun manifestava aos credores o desejo de permanecer "dentro do jogo",[116] isto é, sem moratória.

Paradoxalmente, no mesmo discurso em que defendeu a austeridade, Alfonsín reiterou seu compromisso com aumentos reais de 6% a 8% nos salários e, dois dias depois, afirmou em entrevista que a carta enviada ao Fundo não seria modificada.[117] Grinspun, por sua vez, confirmava sua disposição em seguir as regras do jogo, após ter dados reiterados sinais de resistência ao ajuste e ao pagamento da dívida ilegítima, como ressaltado, inclusive, na carta enviada ao FMI em 11 de junho, na qual afirmava que "[a dívida] foi contraída através da aplicação de uma política econômica autoritária e arbitrária, com ativa participação dos credores e sem benefício algum ao povo argentino [...]".[118]

As contradições que se depreendem dessas declarações já se haviam tornado usuais nas manifestações públicas sobre a dívida feitas por Alfonsín e Grinspun, mas os exemplos se relacionam a um contexto distinto. De início, elas apareciam como expressão do choque entre um certo idealismo do governo e o efetivo desenrolar das negociações. À medida que o primeiro semestre de 1984 avançou, trazendo consigo a paralisia nas negociações da dívida e a escalada da inflação, ela passou a refletir também a fragilidade crescente de um governo acossado.

Um exemplo claro era a questão da dívida ilegítima. Parte da dificuldade das negociações travadas desde a posse Alfonsín era a recusa do governo em definir um acordo de reestruturação antes que fosse possível determinar

---

113 Central Intelligence Agency, The Cartagena Group, 1986.
114 Argentina faz acordo com os bancos sem aval do FMI, 1984.
115 Alfonsín, Mensaje del señor presidente difundido por la red nacional de radio y televisión, 1984.
116 Argentina faz acordo com os bancos sem aval do FMI, 1984.
117 Alfonsín, Reportaje al señor presidente realizado en la Casa de Gobierno por periodistas de la televisora TVS de los Estados Unidos de América, 1984.
118 El año que la Argentina le dijo no al Fondo, 2000.

Dever e poder

a parcela ilegítima da dívida externa, como explicitamente afirmado por Grinspun durante a sabatina feita pelo Senado, em 16 de maio.[119] Foi o próprio Senado que impôs um revés, apesar do ativismo do governo e das pressões populares. Embora a criação de uma comissão especial para investigação da dívida tivesse sido aprovada por unanimidade na casa em fevereiro de 1984, os trabalhos do colegiado foram sucessivamente adiados, até que a Comissão fosse encerrada formalmente um ano depois, sem que houvesse produzido nenhum documento oficial.[120]

Em paralelo, a coesão interna do governo se deteriorou, refletindo uma crescente divisão no partido do presidente e contestações à gestão da economia, que ecoavam as críticas feitas, principalmente, pelo empresariado. Segundo Eduardo Basualdo,[121] essa mudança de posição do radicalismo decorria de um aliciamento de seus quadros pelas frações dominantes da economia e da intensificação das pressões dos credores externos e seus representantes políticos. Esses atores, embora não tivessem posições idênticas em todos os temas, tinham na reprovação a Grinspun um elemento poderoso de convergência.

Como em Cartagena, essa articulação ocorria espontaneamente, sem que fossem necessários esforços de coordenação de estratégias ou ações. Isso se dava porque a resistência em acatar o ajuste ortodoxo – que impedia o acordo com o FMI e o combate monetarista da inflação – criava uma coincidência de interesses entre credores e grupos locais. Almejando a mesma meta, esses atores respondiam no sentido contrário aos estímulos feitos pelo governo, o que, dada sua capacidade de pressão e alocação de recursos, limitava de maneira significativa o êxito possível dessas medidas. Os sucessivos malogros da política econômica – em especial a inflação – reforçavam o conteúdo das críticas feitas por esses grupos, criando uma profecia autorrealizável.

Foi nesse contexto que se deu o movimento de aproximação com o FMI, que, como se vê, esteve baseado mais na debilidade política de Grinspun do que na benevolência do organismo ou do cartel de credores. Mesmo em tais circunstâncias, as conversas com o Fundo permaneceram difíceis, desta vez tendo como principal obstáculo a indexação dos salários.[122] Finalmente, em setembro de 1984, a Argentina e o FMI concluíram um memorando de entendimento que demarcaria a primeira grande inflexão do governo Alfonsín. O memorando de setembro de 1984 tinha termos bem distintos daqueles presentes na carta enviada ao FMI em junho e se afastava significativamente de várias das posições assumidas pelo governo até então.

---

119 Argentina, Reunión 4ª, 1984.
120 Olmos, *Todo lo que usted quiso saber sobre la deuda externa y siempre se lo ocultaron*, 2006.
121 Basualdo, *Estudios de historia económica argentina*, 2006, p.230.
122 Boughton, op. cit.

Embora tenha obtido do governo o compromisso de antecipar o ajuste fiscal e a desvalorização cambial, em troca da continuidade das indexações salariais, o FMI não apenas considerava que o programa era tímido, como também tinha sérias dúvidas acerca do rigor de sua implementação.[123] Mas, do ponto de vista argentino, a apreciação não poderia ser mais distinta. De fato, o rigor monetário e fiscal do acordo era muito maior do que o governo até então considerava tolerável, envolvendo aumento de tarifas públicas, elevação das taxas de juros e correção salarial inferior à inflação[124] – o que despertou a ira dos sindicatos.

O prazo estipulado para avaliação dos resultados do acordo era de três meses, mas já em novembro estava claro que as metas do memorando não seriam alcançadas, especialmente a inflação, que seguia crescente. O governo, então, passou a negociar créditos adicionais que permitissem pagar juros vencidos, financiar o déficit do balanço de pagamentos e recompor uma parte de suas reservas internacionais, um montante estimado pelo FMI em 8 bilhões de dólares. Em 21 de dezembro, o governo anunciou um acordo com o cartel dos credores, e, sete dias depois, o FMI aprovou um empréstimo *stand-by*, complementado por recursos dos Estados Unidos, BID e Banco Mundial, além de um acordo de reprogramação com o Clube de Paris.

Assim, a Argentina passou a ser o terceiro maior receptor de recursos do FMI em 1984, à frente dos demais países latino-americanos.[125] O memorando incluía dezenove cláusulas de medidas que deveriam ser adotadas pelo governo, entre elas um cronograma de vencimentos para liquidar os pagamentos atrasados e concluir os acordos de reprogramação.[126] O alívio trazido pelos novos créditos teve vida curtíssima. Desde sua concepção, o arranjo era visto pelo Fundo como fraco, estipulando apenas o que era visto como mínimo necessário,[127] daí a retomada de pressões para ampliar a desvalorização do câmbio já em janeiro. No mês seguinte, as tensões se acirraram depois de a missão enviada pelo Fundo à Argentina concluir que as medidas adotadas até então eram inconsistentes com o acertado em dezembro.

Em 18 de fevereiro de 1985, o chefe da missão, Joaquín Ferrán, informou a Grinspun que, sem um endurecimento substancial do ajuste, dificilmente o Fundo faria concessões quando da liberação da segunda parcela de saques.[128] O ministro retrucou que era impossível ampliar o arrocho, e novamente as conversas esbarraram em um impasse que precisou ser dirimido

---

123 FMI, Argentina, Request for Stand-By Arrangement, 1984, p.393.

124 Brenta, op. cit., p.87.

125 FMI, Annual Report, 1984, p.111.

126 Brenta, op. cit., p.88.

127 Boughton, op. cit., p.393-5.

128 Ibid., p.398.

Dever e poder

pelo presidente. Com a recusa do FMI em aprovar a primeira revisão do acordo, Alfonsín se viu em uma encruzilhada. Embora em sintonia com suas ideias, estava claro que o programa de Grinspun fracassara e que não havia mais interlocução possível entre ele e o FMI. A deterioração da economia restringia enormemente as condições de ação do governo e, sem os recursos aportados pelo acordo de 28 de dezembro, a situação ficaria à beira do insustentável. As negociações da dívida também seriam comprometidas, já que o entendimento com o FMI era a base para os acordos com o cartel de credores e com o Clube de Paris.

Alfonsín, então, optou por aceitar a renúncia de Grinspun e García Vázquez, e nomeou Juan Vital Sourrouille para o Ministério da Economia, e Alfredo Concepción para o Banco Central. Pouco antes de assumir a pasta da Economia, Sourrouille, que ocupava a Secretaria de Planejamento, liderou a elaboração de um estudo intitulado "Lineamientos de una estrategia de crecimiento económico, 1985-1989", que continha as medidas entendidas pela equipe da Secretaria como necessárias para a retomada do crescimento. O cerne desse programa era a noção de "ajuste positivo", que visava conciliar o ajuste do setor externo com o crescimento econômico.[129]

Embora compartilhasse da formação heterodoxa de seu antecessor, Sourrouille introduziu mudanças relevantes na condução da política econômica, em especial na ênfase dada ao combate à inflação, vista como obstáculo para recuperação da economia. Na perspectiva do "ajuste positivo", era preciso que houvesse um crescimento expressivo das exportações, que fosse suficiente para garantir a geração de superávit e contornar a restrição externa ao crescimento, bem como uma retomada dos níveis de investimento privado. Propunha-se ainda uma queda dos gastos governamentais para ampliação da disponibilidade de divisas, que serviriam para pagar a dívida externa.

Menos de um mês depois de empossar Sourrouille, Alfonsín viajou a Washington, onde foi recebido pelo presidente Ronald Reagan e realizou o famoso discurso nos jardins da Casa Branca.[130] Durante a visita, a delegação argentina pôde constatar, em definitivo, que o governo Reagan não estava disposto a secundar, retórica e financeiramente, nenhum programa econômico que não tivesse aval do FMI. Em 20 de março, depois de cumprir agenda na Casa Branca, Alfonsín se encontrou com Jacques de Larosière e assegurou que daria suporte integral à negociação de um programa "sustentável" com o Fundo,[131] abrindo as conversas que resultariam na formulação do Plano Austral. Nos demais compromissos que manteve na capital

---

129 Javier Amadeo, op. cit., p.84.
130 Alfonsín, Discurso ante el presidente de los Estados Unidos Ronald Reagan, jardines de la Casa Blanca, 1985.
131 Boughton, op. cit., p.393-8.

estadunidense, Alfonsín reiteraria seu compromisso com as medidas de austeridade, reforma do Estado e privatização de empresas públicas, em sintonia com as expectativas de seus interlocutores na cidade.[132]

O tom autonomista da fala de Alfonsín na Casa Branca, recordado até hoje, estabeleceu um contraste interessante com a dinâmica da viagem, caracterizada por um intenso esforço de apaziguamento. A visita aos Estados Unidos consolidou o que o chanceler Caputo qualificou de "giro realista" da política externa, e que se traduziu numa reformulação dos objetivos prioritários do país e de um reposicionamento das relações com os Estados Unidos, atribuindo-lhes precedência sobre os demais eixos.[133] A guinada na diplomacia estava em sintonia com as mudanças de política econômica – que abandonava a concepção gradualista de Grinspun em favor de uma abordagem de choque, numa tentativa de responder aos diversos pontos de contestação e pressão sobre o governo.

Em meados de abril, Sourrouille retornou a Washington para uma reunião com Paul Volcker, De Larosière e David Mulford, para expor o esboço do plano de choque que ele pretendia executar a partir de junho. No encontro, Volcker indicou que a credibilidade do plano dependeria de uma maior independência do Banco Central, que deveria ser proibido de financiar o governo. Sourrouille concordou, e as reuniões entre os técnicos do Fundo e do governo argentino se desenrolaram nas semanas seguintes sem que o caráter radical do plano em elaboração viesse público.[134]

Em 28 de abril de 1985, Alfonsín realizou o famoso discurso no qual dizia que o país estava entrando em "economia de guerra", o que demandaria esforços de todos para enfrentar as "dificuldades extremas" que estavam por vir.[135] No mesmo discurso, o presidente reiterou a autonomia como uma dimensão central da recuperação econômica do país que, em suas palavras, poderia se reerguer desde que estivesse convencida de que não precisava "que ninguém de fora venha nos dizer o que devemos fazer".[136] Finalmente, em junho de 1985, o Plano Austral foi oficialmente lançado, sob aprovação entusiasmada do Departamento do Tesouro e do FMI. Fundamentalmente voltado ao controle da inflação, o plano tinha três eixos principais: (a) o congelamento de preços; (b) reforma monetária, com a instituição do peso austral, que correspondia a AR$ 1.000 ou US$ 1,25; (c) a proibição de financiamento do déficit público através de emissão monetária.

Na esteira do lançamento do austral, o Banco Central consolidou o processo de estatização da dívida privada, através de portarias que estipulavam

---

132 Boughton, op. cit.
133 Míguez, op. cit., p.67.
134 Boughton, op. cit., p.393-8.
135 Alfonsín, Discurso en defensa de la democracia y anuncio de economía de guerra, 1985.
136 Ibid.

Dever e poder

a extinção de obrigações de pagamento do setor privado e sua conversão em obrigações do Banco Central, em dólares.[137] A decisão do governo sepultava em definitivo a distinção de legitimidade da dívida externa – uma bandeira que já vinha sendo desgastada desde 1984, na tentativa de melhorar as relações com o FMI. Mais do que ratificar a estatização, a decisão do governo permitiu o refinanciamento de dívidas do setor privado através da emissão de garantias do Banco Central.[138] Com a questão da dívida ilegítima proscrita e adotando um programa de ajuste apoiado pelo FMI, o governo finalmente teve sinal verde para avançar nas negociações com os bancos privados, o que resultou no acordo de agosto de 1985.

Conjugadas, essas decisões sumarizadas constituem um marco fundamental para compreensão das dinâmicas de poder moduladas pelo problema do endividamento externo. Dezoito meses após ser empossado, o presidente teve de rever a maioria de suas posições sobre temas-chave, abdicando de parte expressiva da autonomia que esperava cultivar em questões como dívida externa e gestão da economia. Diversos elementos confluíram para tornar insustentável a persistência das tentativas de resistência feitas por Alfonsín ao longo de seu primeiro ano de mandato. Em primeiro lugar, as expectativas de que a restauração da democracia ampliaria as margens de manobra do governo no exterior se viram frustradas pela posição intransigente dos credores e das instituições financeiras internacionais. As várias manifestações de simpatia e apoio colhidas por Alfonsín dos governantes de países desenvolvidos não se traduziram em respaldo concreto às posições sustentadas pela Argentina nas negociações da dívida, e mesmo o apoio dos vizinhos latino-americanos era tíbio.

Em âmbito doméstico, o presidente se defrontava com um panorama igualmente hostil. Desde o início, a situação política do presidente era extremamente frágil, porque a vitória eleitoral obtida em 1983 não expressava a hegemonia de um bloco específico de forças, nem se traduziu na construção dessa hegemonia. Sem dispor do respaldo dos trabalhadores organizados e dirigindo a economia na contramão dos interesses das frações dominantes, restava a Alfonsín escudar-se no eleitorado tradicional da UCR, a classe média urbana, cuja lealdade para com o presidente foi se desgastando em sintonia com a piora da economia. Em suma, faltava ao presidente o item mais elementar da política – o poder. Em 1985, a iminência das eleições de novembro tornava a situação do governo ainda mais dramática, especialmente pelo fortalecimento dos partidos de direita, como o Partido Intransigente e a Unión del Centro Democrático.

Nesse contexto é que se deu a guinada consubstanciada no Plano Austral e na estatização da dívida. Um aspecto curioso acerca do Plano Austral

---

137 Banco Central de la República Argentina, Comunicación "A" 695, 1º jul. 1985.
138 Olmos, op. cit.

é que, à época, se especulou que se tratava de uma tentativa do governo argentino de debilitar a posição do FMI, segundo a lógica de que o conteúdo do plano era muito mais drástico do que aquele que vinha sendo publicamente discutido.[139] A revisão do percurso de construção do plano mostra que essa tese tem pouco amparo factual, já que o FMI não foi pego de surpresa pelo conteúdo da proposta. Ao contrário, a formulação do plano resultou de um esforço concertado entre a equipe econômica argentina e o Fundo, e envolveu uma série de concessões que, até então, o governo não se mostrava disposto a fazer.

Enquanto Alfonsín discursava defendendo a necessidade de o país encontrar um caminho próprio para sair da crise, sem acatar receitas estrangeiras, a equipe econômica debatia os componentes de um plano econômico já avalizado pelo FMI e pelo Departamento do Tesouro. Até o final do mandato, a política econômica seguiu incorporando os componentes do receituário neoliberal, e a crise, longe de esmorecer, foi se agravando até culminar na renúncia de Alfonsín em 20 de junho de 1989. Nesse sentido, a persistência da autonomia enquanto meta e elemento de coesão da política externa ficou quase inteiramente restrita ao plano do discurso e dos princípios, já que as condições concretas para sua realização estavam em franco estreitamento,[140] e muitas premissas orientadoras, como a hipótese das "janelas distintas" nas relações com os Estados Unidos e a excepcionalidade democrática, se mostraram inválidas.

Importa frisar que essa linha de interpretação não ignora a permanência de dissensos com os Estados Unidos. Ao longo dos anos seguintes, Alfonsín permaneceu crítico ao militarismo estadunidense na América Central, empenhou-se pessoalmente no projeto de integração com o Brasil e, mais relevante, resistiu às pressões para encerrar o Cóndor II. Esses elementos, em que pese sua relevância, não eram suficientes para sustentar a autonomia em um contexto no qual a coesão das forças sociais internas, arrimo de qualquer esforço autonomista, era inexistente. É precisamente nesse aspecto que as implicações do endividamento externo para a política exterior se apresentam em plenitude.

Mais do que alimentar constrangimentos e pressões, a dívida externa serviu como amálgama de uma aliança informal entre credores, seus representantes políticos e os setores dominantes da economia local. Seja pela mobilização ou pela inação, essa tríade impedia que forças sociais opostas a seus interesses articulassem redes de solidariedade suficientemente fortes e coesas para permitir a sobrevivência do governo em uma situação de deterioração generalizada das condições de vida. Foi, portanto, com a restrição

---

139 Stiles, op. cit.
140 Míguez, op. cit.

das condições objetivas necessárias para existência dessa coesão que o endividamento externo se impôs como restrição à política externa. A autonomia que o governo Alfonsín esperava exercer nas relações exteriores se converteu, assim, em um ensaio, capaz apenas de diminuir a marcha, mas não de interromper o processo estrutural em curso desde a ditadura, cujo significado último era o aprofundamento da condição periférico-dependente como fundamento da inserção internacional da Argentina.

5
Restauração e colapso: a construção da crise de 1999-2001

5.1. Conversibilidade e alinhamento automático

O propósito deste capítulo é descrever a gênese e o desenrolar da crise de 2001, tarefa que implica resgatar os principais traços da Argentina nos anos 1990. Esse é um período de muitas singularidades, entre elas a de ter começado e terminado em meio a uma crise de proporções até então inéditas e em cujo centro estava o problema da dívida externa. Situada entre dois colapsos, essa década foi o momento em que o projeto neoliberal iniciado em 1976, e que resistiu brevemente nos anos 1980, adquiriu ares de consenso e foi aprofundado a tal ponto que fez da Argentina um de seus principais exemplos no mundo.

As diretrizes econômicas vigentes nesses anos justificam a associação com o neoliberalismo, mas o emprego desavisado desse termo pode conduzir a imprecisões além daquelas que usualmente lhe são relacionadas. Embora fossem apresentados em referência à modernização e à atualização com as práticas de vanguarda e de adesão ao novo momento da história mundial, ou de seu fim, aberto com o encerramento da Guerra Fria, esses termos servem como fachada para nublar os significados mais profundos do projeto político consensuado sob as diretrizes do Consenso de Washington.

Em seu âmago, o projeto se constituía como um movimento restaurador, que pretendia recuperar um estado de coisas havia muito perdido. No auge da conversibilidade, a Argentina dos anos 1990 emulava aquela de cem anos antes: um país em plena realização de sua "vocação" como grande economia primário-exportadora, aberta ao comércio, destino de caudalosos investimentos estrangeiros, politicamente alinhada à grande potência da época, defendendo com afinco valores importados e, em menor medida, um farol para os vizinhos da região. Como antes, o caminho adotado pelo país colheu a chancela do exterior, mas a prosperidade que ele produziu foi ainda mais modesta e breve. Em menos de uma década, o modelo ruiu sob o peso de suas tensões internas e das contradições criadas pelo seu funcionamento.

O aspecto de verdadeira novidade é que a condução política desse projeto foi feita por aquele que, até então, havia sido seu nêmesis: o peronismo. Eleito empunhando as principais bandeiras do justicialismo, Carlos Menem terminou mobilizando a força política do movimento em favor da agenda liberalizante, numa ação que foi mais de pragmatismo do que consequência de alguma afinidade ideológica. A experiência de Alfonsín havia deixado claro que a convergência de interesses entre forças externas e os setores economicamente dominantes no país formava um bloco informal cujo poder era suficiente para interditar as chances de êxito de qualquer governo hostil aos seus propósitos.

De fato, um dos trunfos de Menem foi justamente a sua capacidade de recomposição da autoridade política e o fortalecimento da presidência[1] – ambas seriamente comprometidas pelo caos do final do governo Alfonsín. Enfraquecido desde o revés nas eleições legislativas de 1987 e o estridente fracasso do Plano Primavera, Alfonsín chegou ao último ano de mandato em situação crítica. Os temores sobre as consequências sociais da crise econômica que o presidente externava desde 1983 se mostraram precisos, com uma série de saques a supermercados e confrontos com as forças policiais. A antecipação das eleições presidenciais e a decretação de estado de sítio não foram suficientes para apaziguar os ânimos, e Alfonsín terminou renunciando ao cargo, levando Menem a tomar posse cinco meses antes da data prevista.

O *"salariazo"* e a "revolução produtiva" prometidos com tanta ênfase na campanha viraram letra morta antes mesmo da posse, quando o presidente indicou o ex-vice-presidente do grupo empresarial Bunge y Born, Miguel Roig, para o Ministério da Economia. Do mesmo grupo veio Néstor Rapanelli, que assumiu a pasta após o súbito falecimento de Roig, selando a aliança entre Menem e o conglomerado do setor cerealista. O simbolismo dessa indicação compreendia não só o fato de que a Bunge y Born era uma das maiores empresas do setor agroexportador, como também o histórico antagonismo entre este e o peronismo, que remontava ao primeiro governo Perón.[2] A composição do gabinete de ministros confirmava a guinada de Menem e prenunciava o que estava por vir, como habilmente descreveu, à época, o sociólogo Atilio Borón.

> As nomeações "revelaram o segredo" da revolução produtiva: a partir de hoje o capital reinará. [...] "O que é isso?", perguntam-se os desorientados. Isso nada mais é

---

1 Cavarozzi, *Autoritarismo y democracia*, 2003, p.80.
2 Ayerbe, *Neoliberalismo e política externa na América Latina*, 1998, p.84.

Dever e poder

do que a refundação da hegemonia burguesa, a cristalização de um novo e vigoroso pacto de dominação de classe. Pela primeira vez em muitas décadas, existe uma correspondência tão perfeita entre o poder econômico e o poder político, entre as classes dominantes e classe política; entre aqueles que governam a economia e aqueles que são do Estado e têm a missão de governar em nome dos interesses de toda a sociedade.[3]

Após a rápida aprovação das leis de Reforma do Estado e Emergência Econômica, os primeiros dezoito meses de governo foram marcados por duas tentativas malsucedidas de ajustes ortodoxos – os planos Bunge y Born e Bonex. Em fevereiro de 1991, com a inflação ainda em níveis elevadíssimos, Menem nomeou o então chanceler Domingo Cavallo para o Ministério da Economia. Doutor em economia pela Universidade de Harvard, Cavallo havia sido presidente do Banco Central por pouco mais de um mês em 1982 e tinha bom trânsito entre o *establishment* financeiro internacional, além de ter sido uma das principais vozes do debate econômico na Argentina durante os anos 1980.

Como ministro da Economia, Cavallo orquestrou aquela que seria a coluna vertebral da economia argentina pela década seguinte: o Plano de Conversibilidade. Instituído pela Lei nº 23.928, de março de 1991, o Plano estabelecia a paridade cambial entre o peso argentino e o dólar, e condicionava a emissão monetária à recíproca das divisas disponíveis no país, além de autorizar contratos em moeda estrangeira. O Plano de Conversibilidade foi acompanhado por um aprofundamento do programa de reforma do Estado,[4] consolidando a independência do Banco Central e ampliando a liberalização financeira e comercial.

A conversibilidade obteve um êxito estrondoso em seus primeiros meses. Como vemos no gráfico a seguir, após terminar o ano anterior em 2.048%, a inflação de 1991 foi de 140% e chegou a meros 16% em 1992. À guisa de comparação, a última vez que o país registrara inflação inferior a 20% havia sido no quadriênio 1966-1970, quando a taxa média ficou em 19%. O sucesso do plano ratificou as expectativas positivas sobre o governo nos mercados internacionais e fez crescer o apoio interno a Menem, o que viabilizou as condições políticas necessárias para seguir adiante com a agenda ortodoxa. Cavallo passou a negociar ativamente uma saída para a crise da dívida nos marcos do Plano Brady, e o governo deu seguimento a um acelerado processo de privatizações, gerido por Maria Julia Alsogaray, filha de Álvaro Alsogaray, ex-ministro nos governos de José María Guido e Arturo Frondizi.

O programa de privatizações se notabilizou pela rapidez com que foi desenvolvido e pela inclusão de empresas e setores historicamente considerados estratégicos para o país, sobretudo para o peronismo. Nesse rol, estavam incluídas a Aerolineas Argentinas, criada no governo Perón, e a

---

3 Borón, Réquiem para el populismo, 1989.
4 Um exame minucioso das reformas pode ser encontrado em Cruz, op. cit.

Gráfico 14 – Argentina: taxa de inflação (1989-2002)

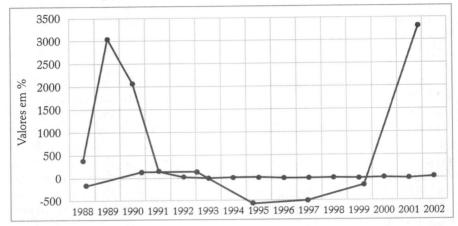

Fonte: Elaboração própria a partir de dados do Banco Mundial (2020).

petroleira Yacimientos Petrolíferos Fiscales (YPF), ambas compradas por grupos espanhóis. Somente entre 1990 e 1995, o governo privatizou os setores de telefonia, saneamento básico, energia, mineração petroquímica, centrais nucleares, correios, além de concessões no setor ferroviário,[5] auferindo uma receita de aproximadamente 16,7 bilhões de dólares.[6]

As privatizações foram uma peça-chave para a manutenção da tendência inaugurada pela ditadura e que marca a economia argentina até hoje: a crescente presença de empresas controladas pelo capital estrangeiro no centro dinâmico do processo de acumulação capitalista. Na primeira rodada de privatizações, ocorrida entre 1990 e 1995, o exterior foi a origem de 86,6% das receitas advindas das vendas de estatais.[7] Ao longo da década, a participação de empresas estrangeiras no grupo das quinhentas maiores companhias do país cresceu em ritmo constante, indo de 161, em 1991, para 270, em 2001. Nesse mesmo ano, essas empresas eram responsáveis por 69% do valor bruto de produção na Argentina, mais do que o dobro dos 33,8% registrados em 1993.[8]

Ao mesmo tempo, o governo avançava na formação do modelo de alinhamento automático aos Estados Unidos. Forjado ainda durante a passagem de Cavallo pela chancelaria, esse paradigma de política externa propunha uma "aquiescência pragmática" à potência hegemônica, sob a justificativa de que a confrontação com os Estados Unidos era contraproducente

---

5 Souza, *A arquitetura de uma crise*, 2007.
6 Cepal, Economic Survey of Latin American and the Caribbean, 1999, p.48.
7 Souza, op. cit., p.196.
8 Wainer e Schorr, op. cit., p.109.

à realização dos interesses nacionais argentinos.[9] Nos primeiros anos, tais interesses consistiam no respaldo de Washington à agenda de reformas, nos pleitos encaminhados pela Argentina aos organismos de crédito e no apoio à participação do país no Plano Brady.

O substrato teórico dessa proposta era dado pelo paradigma do "Realismo Periférico", desenvolvido em diversas publicações por Carlos Escudé e outros autores, como Felipe de la Balze e Andrés Cisneros. O Realismo Periférico é a síntese de um esforço duplo, de crítica do realismo estrutural e de reinterpretação da história das relações exteriores argentinas. No primeiro caso, Escudé submeteu a obra de Kenneth Waltz a um escrutínio sistemático que questionava desde o caráter antropomórfico da teoria até a centralidade do Estado nas análises. Para Escudé, um país periférico deveria ter como objetivo prioritário da política externa a promoção do bem-estar dos indivíduos e não a maximização do poder ou da segurança. O autor aplicava essa perspectiva à Argentina a partir de uma revisão da história do país, em particular das posições assumidas durante a Segunda Guerra Mundial – polemizando com as teses do historiador Mario Rapoport.

Para Escudé, os governos argentinos haviam causado sérios prejuízos à economia do país por insistirem em atitudes de confrontação com os Estados Unidos, só benéficas às elites que utilizaram a política externa para buscar seus próprios objetivos, fossem eles ideológicos, econômicos ou militares. Da articulação dessas dimensões resultava uma agenda normativa que propunha o alinhamento automático à potência hegemônica, abandonando quaisquer pontos de possível confrontação, exceto aqueles em que houvesse um interesse econômico claramente definido. A autonomia era tratada como uma vaidade e avaliada não segundo suas possibilidades, mas, sim, os custos que trazia. Posta no rol das condutas e dos objetivos contraproducentes, a autonomia deixava de ser uma meta da política externa, que deveria se focar na construção de credenciais que facilitassem o êxito da política econômica.

Sob amparo dessas premissas, a Argentina saiu do Movimento dos Países Não Alinhados, ratificou o Tratado de Tlatelolco, aproximou-se do Reino Unido e passou a acompanhar os Estados Unidos em votações de organismos multilaterais, sendo o voto contra Cuba no Comitê de Direitos Humanos da ONU o caso mais emblemático. A autonomia que historicamente marcou as administrações peronistas foi escamoteada em favor de uma adesão quase incondicional aos desígnios dos Estados Unidos. No esforço de obter o aval destes, Menem, numa decisão inconstitucional, enviou tropas para combater na Guerra do Golfo e passou a defender enfaticamente a proposta de George H. Bush de criação de uma área de livre-comércio no continente. O passo mais significativo, porém, foi a decisão de cancelar o programa do míssil balístico Cóndor II, que, como visto no capítulo anterior,

---

9 Paradiso, op. cit.

era uma das principais demandas de Washington em relação à Argentina e um entrave nas relações bilaterais que persistiu por décadas.

Esse empenho foi bem-sucedido no curto prazo. Os Estados Unidos passaram a apoiar publicamente o governo Menem e, mais importante, deram seu aval ao Plano de Conversibilidade e à participação da Argentina no Plano Brady – criado em 1989 para sanear o problema da dívida externa latino-americana e, assim, viabilizar o projeto de livre-comércio no continente.[10] Após um primeiro acordo realizado na Argentina em dezembro de 1992, Cavallo e William Rhodes se encontraram em Nova York em fevereiro de 1993 para finalizar os detalhes da reestruturação, assinada dois meses depois. Através do Plano Brady, o governo renegociou débitos em mora e por vencer, que alcançavam metade do passivo externo de então.

Para cancelar a parte referente aos juros atrasados, o governo desembolsou 400 milhões de dólares e emitiu 8,6 bilhões de dólares em bônus indexados à Libor. O montante adicional foi refinanciado com bônus de taxas de juros fixas – chamados de "pares" – e flutuantes, os *"discounts bonds"*.[11] Além de permitirem o fim da saga da dívida externa com os bancos privados após uma década, os acordos com os bancos e a participação no Plano Brady representaram a chancela – eterna enquanto durou – do capital internacional à conversibilidade. O apoio dos organismos internacionais não tardaria a chegar e, em agosto de 1993, o Banco Mundial publicou um relatório cujo título – "Argentina: da insolvência ao crescimento"[12] – revelava tudo; enquanto o ex-secretário do Tesouro Nicholas Brady afirmava:

> Em nenhuma outra parte o progresso foi tão drástico quanto na Argentina, onde o resultado das reformas econômicas excedeu as previsões mais otimistas. [...] Os déficits fiscais se converteram em excedentes, a inflação caiu de quatro dígitos para um, o investimento aumentou e bilhões de dólares de capitais privados aportaram no país. O panorama econômico do país se transformou e um futuro próspero ilumina o horizonte.[13]

A conjuntura econômica de então autorizava o ufanismo veiculado por esses atores. Embalada pela paridade cambial e pelas privatizações, a economia argentina experimentou quatro anos consecutivos de crescimento (1991-1994), provocado, principalmente, pela elevação do consumo e dos investimentos, puxados pelas privatizações. Todavia, uma análise mais detalhada dos indicadores da época permite constatar, já naqueles anos, o caráter socialmente recessivo do modelo e algumas de suas limitações

---

10 Brenta, op. cit., p.132.
11 Souza, op. cit., p.144.
12 Banco Mundial, Argentina, 1993.
13 Convertibilidad..., 2020.

Dever e poder

estruturais. O desemprego, por exemplo, que era de 6,9% logo após a instituição da conversibilidade, já havia chegado a 12,2% três anos depois.[14] Em comparação com a América Latina, o setor industrial argentino teve mais desemprego e menor repasse dos ganhos de produtividade aos salários.[15] Isoladamente, o país também registrou uma tendência de queda leve, mas persistente, na participação da indústria na formação do PIB, que caiu de 28,6% em 1991 para 27% em 1994.[16] Somado a isso, o consumo estimulado pelas importações e a pauta exportadora pouco diversificada e concentrada em produtos agrícolas e mineração reforçavam o padrão de especialização produtiva primário-exportador.

É preciso, porém, ter claro que a apresentação desses elementos como indicadores de deficiências do modelo de conversibilidade implica necessariamente a adoção de uma postura crítica em relação ao conteúdo e aos propósitos que o plano possuía. Em outras palavras, o que apontei como problemas do modelo são precisamente os aspectos que lhe garantiam forte respaldo dos setores dominantes argentinos e estrangeiros. Diferentemente do que ocorrera com Alfonsín, sobretudo até 1985, o direcionamento dado à economia pelo governo Menem ia abertamente ao encontro dos interesses dominantes, o que permitiu a esses grupos se consolidarem como força hegemônica no país, selando o projeto inaugurado com o golpe de 1976.

5.2. Dinâmica e evolução da dívida externa durante a conversibilidade

A reforma constitucional de 1994 introduziu a possibilidade de reeleição, permitindo a Menem apresentar-se como candidato nas eleições gerais de 1995. A vitória obtida pelo presidente, ainda em primeiro turno, é um momento relevante da trajetória do projeto neoliberal na Argentina que, pela primeira vez, era avalizado pelo sufrágio popular em um pleito legítimo. O segundo mandato proporcionou uma expansão do hiperpresidencialismo que caracterizou o menemismo, mas foi também o momento em que as fragilidades da conversibilidade começaram a aparecer de modo indisfarçável.

Como na década anterior, o primeiro abalo veio do México. Imerso em uma crise política, o país vivenciou momentos críticos na economia ao longo de 1995, que resultaram em desvalorização da moeda e aumento da dívida externa. A situação mexicana desatou uma onda de desconfiança em relação à estabilidade financeira de países emergentes que também passavam por reformas neoliberais, como Brasil e Rússia. Na Argentina, o "efeito tequila"

---

14 Souza, op. cit., p.153.
15 Salvia, The Boom and Crisis of the Convertibility Plan in Argentina, 2015.
16 Cepal, Anuário estadístico de América Latina y el Caribe, 1995, 1996, p.92.

135

elevou o *spread* dos títulos do país a 1.900[17] pontos acima dos *treasuries* dos Estados Unidos, indicando a percepção de risco que os mercados internacionais atribuíam ao país. Posteriormente, as crises no Sudeste Asiático, na Rússia e no Brasil teriam consequências similares ao "efeito tequila", em especial a moratória russa. Esses eventos puseram à prova a conversibilidade, deixando evidentes suas fragilidades e o potencial autodestrutivo do modelo.

Como visto, a conversibilidade repousava em dois pilares básicos – a paridade cambial e a proibição de emissão monetária sem lastro correspondente. Isto é, para que o modelo funcionasse, era preciso haver um ingresso de dólares em volume igual ou superior à quantidade de moeda em circulação, permitindo a conservação das reservas internacionais. A entrada de divisas, por sua vez, passava por três canais principais – as exportações, o investimento externo e as privatizações, cada uma delas limitada por suas próprias características. As privatizações eram finitas e proviam recursos limitados, sobretudo graças aos baixos preços praticados pelo governo. O aprofundamento da especialização produtiva na agropecuária tornava o setor exportador incapaz de prover os dólares necessários para satisfazer as demandas por moeda da sociedade. Por fim, a dinâmica instável dos investimentos externos, somada à elevada mobilidade de capitais do país, também não fazia destes um meio sustentável de ingresso de divisas pelo tempo e volume necessários.

Nesse quadro, uma vez semeada a dúvida quanto à solidez da economia do país, tanto os investidores externos quanto os cidadãos buscavam preservar a liquidez de seus ativos, convertendo-os em dólares e, não raro, retirando-os do sistema bancário local. O choque entre a racionalidade individual e a coletiva mostrava sua face mais dura: a incerteza dos agentes induzia à preferência pela liquidez em dólar justamente quando a conservação das reservas se tornava mais relevante para manter a economia estável. Em suma, ao menor sinal de perturbação, a economia ficava suscetível a uma crise bancária e saída massiva de capitais para o exterior. A capacidade de reação do governo a situações como essa era muito restrita porque a lei de conversibilidade impedia que se ajustasse o balanço de pagamentos através de uma desvalorização, e a imposição de restrições à mobilidade de capitais reforçaria a percepção de fragilidade, alimentando a crise.

Diante da escassez de instrumentos de política monetária para administrar os problemas do modelo, o endividamento externo se converteu no principal mecanismo de financiamento dos desequilíbrios do balanço de pagamentos (ver Tabela 3). Os sucessivos déficits de conta corrente eram provocados, sobretudo, pelo desempenho do setor privado, que elevou as importações – barateadas pela paridade – e reiteradamente expatriou capitais. Esse comportamento estava em franca contradição com o funcionamento do regime de conversibilidade e gerava pressões sobre as contas do setor público, acentuadas

---

17 Kigel, The Argentine Currency Board, 1999.

a partir de 1995 pela fuga de capitais.[18] Diante do imperativo de acúmulo de reservas para manter a paridade cambial, o governo buscou dólares primeiro pelas privatizações e, quando já não havia o que dilapidar, na dívida externa.

Tabela 4 – Balanço de pagamentos da Argentina (1992-2001): dados selecionados. Valores em milhões de dólares

	1992-1994	1995-1999	2000-2001
Conta corrente			
Setor privado	-6.650	-6.818	-1.448
Setor público	-2.258	-3.836	-5.406
Saldo de conta corrente	-8.908	-10.654	-6.854
Conta de capital e financeira			
Setor privado	8.595	4.902	-5.309
Setor público	3.247	8.809	8.071
Saldo da conta de capital e financeira	11.842	13.711	2.761
Resultado do BP	2.934	3.056	-4.093

Fonte: Adaptado de Kulfas e Schorr, La deuda externa argentina, 2003.

Gráfico 15 – Evolução da dívida externa argentina (1991-2001). Valores em bilhões de dólares

Fonte: Elaboração própria a partir de dados do Banco Mundial (2020).

O principal meio de contração da dívida externa pelo Estado foi a emissão de títulos (ver Tabela 5). Ao todo, foram emitidos mais de 95 bilhões de dólares em títulos da dívida pública, majoritariamente denominados em dólares e pesos argentinos, e sob diferentes rubricas. Dentre os tipos de títulos emitidos, podemos destacar: Bonos de Consolidación (Bocone), Bonos del Tesoro (Bontes), Bonos Externos Globales de la República Argentina (Globales), Bonos del Gobierno Nacional a Tasa Variable (Pagarés), entre outros.

---

18 Damill e Kampel, Análisis del balance de pagos de la Argentina, 1999.

Tabela 5 – Emissão de títulos da dívida pública argentina (1991-2001)

Nome	Tipo	Moeda de emissão	Valor da emissão	Data da emissão	Data de vencimento	Vencimento em anos	Valor de face (USD)	Valor de mercado (USD)	Prêmio (+) ou desconto (-) Em %	Valor captado (US$ mi)
Pro1 $	Bocones	ARS	7,694.4	1/4/1991	1/4/2007	16	1,426.3	817.3	-42.7	1,545
Pro2 USD	Bocones	USD	2,412.8	1/4/1991	1/4/2007	16	242.9	144.5	-40.5	254
Pre 3$	Bocones	ARS	1,973.4	1/9/1992	1/9/2002	10	130.7	48.1	-63.2	131
Pre4 USD	Bocones	USD	3,161.9	1/9/1992	1/9/2002	10	54.6	21.6	-60.4	304
Hidro	Bocones	USD	2,986.9	2/12/1992	2/12/2008	16	26.8	19.5	-27.2	46
FRBs	FRB	USD	8,466.5	5/11/1993	29/3/2005	11,4	1,714.6	971.1	-43.4	2,071
Disc	Global	USD	4,135.9	7/4/1993	31/3/2023	30	550.8	418.6	-24	568
Par	Global	USD	12,489.0	7/4/1993	31/3/2023	30	1,823.4	1,267.2	-30.5	1,973
GL 06	Global	USD	1,300.0	9/10/1996	9/10/2006	10	77.8	66.5	-14.5	91
Bonte 02	Bontes	USD	2,682.6	9/5/1997	9/5/2002	5	248.4	238.4	-4	311
RA $ 02	Eurobonds	ARS	500.0	07/10/1997	10/7/2002	5	157.2	147.3	-6.3	181
RA $ 07	Eurobonds	ARS	500.0	12/2/1997	12/2/2007	10	323.4	265.2	-18	380
GL 05	Global	USD	1,000.0	4/12/1998	4/12/2005	7	46.4	40.9	-11.9	77
BP B+410	Pagarés	USD	1,184.8	2/11/1999	2/11/2001	2	20.2	20.0	-1	5
BP E+521	Pagarés	USD	21.5	2/11/1999	2/11/2001	2	1,083.8	1,098.9	1.4	1,084
GL 09	Global	USD	1,500.0	7/4/1999	7/4/2009	10	336.6	270.9	-19.5	433
GL 20	Global	USD	1,250.0	3/2/2000	1/2/2020	20	1,091.9	889.9	-18.5	1,105
Pro5 $	Bocones	ARS	455.0	15/1/1999	15/4/2007	8,3	126.3	78.3	-38	193
Pro6 USD	Bocones	USD	1,120.4	15/1/1999	15/4/2007	8,3	131.1	93.4	-28.8	160
GL 17	Global	USD	4,575.0	30/1/1997	30/1/2017	20	2,084.0	1,646.3	-21	2,17
GL 31	Global	USD	1,175.0	31/1/2001	31/1/2031	30	1,159.8	939.4	-19	1,175
Bonte 27	Bontes	USD	1,127.4	23/10/1998	19/9/2027	28,9	972.1	678.1	-30.2	974
BP E+580	Pagarés	USD	1,200.0	30/10/2000	30/10/2002	2	1,193.0	1,208.3	1.3	1,193

Continua

Tabela 5 – *Continuação*

Nome	Tipo	Moeda de emissão	Valor da emissão	Data da emissão	Data de vencimento	Vencimento em anos	Valor de face (USD)	Valor de mercado (USD)	Prêmio (+) ou desconto (-) Em %	Valor captado (US$ mi)
SPAN 02	Span	USD	500.0	16/12/1997	30/11/2002	5	18.4	18.0	-2.2	28
GL 03	Global	USD	2,050.0	20/12/1993	20/12/2003	10	181.1	160.3	-11.5	183
Pro3 $	Bocones	ARS	5.6	28/12/1994	28/12/2010	16	0.9	0.6	-33.3	1
Pro4 USD	Bocones	USD	915.2	28/12/1994	28/12/2010	16	81.4	70.4	-13.5	97
BP E+435	Pagarés	USD	150.0	16/2/2001	16/2/2004	3	101.5	96.7	-4.7	128
Bonte 03	Bontes	USD	2,820.7	21/2/2000	21/5/2003	3,3	532.6	512.3	-3.8	615
Bonte 05	Bontes	USD	2,609.2	21/2/2000	21/5/2005	5,3	1,113.4	1,013.1	-9	1,27
Bonte 06	Bontes	USD	2,608.1	21/2/2001	15/5/2006	5,2	1,751.9	1,515.4	-13.5	1,868
GL 12	Global	USD	1,594.0	21/2/2001	21/2/2012	11	689.0	565.0	-18	753
GL 19	Global	USD	1,433.5	25/2/1999	25/2/2019	20	1,257.0	1,030.8	-18	1,306
FRN2004	FRAN	USD	300.0	15/3/1999	6/4/2004	5,1	69.1	62.2	-10	190
GL 10	Global	USD	1,000.0	15/3/2000	15/3/2010	10	139.9	110.2	-21.2	216
FRAN	FRAN	USD	1,000.0	27/3/1998	10/4/2005	7	544.5	506.4	-7	756
BP E+400	Pagarés	USD	400.0	24/4/2000	24/4/2002	2	308.8	304.0	-1.6	359
Bonte 04	Bontes	USD	2,897.8	24/5/1999	24/5/2004	5	987.7	910.6	-7.8	1,104
GL 15	Global	USD	2,402.7	15/6/2000	15/6/2015	15	1,499.8	1,188.6	-20.7	1,918
BP B+500	Pagarés	USD	111.5	14/7/1999	14/7/2001	2	0.6	0.6	0	23
BP E+600	Pagarés	USD	820.2	14/7/1999	14/7/2001	2	527.5	538.4	2.1	528
Bonte 03 F	Bontes	USD	1,078.3	21/7/1998	21/7/2003	5	485.3	457.5	-5.7	487
GL 30	Global	USD	1,250.0	21/7/2000	21/7/2030	30	1,009.5	711.7	-29.5	1,116
BP E+330	Pagarés	USD	400.0	22/8/2000	22/8/2002	2	223.6	217.4	-2.8	343
Bonex 92	Bonex	USD	2,500.0	15/9/1992	15/9/2002	10	404.4	95.0	-76.5	423
GL 27	Global	USD	3,435.1	19/9/1997	19/9/2027	30	2,543.8	1,774.3	-30.3	2,683
Total			**95.194**				**29.493,8**	**23.249, 9**	**-21.2**	

Fonte: Elaboração própria a partir de dados do FMI (2001), do Bloomberg (2019) e do Banco Central de la República Argentina (2020).

Os empréstimos dos organismos multilaterais de crédito, principalmente o FMI, eram o segundo principal meio de obtenção de recursos externos pelo setor público. Mais do que a provisão de divisas, porém, essas operações eram relevantes do ponto de vista político, porque significavam uma reafirmação do apoio desses organismos à política econômica vigente e uma fonte de pressão para sua continuidade. Na sequência, podemos ver os empréstimos contraídos pela Argentina com o FMI, bem como a evolução dos saques e pagamentos feitos pelo país.

Quadro 5 – Empréstimos contraídos com o FMI (1989-2001). Valores em milhares de direitos especiais de saque

Modalidade	Data do acordo	Vencimento	Valor acordado	Percentual da cota	Valor sacado
Acordo *stand-by*	10/11/1989	31/3/1991	736.000	70,1%	506.000
Acordo *stand-by*	29/7/1991	31/3/1992	780.000	361,2%	438.750
Mecanismo de crédito estendido	31/3/1992	30/3/1996	4.020,250	46,8%	4.020.250
Acordo *stand-by*	12/4/1996	11/1/1998	720.000	135,5%	613.00
Mecanismo de crédito estendido	4/2/1998	10/3/2000	2.080,000	800%	---
Acordo *stand-by* (com fundo de reserva suplementar)	10/3/2000 12/2/2001	23/1/2003 11/1/2002	16.936,800 6.086,660	287%	9.756,310 5.874, 950

Fonte: Elaboração própria a partir de dados do FMI (2020).

Tabela 6 – Desembolsos e reembolsos anuais junto ao FMI (1991-2001). Valores em milhões de direitos especiais de saque

Ano	Desembolsos	Reembolsos
1991	293	724
1992	585	638
1993	1.155	275
1994	612	290
1995	1.559	319
1996	548	297
1997	321	348
1998	0	484
1999	0	602
2000	1.588	970
2001	8.168	574

Fonte: Elaboração própria a partir de dados do FMI (2020).

Dever e poder

O exame desses dados permite jogar luz sobre alguns aspectos relevantes na dinâmica do endividamento externo argentino a partir de 1991. Como consequência dos cancelamentos feitos através das privatizações e da reestruturação proporcionada pelo Plano Brady, a dívida externa se manteve em patamares estáveis até 1994, quando voltou a crescer em ritmo acelerado. O Plano Brady é também um marco importante na mudança de perfil da dívida argentina, que passou a estar mais concentrada em títulos da dívida pública do que em empréstimos de bancos privados. A partir de 1994, o desempenho deficitário da conta-corrente, puxado pelo setor privado, passou a ser compensado pelo setor público na conta financeira, através da dívida externa. Ato contínuo, cresceu também a parcela do gasto público consumida pelo pagamento de juros da dívida – que passou de 5,7% em 1993 para 19,8% em 2001.[19]

A deterioração da situação fiscal do país se acentuou ao longo de toda a segunda metade da década de 1990. A vulnerabilidade externa do modelo cobrou seu preço na esteira das crises financeiras na periferia, às quais se somaram problemas no comércio exterior e uma crescente fuga de capitais. Os distintos métodos empregados para calcular a fuga de capitais dificultam a formação de um consenso sobre os valores expatriados, mas não quanto à dinâmica do fenômeno. Após uma breve contração entre 1989 e 1992, a fuga de capitais cresceu em todos os anos, e o estoque de ativos no exterior do setor privado argentino aumentou a uma taxa média anual de 7,5% entre 1989 e 2001.[20]

Em suma, era o endividamento do Estado o principal responsável por manter de pé um modelo cuja principal virtude, segundo seus defensores, era justamente a redução do Estado. Por trás da defesa dos mercados como agentes reguladores das relações sociais estava um modelo cuja âncora essencial era a capacidade do Estado de produzir superávits que garantissem a paridade cambial sem interferir na rentabilidade dos setores economicamente dominantes. Tendo as privatizações como um de seus pilares, o modelo demandava uma atuação estatal regressiva, que transferisse para o trabalho e para os passivos públicos os custos de sua manutenção. Fiel à tradição do liberalismo argentino, a aura de modernidade que envolvia a conversibilidade servia de fachada para ocultar seu significado concreto: o manejo da política econômica no sentido de distribuir para a sociedade como um todo o custo dos desequilíbrios provocados pela acumulação dos estratos dominantes.

---

19 Kulfas e Schorr, La deuda externa argentina, 2003, p.28.
20 Kulfas, *Internacionalización financiera y fuga de capitales en América Latina*, 2007, p.43.

5.3. A antessala do colapso: *Blindaje, megacanje* e *corralito*

Após recuperar-se da crise de 1995, a economia voltou a se deteriorar a partir de 1998. Nesse ano, o desemprego alcançava 12% da população ativa e a participação dos salários na renda havia caído cerca de dez pontos percentuais desde 1992.[21] Em 1999, ano em que ocorreram as eleições presidenciais para a sucessão de Menem, a Argentina entrou oficialmente em recessão após registrar um crescimento negativo de 3,3% do PIB (ver Tabela 7). Desgastado pela crise e por sucessivos escândalos de corrupção envolvendo o governo, o candidato governista, Eduardo Duhalde, perdeu ainda no primeiro turno para o ex-senador e ex-chefe de governo de Buenos Aires Fernando de la Rúa. Membro da UCR, De la Rúa liderou uma coalizão chamada "Aliança para o Trabalho, a Justiça e a Educação", formada pela UCR com a Frente País Solidário (Frepaso).

A Aliança chegou ao poder comprometida com a conversibilidade e defendendo reformas na administração pública que ampliassem a transparência e a probidade do governo. Nesse sentido, o novo governo concebia a crise econômica mais como uma consequência da qualidade institucional da Argentina do que de instabilidade inerente ao modelo. Todavia, foram justamente as características da conversibilidade que ataram a equipe econômica do presidente De la Rúa, que basicamente se limitou a tentativas malogradas de intensificar o ajuste fiscal.

Como se depreende da tabela a seguir, a leve melhora registrada durante os doze primeiros meses do governo da Aliança não foi suficiente para reverter a crise econômica. Em dezembro de 2000, as dúvidas em relação à capacidade de pagamento da dívida se intensificaram, levando o governo a negociar um megaempréstimo de 40 bilhões de dólares, como uma forma de afastar as incertezas dos mercados. Os recursos foram obtidos do FMI, do BID, do Banco Mundial e do governo da Espanha, e o FMI, em contrapartida, exigiu mudanças no regime previdenciário, aumentando a idade mínima para aposentadoria das mulheres, redução de salários e corte de gastos públicos.

Essa operação ficou conhecida como "blindagem" e foi apresentada pelo presidente como uma mostra da confiança que o mundo depositava na Argentina e uma oportunidade de recolocar o país na trilha do crescimento. Fernando de la Rúa chegou a ser congratulado pelo presidente do FED, Larry Summers,[22] além de ter recebido as cortesias de praxe do FMI e dos porta-vozes da banca. O alívio proporcionado pela blindagem revelou-se breve e, em março de 2001, quando os recursos do empréstimo de dezembro já

---

21 Ferrari e Cunha, As origens da crise argentina, 2008, p.56.
22 Krakowiak, El día que De la Rúa anunció el Blindaje, 2019.

Tabela 7 – Principais indicadores macroeconômicos da Argentina (1998-2001)

Indicador	1998	1999	2000	2001
Estoque da dívida externa	US$ 141 bi	US$ 151 bi	US$ 150 bi	US$ 152 bi
Estoque da dívida externa como % do RNB	48,5%	55%	54%	58%
Formação bruta de capital fixo (% do PIB)	20,97%	17,86%	17,5%	15,62%
Produto Interno Bruto	3,85%	- 3,3%	- 0,79%	- 4,4%
Variação das reservas internacionais	6,6%	4,2%	3,42%	- 55,5%
Saldo da conta-corrente	- US$ 14,4 bi	- US$ 11,94 bi	- US$ 8,9 bi	- US$ 3,7 bi
Serviço da dívida externa como % das rendas de exportação e resultado primário	51,8%	74,28%	64%	49,5%

Fonte: Elaboração própria a partir de dados de Banco Mundial (2020) e Banco Central da la República Argentina (2020).

estavam comprometidos, os rumores de sobrevalorização da moeda argentina e problemas de liquidez voltaram a circular. Fernando de la Rúa tomou então a decisão de nomear Domingo Cavallo para o Ministério da Economia, cargo do qual havia sido demitido por Menem em 1995.

No final de março de 2001, Cavallo obteve autorização do Congresso para atuar com "poderes especiais", o que garantiu o cumprimento das condições impostas pelo FMI, mas não resultou em nenhuma melhora significativa da situação do país. Com os poderes outorgados pelo Congresso – que, na prática, faziam do presidente uma figura quase decorativa –, Cavallo buscou obter novos créditos e renegociar prazos da dívida para obter algum alívio fiscal, mas seus esforços iniciais foram em vão: os bancos nacionais não aceitavam financiar o governo na taxa de juros vigente, e a emissão de títulos se tornara insustentável devido ao crescimento do *spread*.[23]

Em maio de 2001, sete grandes bancos internacionais, liderados pelo Crédit Suisse, se reuniram com Cavallo para propor um acordo de reestruturação da dívida com vencimento até dezembro de 2001. Pela proposta, os títulos seriam reprogramados por até trinta anos, em troca de uma elevação da taxa de juros a partir de 2005. Concretamente, a oferta dos bancos propiciava um desconto reduzido no curto prazo, em troca de uma elevação substancial do total (principal + juros), que deixaria um fardo de mais de 55 bilhões de dólares pelas próximas três décadas.[24]

---

23 Schwarzer, La larga agonia de la convertibilidad, 2002.
24 Souza, op. cit.

Ao analisar essa operação à luz de eventos passados, o que chama a atenção é a diferença no comportamento dos grandes bancos diante de uma situação de elevado estresse financeiro. Em vez de assumirem uma postura inflexível e cobrarem a dívida integralmente, como nos anos 1980, os bancos optaram por propor uma reprogramação dos vencimentos de uma dívida sobre a qual não havia expectativas plausíveis de pagamento num futuro próximo. A estranheza dessa atitude é rapidamente dissipada quando observamos o comportamento dos atores nos mercados.

Após o *megacanje*, os credores envolvidos na operação passaram a negociar os títulos argentinos nos mercados secundários da Europa e do Japão, que, à época, regulavam essas transações de forma mais branda que os Estados Unidos. Bancos e corretoras repassaram os títulos a diversos investidores individuais e fundos de pensão de pequeno e médio portes, que, estimulados pela elevada rentabilidade prometida, adquiriram papéis podres apresentados como "bônus de economias emergentes".[25] Na prática, portanto, o *megacanje* foi uma operação de autopreservação dos bancos estrangeiros, que, além de retirarem de seus portfólios títulos que talvez nunca viessem a ser pagos, ainda receberam milhões de dólares em comissões.

Feito o *megacanje*, Cavallo redobrou a aposta no arrocho fiscal mediante a aprovação de uma lei que determinava zerar o déficit público e aprofundando os cortes de salários e demissões. Novamente, as medidas não trouxeram nenhum resultado concreto, e, nos meses seguintes, o país assistiu a um aumento dos protestos em meio à deterioração das condições de vida. Enquanto o desemprego crescia, os setores dominantes davam seguimento a uma massiva fuga de capitais, cuja ocorrência espelhava a concentração de poder e renda que esses grupos detinham. Apenas em 2001, mais de 26 bilhões foram evadidos do país através de operações bancárias e manobras entre empresas pertencentes ao mesmo grupo econômico.[26]

Em outubro, a crise política subiu de patamar com a renúncia do vice-presidente Carlos Álvarez e, no mês seguinte, as eleições legislativas representaram outro duro golpe ao governo, que amargou uma gigantesca derrota no Senado. No mês seguinte, o fantasma da crise bancária havia se convertido em uma realidade; para conter a corrida aos bancos, Cavallo decretou, no dia 3 de dezembro, uma proibição de saques em valores superiores a 250 pesos, por noventa dias, bem como suspendeu as transferências para contas no exterior. De maneira similar ao ocorrido no Brasil durante o Plano Collor, o *corralito* surpreendeu a população argentina. Além das marchas e panelaços contra o governo, os saques a supermercados se tornaram comuns, e diversas províncias – como Buenos Aires, Tucumán, Entre Ríos

---

25 Corrales, The Politics of Argentina's Meltdown, 2002.
26 Adaptado de Manzanelli et al., op. cit.

e Corrientes – chegaram a emitir moedas locais em complementaridade ao peso.[27]

O penúltimo golpe sofrido por Cavallo e De la Rúa foi a recusa do FMI em liberar a parcela seguinte do empréstimo concedido à Argentina. A decisão do Fundo coroava a nova postura que vinha sendo empregada em relação ao país desde o início de 2001, quando teve início o governo de George W. Bush nos Estados Unidos. O contraste com o governo Clinton ficou evidente já nas primeiras semanas, quando o secretário do Tesouro Paul O'Neill repreendeu publicamente a Argentina por não fazer "seu dever de casa". A visão de O'Neill, em sintonia com a nova direção do FMI, encabeçada por Horst Köhler e Anne Krueger, preconizava o combate à "imprudência" dos governos, o que ensejava condições cada vez mais duras para os empréstimos como forma de "ensinar uma lição".[28]

Ao protegerem os ativos dos grandes bancos e reduzirem a porcentagem de títulos da dívida em mãos de credores estadunidenses, as operações de blindagem e *megacanje* ampliaram as condições para que os Estados Unidos e o Fundo intensificassem as pressões e exigências em relação à Argentina. Reconhecidos a insustentabilidade da situação e o baixo risco de contágio que a quebra do país implicaria, tanto o Tesouro americano quanto o Fundo chegaram à conclusão de que a Argentina era um laboratório ideal para testar a nova política de disciplinamento. Daí decorreram tanto a imposição do déficit zero, virtualmente impossível, quanto as sucessivas recusas do governo norte-americano em oferecer um apoio mais contundente, como feito no caso do México.[29]

A posição dos Estados Unidos e do FMI punha em evidência a política de alinhamento automático adotada desde o governo Menem e levemente abrandada por seu sucessor. Com o 11 de Setembro, houve uma revisão do isolacionismo defendido por figuras próximas a Bush, mas essa reversão não alterou a posição em relação à Argentina que, além de não oferecer riscos à economia estadunidense, não representava uma ameaça geopolítica. Antes saudada como exemplo maior do sucesso das reformas neoliberais, a Argentina passou a ser recriminada em público pelo fracasso de uma agenda que só foi possível graças ao suporte dos Estados Unidos e do Fundo. Em uma entrevista à CNN em agosto de 2001, secretário O'Neill manifestou sua oposição ao pedido de resgate feito pela Argentina ao FMI dizendo esperar uma saída que fizesse o país deixar de "consumir o dinheiro dos

---

27 Théret, El papel moneda de baja denominación emitido por las provincias argentinas, 1890-2003, 2020.

28 Corrales, op. cit.

29 Em 1995, o presidente Bill Clinton não apenas autorizou um empréstimo de 20 bilhões de dólares ao México, com o fez valendo-se de seus poderes executivos para contornar uma decisão do Congresso contrária à concessão do crédito.

encanadores e carpinteiros dos Estados Unidos que ganham 50 mil dólares por ano e se perguntam o que estamos fazendo com seu dinheiro".[30] Após ceder anéis e dedos aos Estados Unidos em busca da credibilidade externa, o modelo de alinhamento automático resultou tão prolífico em anedotas quanto escasso em benefícios mensuráveis.

O último ato para o desfecho do governo De la Rúa se deu nas ruas. A mobilização popular desencadeada pelo *corralito* só aumentava, convertendo-se em um protesto generalizado contra os dirigentes políticos do país. Aos gritos de *"que se vayan todos"*, milhões de argentinos foram às ruas exigir a renúncia do presidente e protestar contra os políticos de modo indistinto. Em 19 de dezembro, De la Rúa decretou estado de sítio, intensificando o uso da força policial que terminou provocando cinco mortes nos arredores da Casa Rosada[31] – ao todo, mais de trinta pessoas morreram durante os protestos. O presidente ainda propôs um pacto para um governo de união nacional, que acabou rechaçado pelo peronismo, esgotando em definitivo as condições de governabilidade. Em 21 de dezembro, Fernando de la Rúa anunciou sua renúncia e teve de ser retirado às pressas da Casa Rosada em um helicóptero, para escapar da multidão que cercava a Plaza de Mayo. A cena do helicóptero decolando foi televisionada ao vivo para todo o país, dando um desfecho dramático a uma presidência acossada desde o início pelo colapso da economia.

Com a renúncia, e sem que houvesse um vice, a presidência foi ocupada por quatro pessoas diferentes entre 20 de dezembro e 1º de janeiro de 2001. No dia 22 de dezembro, o governador da província de San Juan, Adolfo Rodríguez Saá, foi eleito indiretamente pelo Congresso e, durante a posse, anunciou de forma oficial a suspensão dos pagamentos da dívida externa. Após a renúncia de Saá em 31 de dezembro, o Congresso voltou a se reunir e elegeu Eduardo Duhalde para um mandato-tampão. Seis dias depois, o novo presidente decretou o fim da lei de conversibilidade e promoveu uma maxidesvalorização cambial, com o dólar passando a valer três pesos.

Charles Kindleberger dizia que a taxa de câmbio não é apenas um número, mas um símbolo, um emblema, da importância que um país tem no mundo.[32] Situada na experiência argentina, a assertiva é duplamente acertada: durante um lustro, a paridade do peso com o dólar era a síntese de um país que saíra de uma década de ruína, moratória e hiperinflação, e que parecia estar reencontrando seu lugar no mundo. Em janeiro de 2002, a desvalorização de 300% do peso simbolizava o estrepitoso fracasso de um projeto que, em vez de realizar suas promessas ditosas, legou miséria, recessão e, pela sétima vez, uma moratória.

---

30 Boadle, Argentina, IMF Talking about Plan for Future, 2001.
31 El dia que la Plaza se volvió a cubrir de sangre, 2000.
32 Kindleberger, *Power and Money*, p.204.

5.4. Governo de transição e as primeiras negociações (2002-2003)

Apesar dos traumas colecionados desde o início do governo George W. Bush, as urgências desatadas pela moratória da dívida externa não permitiram que sequelas ou ressentimentos vicejassem por muito tempo na política externa argentina em relação aos Estados Unidos, porque o país permanecia relevante demais na arquitetura política das finanças internacionais para que fosse viável prescindir do seu apoio nesse campo. Ao longo de 2002, o governo Duhalde emitiu uma série de sinalizações aos Estados Unidos e evitou oposições à agenda diplomática e estratégica de Washington naquele momento. Além de convergências na questão colombiana e no apoio ao combate ao terrorismo, Duhalde fez um gesto simbólico relevante quando, contrariando a determinação das duas casas legislativas, se somou aos Estados Unidos na censura ao governo cubano na questão dos direitos humanos, mantendo a posição estabelecida por Menem.[33]

Nenhum desses gestos demoveu o governo americano da posição mantida desde 2001. O discurso oficial era de que havia disposição para ajudar, mas a Argentina deveria ganhar confiança do exterior, adotando as medidas que eram consideradas necessárias.[34] Naquele momento, a ideia de que a crise argentina poderia ser um risco à estabilidade regional e à posição dos Estados Unidos na América Latina circulava muito timidamente em Washington e não pautava discussões relevantes no governo. Como a crise tampouco punha em xeque a saúde do sistema financeiro estadunidense, restava a premissa – amplamente reprisada em tons moralistas – de que um socorro incondicional à Argentina passaria a mensagem de que mesmo com políticas econômicas irresponsáveis ela seria socorrida – o que estimularia comportamentos similares. O fato de diversas das políticas ditas irresponsáveis terem sido desenhadas nos gabinetes de Washington e Nova York, e implementadas sobre vigorosos aplausos, estava, é claro, fora de consideração.

As negociações com o FMI começaram oficialmente em fevereiro de 2002, quando uma equipe de representantes argentinos viajou a Washington para uma reunião com Horst Köhler e Anne Krueger. A delegação argentina era liderada pelo ministro da Economia, Jorge Remes Lenicov, que tinha uma minuta em que eram rascunhados os eixos norteadores da abordagem que então se formava no governo – retomada do setor produtivo, impulso às exportações, reinserção nos mercados e proteção social. No encontro, Köhler se queixou da narrativa que culpava o Fundo pela crise argentina e

---

33 Russell e Tokatlian, A crise na Argentina e as relações com o Brasil e os Estados Unidos, 2004.
34 Rice, Remarks by National Security Advisor Condoleezza Rice on Terrorism and Foreign Policy, 2002.

Matheus de Oliveira Pereira

defendeu que a saída para a crise envolvia austeridade e efetivação das reformas postergadas. Sem isso, afirmou o diretor-geral, "não esperem nada de nós, porque não vou repetir o erro que está nos custando tão caro".[35]

Krueger, por sua vez, manifestou desconfiança quanto à viabilidade fiscal da pesificação que, em seu entendimento, poderia produzir mais desconfiança dos mercados e elevaria os custos do programa a patamares superiores aos que o Fundo poderia financiar. Uma anedota do encontro no FMI permite ilustrar outro complicador das negociações que se estenderiam ao longo do ano. Köhler reclamou que sua caixa de correio estava abarrotada de cartas enviadas por cidadãos argentinos que protestavam contra o Fundo e pediam que não fossem concedidos novos empréstimos ao país porque o governo era formado por "delinquentes que roubariam o dinheiro".[36] A situação era um tanto jocosa, mas revelava um aspecto central da crise que envolvia o país – a profunda desconfiança da sociedade em relação às lideranças políticas argentinas. Nesse caso, a desconfiança popular se somava à crença enraizada na burocracia e na diretoria do Fundo de que os políticos argentinos não cumprem os acordos que firmam com o órgão.

Depois da reunião, a equipe foi até o Departamento do Tesouro para uma breve conversa com Paul O'Neill, que reiterou que qualquer ajuda estava condicionada ao entendimento com o FMI. Por fim, parte da equipe que viajou a Washington recebeu, na sede da embaixada argentina, representantes de fundos de investimento e lobistas de empresas do setor elétrico. A reunião foi tensa e, segundo o relato de um dos presentes, marcada por ameaças explícitas de pressões sobre o Congresso para evitar que fossem concedidas ajudas, seja via Tesouro, seja pelo FMI, além de promessas de litígios para "castigar" os que confiscaram ativos estadunidenses, fazendo da Argentina "um pária".[37] Embora não seja possível avaliar a precisão do relato, o fato é que, nos anos seguintes, a Argentina enfrentou diversos processos no Ciadi, além da disputa com os fundos abutres.

A viagem deixou claro que, naquele momento, a posição oficial do *establishment* internacional se limitava às recomendações de praxe – mais austeridade e mais reformas. Não havia nisso nenhuma surpresa. A crise argentina deixou o FMI em uma encruzilhada porque, por mais que se tentasse culpar o governo, era de conhecimento ostensivo que as políticas que fracassaram no país foram concebidas, implementadas e sucessivamente respaldadas pelo Fundo. Para evitar que o colapso da conversibilidade derivasse em uma crise de legitimidade do organismo, o FMI precisava afiançar sua posição junto a dois conjuntos de atores de interesses muito distintos – os membros do corpo diretivo e os países que demandam ajuda financeira.

---

35 Eduardo Amadeo, *La salida del abismo*, 2003, p.78.
36 Ibid., p.77.
37 Eduardo Amadeo, op. cit., p.85.

Assumir que as políticas recomendadas à Argentina eram insustentáveis estava fora de questão porque o receituário era o mesmo aplicado a vários outros países e refletia os interesses dominantes da época. Por outro lado, estender um robusto pacote de ajuda criaria indisposições com os membros mais poderosos, sobretudo diante da visão que prevalecia nos Estados Unidos.

Delineou-se, assim, um dos momentos mais conturbados da história das relações entre o país e o FMI. Mesmo emblemática, a decisão de abandonar a conversibilidade provocou menos tensão com o Fundo do que duas outras medidas polêmicas – o congelamento dos depósitos bancários e sua conversão, para pesos. O organismo, é verdade, não estava isolado nessa oposição. Em depoimento à justiça, o ex-ministro e artífice da conversibilidade, Domingo Cavallo, tratou a medida como parte de um "golpe institucional" tramado pela UCR com aval do ex-presidente Raúl Alfonsín.[38]

Num primeiro momento, diversas entidades empresariais reagiram contrariamente à medida sob o argumento de que ela poderia produzir uma onda ainda maior de falências – um argumento oposto ao de Cavallo. Em interlocução direta com a União Industrial Argentina[39] e representantes de parte do setor bancário, Duhalde decidiu pela chamada "pesificação assimétrica" – que convertia as dívidas na proporção de 1:1 e os depósitos em 1:1,40, com o acréscimo de uma taxa de ajuste. O FMI pressionava pela conversão dos depósitos congelados em títulos garantidos pelo Estado, transferindo, na prática, todo o ônus da crise para o Tesouro público.

A pressão internacional por um acordo se acentuou, e, em abril de 2002, a ideia de uma intervenção externa na economia argentina já circulava com pouca discrição.[40] Além do FMI, as pressões eram secundadas pelos governos de países como Itália e Espanha – principal origem dos credores privados externos e dos investimentos estrangeiros no país, respectivamente. A contraposta do governo consistia em flexibilizar o *corralito* e o *corralón* seguindo medidas que incluíam a emissão de títulos públicos, mas que ficariam condicionados à reciprocidade dos bancos. Isto é, para cada título público sacado por um correntista, o banco deveria abater o mesmo valor do passivo do Estado em suas contas. Desta vez, foi do setor financeiro que vieram as insatisfações, vocalizadas por vários políticos e jornalistas, mas o governo manteve a decisão. Ao mesmo tempo, o FMI intensificava as pressões sobre o país, exigindo a revogação da Lei de Subversão Econômica, que dava base para processos contra banqueiros e empresários por crimes contra o sistema financeiro e evasão de capitais.

---

38 Cavallo, An Institutional Coup, 2002, p.1.
39 Eduardo Amadeo, op. cit., p.58.
40 Lavagna, *O desafio da vontade*, 2013.

Em suas memórias, Roberto Lavagna narra que, nas conversas que manteve com autoridades do FMI, ficou clara a preocupação do Fundo com a possibilidade de responsabilização penal de banqueiros.[41] Sucessor de Lenicov na economia, Lavagna decidiu não atender a essas exigências, o que travou novamente as negociações e exigiu um desembolso de quase 700 milhões das reservas internacionais para pagar uma parcela da dívida com o Banco Mundial. Esse momento marca um ponto relevante na cronologia das negociações porque, pela primeira vez em muitos anos, o governo havia resistido às pressões externas e mantido um curso de ação oposto àquele defendido pelo FMI e por diversos atores políticos internos.

O cenário que se desenrolou nos meses seguintes foi marcado pela persistência dos impasses entre o Ministério da Economia e o FMI, com o governo se recusando a adotar medidas de austeridade e o Fundo reclamando maior consenso político sobre o plano de recuperação econômica no longo prazo[42] e uma divisão significativa na sociedade, e mesmo no governo, em torno da posição mais apropriada nas negociações. Entrementes, a política econômica adotada à revelia das prescrições do Fundo dava sinais positivos: a inflação e o câmbio permaneciam estáveis, o desemprego em queda, e, a partir do terceiro trimestre, a emissão das quase moedas praticamente parou. Como nada disso demoveu o FMI, as conversas se mantiveram paralisadas e se tornaram mais tensas à medida que o mês de novembro se aproximava e, com ele, o vencimento de um empréstimo de mais de 700 milhões de dólares com o Banco Mundial.

Naquele momento, Lavagna havia vencido a disputa interna no governo, e o comando do Banco Central saiu das mãos de Aldo Pignanelli – favorável ao acordo proposto pelo FMI – para as de Alfonso Prat-Gay, apoiado por Lavagna. O ministro, então, condicionou o pagamento ao Banco Mundial a um acordo com o FMI e se manteve irredutível na posição de não usar as reservas internacionais para tanto. A diretoria do Fundo julgou se tratar de um blefe e, na véspera do prazo, Lavagna foi contatado por interlocutores informais do FMI e do Tesouro dos Estados Unidos que tentaram, sem êxito, dissuadi-lo do gesto.[43] Com o aval do presidente Duhalde, Lavagna comunicou formalmente ao Banco Mundial que não faria o pagamento. Ao contrário do que se previa, a reação internacional foi bastante moderada e chegou a colher alguns elogios, ficando as críticas concentradas na imprensa usualmente alinhada ao *establishment* financeiro.

No início de dezembro, o *corralito*, que vinha sendo abrandado desde meados do ano, foi encerrado[44] sem gerar corridas bancárias, e duas

---

41 Ibid., p.67.
42 Viver sem organismos financeiros é disparate, diz Duhalde, 2012.
43 Lavagna, op. cit., p.197.
44 El fin del "corralito" en Argentina será efectivo a partir del 2 de diciembre, 2002.

Dever e poder

semanas depois a moratória com o Banco Mundial foi confirmada.[45] Internacionalmente, o governo conseguiu amealhar alguns apoios importantes, sobretudo no G7. Em 8 de janeiro de 2003, o Diretório Executivo do Fundo se reuniu e se posicionou favoravelmente à conclusão de um acordo, decidindo que uma missão seria enviada a Buenos Aires para finalizar o texto.[46] A decisão do Diretório contrariou as recomendações do corpo técnico e foi possível sobretudo graças à intervenção dos Estados Unidos e ao apoio do Reino Unido, da China e da Alemanha. Dez dias depois, o acordo havia sido finalizado, mas a resistência do FMI – agora em relação à base monetária – permanecia como um obstáculo à sua conclusão. Os principais componentes do programa de transição delineado na Carta eram o controle do déficit fiscal, da inflação e a restauração do sistema bancário.[47]

No dia 15 de janeiro, a Argentina entrou em moratória com o Banco Interamericano de Desenvolvimento e sinalizou que faria o mesmo com o FMI, caso os pagamentos requisitassem desembolsos das reservas. Ato contínuo, o Fundo se reuniu e estipulou um prazo de 36 horas para se posicionar sobre o acordo, mas, ao final, a decisão favorável ao texto levou menos de um dia para ser publicada.[48] Dessa vez, além dos Estados Unidos, a decisão contou com uma intervenção direta do presidente francês, Jacques Chirac,[49] de modo que o aval dado por Horst Köhler à conclusão do acordo resultou mais da interferência dos representantes governamentais no diretório do que de uma mudança de posição ou concessões por parte da burocracia do FMI. No comunicado em que informava que recomendaria a aprovação do acordo, Köhler deixava seu desagrado subentendido ao advertir que o programa envolvia "riscos excepcionais" e que, "ao considerar essa solicitação, é importante que o Diretório pondere cuidadosamente esses riscos e suas implicações para a Argentina, a região e o próprio Fundo".[50]

Os desdobramentos envolvendo o FMI ao longo de 2002 oferecem uma prévia de como transcorreriam as negociações da dívida externa nos anos seguintes. Embora o país ainda estivesse em uma situação crítica do ponto de vista fiscal, a maneira como se configuravam as outras duas variáveis destacadas – a composição dos credores e a correlação doméstica de forças – já dava sinais do alcance da autonomia do país nesse tocante. Primeiro, a saída da maioria dos grandes bancos e fundos internacionais do país antes

---

45 Billi, Argentina confirma que não pagará Bird, 2002.
46 FMI, Argentina, 2003.
47 Argentina, *Letter of Intent, Memorandum of Economic Policies, and Technical Memorandum of Understanding*, 2003.
48 FMI, IMF Managing Director Issues Statement on Transitional Credit Support for Argentina, 2003.
49 Lavagna, op. cit., p.247.
50 FMI, IMF Managing Director Issues Statement on Transitional Credit Support for Argentina, 2003.

Matheus de Oliveira Pereira

da moratória diminuía de forma considerável a exposição dos centros financeiros globais. Nesse sentido, as várias pressões feitas pelo FMI em defesa do setor bancário vinham mais pela preocupação com possíveis problemas legais que este pudesse enfrentar do que com o receio sobre a estabilidade do setor como um todo – mesmo porque logo se viu que o efeito contágio da crise foi limitado ao Cone Sul e, ainda assim, brando.

Restava uma massa de credores privados atomizados em diferentes partes do mundo, com os quais o governo já havia decidido negociar somente depois de concluir um acerto com as instituições financeiras. Ainda que isso não tenha sido explicitado nos debates internos, não é implausível supor que esse fato pesou nas posições de países como Itália, Japão e Alemanha – mesmo porque esse tema foi pautado sucessivamente nas reuniões que Lavagna teve com dirigentes europeus.[51] Não há dúvida de que um calote nas instituições internacionais de crédito seria um problema adicional para a Argentina, mas, naquele contexto, a suspensão dos pagamentos tinha um potencial de dano maior para o FMI do que para o país. Os desembolsos feitos para estancar a sangria de divisas durante os dois últimos anos da conversibilidade aumentaram a exposição do FMI na Argentina, ao passo que o país já estava excluído dos mercados internacionais.

A tímida, mas consistente, tendência de recuperação da economia observada ao longo do ano punha em xeque o estafe do FMI, cujas recomendações eram exatamente contrárias às que vinham sendo aplicadas com êxito na Argentina. As teses ortodoxas sustentadas pelo FMI ainda encontravam eco no país, mas os defensores locais dessas medidas já não dispunham do mesmo espaço antes desfrutado no debate público. A profusão de vozes que circulavam à época se somava à percepção generalizada de que o setor financeiro deveria ser responsabilizado pela crise, limitando a reverberação de suas demandas alinhadas às do Fundo.

Nesse sentido, a gravidade da crise, contraditoriamente, favorecia uma postura mais assertiva por parte do governo. O colapso de 2001 acentuou o conflito distributivo e provocou embates no interior das classes dominantes em busca de obter do governo benesses para se protegerem dos impactos da intensa contração da economia. Essa situação aumentava a quantidade de focos de pressão, mas diminuía sua intensidade individual, porque tornava mais difícil a formação de coalizões e convergências. Com isso, o governo ganhava espaço para tomar decisões que, em outros contextos, seriam muito mais difíceis de ser mantidas, tanto em política econômica quanto em relação aos organismos internacionais de crédito, como no caso da escolha de não pagar o Banco Mundial no fim de 2002. Essas tendências persistiram por alguns anos e, ao se somarem à ampliação do espaço fiscal proporcionada

---

51 Lavagna, op. cit.

Dever e poder

pela recuperação econômica, moldariam uma situação única para que a Argentina pudesse negociar a dívida em condições pouco usuais tanto para o país quanto no contexto mais amplo das reestruturações de dívida soberana.

5.5. Dívida e autonomia: entendendo a relação

Com a suspensão dos pagamentos de uma dívida externa superior a 100 bilhões de dólares, a Argentina adentrava naquela que, até então, era a maior moratória decretada por um Estado soberano na história do sistema financeiro internacional. Algumas das características dessa dívida já foram apresentadas, cabendo agora passar à exposição das variáveis que compõem a hipótese durante a presidência de Néstor Kirchner (2003-2007).

5.5.1. Concentração e natureza institucional dos credores

O crescimento exponencial da dívida externa durante a conversibilidade foi acompanhado por uma modificação drástica em seu perfil, impactando diretamente a concentração e·a natureza institucional dos credores. Quando foi decretada a moratória, a dívida estava composta de dois segmentos principais – empréstimos diretos com bancos ou organismos internacionais e os títulos da dívida pública, provincial e nacional. No primeiro grupo, estavam inseridos os passivos com o FMI, o BID e o Clube de Paris, ao passo que os bônus compreendiam os diversos títulos emitidos ao longo da década. O dólar estadunidense era a moeda de denominação de quase metade do total da dívida – 45,7% –, seguido pelo peso e pelo euro, ambos com 24,4%, e um volume residual em ienes, libras esterlinas e francos suíços.[52]

Com a blindagem e o *megacanje*, a maior parte dos "tubarões" – os grandes bancos e fundos de investimentos – se desfez dos títulos da dívida argentina, diminuindo de maneira significativa a participação desses atores no rol de credores dos débitos em moratória. Esta, por sua vez, não incluiu as obrigações com o FMI, principal credor institucional, de modo que os principais afetados pelo default foram indivíduos e fundos de pensão e investimento de pequeno e médio portes. Outro aspecto relevante da composição dos credores é a sua distribuição nacional. Parte expressiva da dívida em moratória – cerca de 47% do total – pertencia a cidadãos e bancos argentinos. O segundo maior grupo era formado por credores europeus, concentrados na Alemanha, na Itália e na Suíça, seguidos de residentes nos Estados Unidos, na Ásia e nos demais países da América Latina.

---

52 Banco Mundial, Report n.34015-AR, 2003, p.77.

O elevado grau de dispersão resultou em um problema de ação coletiva. Diferentemente do que ocorria com os grandes bancos, esses fundos e indivíduos tinham um trânsito limitado, quando não inexistente, nas praças financeiras e, em muitos casos, nem sequer dispunham de pessoal e *expertise* para se engajar em negociações complexas com autoridades governamentais. Como ressaltado pela então vice-diretora do FMI, Anne Krueger, nos anos 1980 as crises de dívida se resolviam de forma lenta, mas ordenada, ao passo que nos anos 2000 esses episódios eram muito complexos pela profusão de credores privados anônimos e difíceis de coordenar.[53]

Essas iniciativas tiveram um êxito bastante limitado, em boa medida pela habilidade do governo em manejar a seu favor as divisões existentes entre os credores, oferecendo termos bem mais favoráveis às associações argentinas do que às estrangeiras.[54] Embora reunissem uma quantidade expressiva de investidores, as associações estrangeiras nunca lograram um respaldo firme por parte de governos ou instituições que se traduzisse em pressões ou sanções concretas contra a Argentina. O volume de recursos perdidos por esses atores era significativo do ponto de vista individual, mas não oferecia nenhum risco consistente à liquidez e à estabilidade dos sistemas bancários de seus países.

Gráfico 16 – Dívida externa argentina: composição setorial dos credores (em junho de 2002)

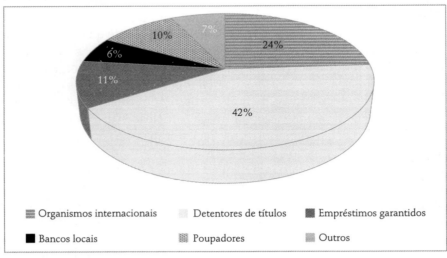

Fonte: Elaboração própria a partir de dados do Ministério da Economia.

---

53 Rieffel, *Restructuring Sovereign Debt*, 2003, p.252.
54 Cooper e Momani, Negotiating Out of Argentina's Financial Crisis, 2005, p.316.

Dever e poder

Gráfico 17 – Dívida externa argentina: distribuição nacional dos credores

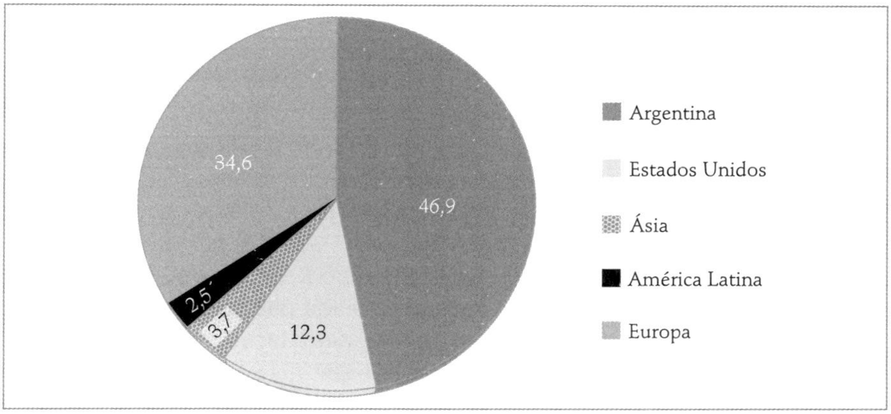

Fonte: Elaboração própria a partir de dados da Argentina Task Force (2003).

Quadro 6 – Principais associações de credores privados da dívida argentina

Associação	País de origem
First German Bondholders Society	Alemanha
Deustche Bank & DZ Bank	Alemanha
Argentina Bond Restructuring Agency (Abra)	Alemanha (incluía credores da Áustria e de Luxemburgo)
Asociación de Damnificados por la Pesificación y el Default (Adapd)	Argentina
Asociación de Ahorristas de la República Argentina (Aara)	Argentina
Argentine Bondholders Committee	Estados Unidos
Task Force Argentina	Itália
Comitato Creditori Argentina	Itália
Sindicato Italiano Tutela Investimento e Risparmio	Itália
Comizione de Finanzas de Itália	Itália
Assotutela Consumatori e Risparmiatori de Italia	Itália
Bank of Tokyo Mitsubishi	Japão
Shinsei Bank	Japão
Swiss Bankers Association	Suíça

Fonte: Adaptado de Manzanelli et al., Deuda externa, fuga de capitales y restricción interna desde la última dictadura militar hasta la actualidad, 2015, p.38.

Um último item a ser destacado é a configuração dos fundos *holdout*, usualmente conhecidos como "fundos abutres". Essa designação é atribuída aos credores que não aderiram às rodadas de reestruturação de 2005 e 2010, pela recusa em aceitar uma remuneração diferente do valor de face dos títulos. Em geral, esses atores eram fundos de investimento especializados em aproveitar situações de crises financeiras graves para adquirir títulos da dívida pública por valores irrisórios e, em seguida, cobrarem o Estado emissor pelo valor de face dos bônus. Esses fundos adquiriram proeminência por suas táticas agressivas e por envolver o Estado argentino em diversos litígios, valendo-se da jurisdição estrangeira, majoritariamente estadunidense, sob a qual estavam emitidos alguns dos títulos, afirmando-se como principal desafiante à posição argentina nas negociações de dívida.

5.5.2. Correlação doméstica de forças

A narrativa oficial do kirchnerismo apregoa que a Argentina viveu uma "década ganha" entre 2003 e 2013, caracterizada não só por um acelerado crescimento econômico e redução da dívida, como também por uma importante recuperação da indústria nacional. Como se nota a partir do gráfico a seguir, essa é uma verdade parcial. O desempenho do setor industrial foi um fator decisivo para o dinamismo da economia no período, mas os dados mostram que a adição de valor ao PIB pela indústria permaneceu em queda, mantendo, assim, a tendência inaugurada ainda nos anos 1980. O setor agrícola seguiu uma tendência similar à verificada nos anos anteriores, bem com o de serviços, cuja participação se manteve crescente.

Gráfico 18 – Valores agregados da indústria manufatureira e do setor primário (agricultura, silvicultura e setor pesqueiro) como proporção do PIB (2002-2007)

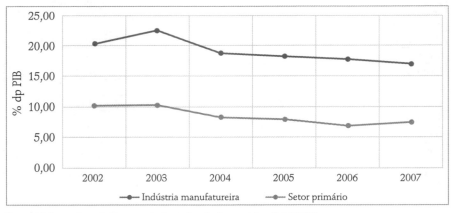

Fonte: Elaboração própria a partir de dados do Banco Mundial (2020).

Ressaltar a continuidade dessas tendências não significa ignorar ou subestimar o peso das mudanças de política macroeconômica operadas pelo kirchnerismo. O estabelecimento de controles rígidos à mobilidade de capitais, a redução do endividamento externo, a política cambial, as nacionalizações de empresas privatizadas (especialmente a YPF) e as tentativas de elevar as retenções às exportações são medidas que sinalizam com clareza a quebra com o modelo vigente na década anterior, reforçando os interesses do setor produtivo em detrimento da valorização financeira e da recuperação das capacidades estatais. Essa quebra, porém, não foi suficiente para produzir alterações estruturais no padrão de especialização produtiva, nem para reverter ou frear a concentração do poder econômico e a incidência do capital externo no controle de grandes empresas (ver Tabela 8). Nesse sentido, a noção de que o kirchnerismo teria reabilitado uma modalidade de capitalismo nacional, liderada por empresas locais, não tem respaldo nos dados.

Tabela 8 – Evolução das 500 maiores firmas argentinas por origem do capital (não inclui o setor agropecuário), 1993-2015

Ano	Nacional	Estrangeiro
1993	281	219
1994	258	242
1995	248	252
1996	234	266
1997	211	289
1998	206	294
1999	189	311
2000	182	318
2001	185	315
2002	160	340
2003	160	340
2004	162	338
2005	159	341
2006	159	341
2007	170	330
2008	162	338
2009	176	324
2010	176	324
2011	178	322
2012	178	322
2013	181	319
2014	180	320
2015	189	311

Fonte: Elaboração própria a partir de dados do Indec (2020).

A persistência dos traços destacados, somada às características da pauta exportadora do país sugerem, na verdade, que a economia seguiu sua marcha de desnacionalização e de competitividade externa atrelada a vantagens comparativas. Na tabela abaixo é possível constatar que, mesmo com a recuperação da indústria, a maioria esmagadora das exportações continuou

Matheus de Oliveira Pereira

sendo realizada pelo setor agropecuário, que manteve, assim, sua posição de liderança na geração de divisas.

Tabela 9 – Argentina: exportações de produtos primários e manufaturados (2003-2015). Valores em porcentagem

Ano	Produtos primários	Produtos manufaturados
2003	72,2	27,8
2004	71,2	28,8
2005	69,3	30,7
2006	68,4	31,6
2007	68,7	31,3
2008	68,8	31,2
2009	67,4	32,6
2010	66,8	33,2
2011	67,6	32,4
2012	67,9	32,1
2013	66,9	33,1
2014	67,9	32,1
2015	70,6	29,4

Fonte: Elaboração própria a partir de dados da Cepal (2006, 2014, 2018).

Esses setores, contudo, não tiveram seus interesses particulares representados na política econômica, concentrada na indústria nacional e nas pequenas e médias empresas locais. Houve, portanto, uma contradição entre a reorganização do poder econômico e sua expressão política na pós-conversibilidade, visível na conflituosa relação entre kirchnerismo e os setores dominantes da economia. Para os atores envolvidos, essa relação transcorria como um jogo de soma zero, em que a realização dos objetivos do governo implicava frustrações das metas de setores do empresariado, e estes tentavam repassar ao governo os custos de suas perdas.[55] O que torna esses anos particularmente complexos é a resiliência da política econômica às objeções e contestações sofridas, sobretudo a partir de 2011. Isto é, o governo não apenas adotou diretrizes contrárias aos interesses das frações dominantes, como conseguiu mantê-las mesmo enfrentando uma dura oposição, principalmente dos produtores rurais.[56]

5.5.3. Espaço fiscal

A combinação de um cenário externo favorável com uma política econômica voltada à recuperação das capacidades produtivas fez dos anos

---

55 Bonvecchi, Del gobierno de la emergencia al capitalismo selectivo, 2011.
56 Peralta Ramos, op. cit., p.441.

Dever e poder

kirchneristas – principalmente de 2003 a 2011 – um dos períodos de maior crescimento econômico na história da Argentina.[57] Naturalmente, esses fatores e o desempenho que eles produziram também se refletiram na trajetória dos indicadores que compõem o espaço fiscal. Entre 2003 e 2010, a Argentina manteve superávits em todos os anos, exceto em 2009, sob influência da crise mundial. A partir de 2011, as contas nacionais voltaram a fechar o ano em situação deficitária, que se manteve até o final do segundo mandato de Cristina Kirchner.

Enquanto o primeiro choque foi majoritariamente externo, o que se nota a partir de 2010 é a predominância de fatores domésticos na explicação desses resultados. Há três aspectos a serem destacados: a derrota do governo na votação da Resolução 125, em 2008, que levou à queda na arrecadação das retenções às exportações; os impactos da desaceleração da economia, sobretudo a partir de 2011; e o crescimento da fuga de capitais, liderada pelos setores que se opunham à política econômica da presidente. Apesar das oscilações, o resultado médio do período kirchnerista é bem superior àquele do governo Alfonsín – em que não houve sequer formação de superávit. Já o estoque da dívida é o indicador que apresentou o desempenho mais homogêneo nesses anos, tendo caído em todo o período, exceto em 2004 e 2009. O forte crescimento econômico do período, somado aos descontos e à quitação de parte dos passivos externos, influenciou a redução da proporção dívida/RNB.

Por fim, a relação entre o serviço da dívida e as rendas primária e de exportação apresentou uma trajetória oscilante, mas que se manteve em níveis inferiores aos do início da crise durante os três governos kirchneristas. Uma vez completadas as duas rodadas de reestruturação – em 2005 e 2010 –, o peso do serviço da dívida se manteve em patamares mais baixos, mas ainda consideráveis. Ainda assim, em seu pior ano, o kirchnerismo teve um resultado de 38%, ligeiramente pior que os 36% obtidos pelo governo Alfonsín em seu melhor ano.

O cotejo desses dados indica que as condições nas quais decorreu o kirchnerismo eram muito mais favoráveis à Argentina do que aquelas registradas em períodos anteriores, tanto do ponto de vista das pressões diretas (*leverage*) quanto da intensidade com que se apresentava o *disciplinamento financeiro*. Como comparação, basta notar que, na crise dos anos 1980, o cartel dos bancos reunia 370 instituições, ao passo que as associações de credores representavam mais de 500 mil pessoas. Além de pulverizados, esses credores eram compostos majoritariamente por indivíduos e fundos de investimento inexpressivos do ponto de vista do sistema financeiro internacional, e mesmo dos sistemas bancários de seus países. Essas duas

---

57 Kulfas, *Los tres kirchnerismos*, 2016.

159

Gráfico 19 – Resultado primário do setor não financeiro (2002-2007). Valores em porcentagem do PIB

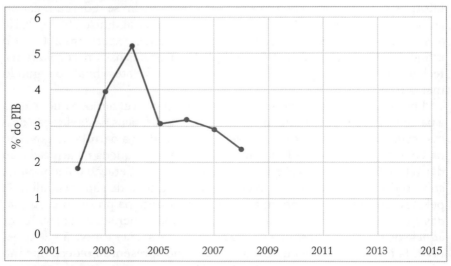

Fonte: Elaboração própria a partir de dados do Ministério de Economía y Producción (2020).

Gráfico 20 – Estoque total da dívida externa como porcentagem do RNB (2001-2008)

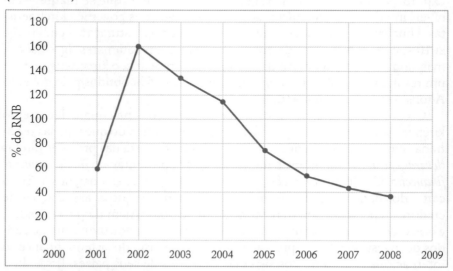

Fonte: Elaboração própria a partir de dados do Banco Mundial (2020).

Gráfico 21 – Serviço da dívida externa como porcentagem das exportações de bens, serviços e da renda primária (2002-2008)

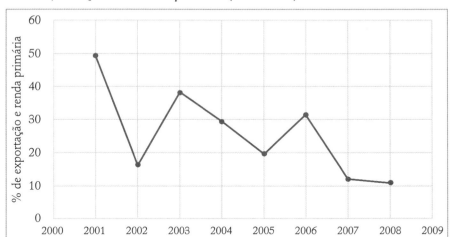

Fonte: Elaboração própria a partir de dados do Banco Mundial (2020).

características restringiram severamente a coordenação e o potencial de imposição de constrangimentos à Argentina. Não por acaso, o único segmento que ofereceu um desafio substantivo à posição do governo foi dos fundos abutres, que, diferentemente dos demais credores privados, são fundos de investimento bilionários que possuem trânsito entre congressistas e governos de países centrais, e estão equipados com departamentos jurídicos especializados em litígios contra países.

Enquanto os credores privados buscavam meios de obter melhores termos nas negociações, a estrutura do poder econômico na Argentina vivia uma conjuntura muito peculiar em que nenhuma de suas frações conseguia emparelhar suas posições nos processos de acumulação e na direção política, e a economia atravessava um acelerado processo de recuperação e crescimento que se traduziu na posição fiscal mais confortável disposta por um governo nas últimas quatro décadas. Em especial, a debilidade do setor bancário-financeiro foi decisiva para impedir uma revisão da política econômica em favor da lógica desse segmento, impedindo o alinhamento de posições com os credores internacionais, mesmo quando o governo passou a ser frontalmente contestado pelo empresariado local, liderado pelos setores agrário-exportador e de comunicações.

Nesse momento, porém, as negociações da dívida estavam quase concluídas, e a capilaridade social do peronismo, somada às circunstâncias da conjuntura internacional, permitiu ao governo manter-se no poder sem concessões a esses grupos. Com a debilitação dos mecanismos de influência, a Argentina desfrutou de margens mais amplas de autonomia em suas relações exteriores, sobretudo nos dois primeiros mandatos do kirchnerismo. Mas, à medida que crescia o embate com o empresariado local, essa situação sofreu modificações que deram ao exercício da autonomia uma forma muito peculiar.

Quadro 7 – Síntese da caracterização empírica da hipótese (2003-2007)

Variável	Características
Concentração e natureza institucional dos credores	a) Baixo grau de concentração; b) Entraves à ação coletiva; c) Indivíduos e fundos de pequeno e médio portes como principais credores; d) Baixo engajamento do governo dos Estados Unidos e das instituições financeiras internacionais; e) Judicialização das negociações em cortes estrangeiras.
Correlação doméstica de forças	a) Enfraquecimento da influência política dos setores dominantes durante a conversibilidade, em particular a fração bancário-financeira; b) Embate entre governo e setor agroexportador; c) Continuidade das tendências de concentração e predomínio do capital estrangeiro.
Espaço fiscal	a) Crescimento econômico acelerado com superávits gêmeos; b) Diminuição contínua do peso da dívida sobre o PIB; c) Apreciação dos termos de troca e redução do peso do serviço da dívida.

Fonte: Elaboração própria.

6
A AUTONOMIA POSSÍVEL: DÍVIDA EXTERNA NO GOVERNO NÉSTOR KIRCHNER (2003-2007)

6.1. Economia política do interregno

As análises que abordam a conjuntura política latino-americana no começo do século XXI costumam incluir o ciclo político iniciado em 2003 na Argentina como parte do que se convencionou chamar de "giro à esquerda" ou "onda rosa" na região. A experiência argentina, no entanto, tensiona a pertinência dessa classificação para além da dimensão cronológica dos fatos que ela condensa em si. Néstor Kirchner foi eleito em maio de 2003, em um pleito atípico não só por ocorrer fora do calendário regular, mas pelo cancelamento do segundo turno após a desistência de seu oponente, o ex-presidente Carlos Menem. Com pouco mais de 4 milhões de votos, Kirchner foi empossado presidente de um país que, naquele momento, contabilizava mais de 5,5 milhões de desempregados. Seus principais predicados eram os de ter sido um dos primeiros governadores peronistas a romperem com Menem e o apoio do então presidente interino, Eduardo Duhalde, num contexto de fragmentação do peronismo. Dessa maneira, faltavam-lhe os votos e o histórico de figuras como Lula da Silva, Hugo Chávez, Tabaré Vázquez, Evo Morales, Michelle Bachelet e Rafael Correa.

Apesar disso, Kirchner foi arquiteto de um ciclo político que se estendeu por doze anos, com as duas contundentes vitórias obtidas por sua sucessora, e esposa, Cristina Fernández de Kirchner, em 2007 e 2011. Há várias nuances que distinguem esses anos, mas um ponto no qual se sobressai é a permanente busca por autonomizar-se em relação ao sistema político institucional – Legislativo, Judiciário e partidos políticos – e aos setores dominantes da economia. Esse aspecto, inclusive, estimulou na oposição um discurso que buscava equiparar o kirchnerismo ao chavismo, um paralelo que não resiste a um escrutínio minucioso. Por mais que haja semelhanças retóricas, o kirchnerismo se distingue do chavismo em, pelo menos, dois aspectos essenciais: a relação com os aparatos de violência do Estado e o controle exercido sobre a atividade econômica. Diferentemente do que ocorreu na Venezuela, as Forças Armadas argentinas permaneceram despolitizadas e afastadas da vida política do país, e a própria ausência de uma estatal com a envergadura da PDVSA impediu que o kirchnerismo exercesse um controle eficaz sobre o centro dinâmico da acumulação no país.

No que consistiu, então, o kirchnerismo enquanto experiência histórica na Argentina? Há aqueles, como Jorge Castañeda, que equivocadamente reduzem o fenômeno a uma expressão de populismo peronista.[1] Outros autores buscam explicações mais sofisticadas e argumentam no sentido de uma redefinição do contrato social no país,[2] que, fundado em uma mescla de elementos, deu origem a uma forma de neodesenvolvimentismo.[3] Mesmo sem discordar de parte da apreciação trazida por este segundo grupo de autores, entendo que um estudo mais apurado das condições efetivas em que se construiu o kirchnerismo pode esclarecer aspectos importantes para situar esse momento em um quadro mais abrangente da história e da economia política argentinas.

A meu ver, as raízes e os significados mais profundos desse ciclo político devem ser buscados na natureza dos eventos transcorridos no país a partir de 1998 e na forma específica pela qual a conjuntura internacional incidiu sobre a Argentina depois do colapso da conversibilidade. Essas duas camadas têm como ponto de convergência as disputas em torno dos parâmetros de organização da acumulação capitalista no país, observadas de modo cada vez mais nítido à medida que o regime de paridade cambial tinha sua insustentabilidade descortinada.

Desde 1999, o debate público sobre a política econômica contemplava duas posições principais – uma em defesa da desvalorização do peso e outra advogando pela dolarização completa da economia, isto é, pelo fim ou aprofundamento definitivo da conversibilidade. A proposta de desvalorização era capitaneada pelo setor industrial, principalmente através dos posicionamentos de lideranças da União Industrial Argentina (UIA). Por outro lado, o setor bancário-financeiro e os donos de empresas privatizadas, visando preservar o valor de seus ativos no país, propunham a dolarização completa da

---

1 Castañeda, Latin America's Left Turn, 2006.
2 Wylde, State, Society and Markets in Argentina, 2011.
3 Grugel e Riggirozzi, The Return of the State in Argentina, 2007.

economia como única saída para afiançar definitivamente a confiança dos investidores quanto à solidez do modelo.[4]

Após a renúncia de Fernando de la Rúa, as duas últimas semanas de 2001 marcaram sucessivos esforços de construção das condições mínimas de governabilidade que permitissem ao país lidar com a crise em um contexto no qual o sistema político estava às raias do esgarçamento completo. O resultado dessas tratativas foi a eleição indireta do senador peronista Eduardo Duhalde a partir de um acordo costurado pelas lideranças do Congresso e pelos governadores provinciais. Quando Duhalde chegou à presidência em janeiro de 2002, seu programa econômico refletia explicitamente a compreensão da crise e os interesses dos setores que defendiam a desvalorização, dos quais o agora presidente era um porta-voz importante desde 1999.

Durante seu interinato, Duhalde e a equipe econômica aderiram publicamente aos argumentos esgrimidos pela UIA e pelo "Grupo Produtivo", em defesa do estímulo à indústria nacional e da atuação do Estado para ofertar a esse segmento condições mais favoráveis de competitividade externa. A abordagem se mostrou bem-sucedida à medida que a reativação da economia foi se afirmando, estabelecendo as bases para a recuperação que viria nos anos seguintes. Duhalde, porém, não conseguiu viabilizar um acordo em torno de seu nome para as eleições de 2003 e, a contragosto, acabou por apoiar a candidatura de Néstor Kirchner, ex-governador de Santa Cruz.

Eleito nas condições já mencionadas, Néstor Kirchner se empenhou, desde o primeiro dia de governo, em afirmar sua liderança sobre um peronismo ainda dividido e visando expandir sua base de poder na sociedade, mobilizando agendas de baixo custo político e elevado impacto sobre os movimentos sociais. O caso da retomada dos julgamentos dos militares envolvidos no terrorismo de Estado durante a ditadura é emblemático. Embora não tenha desempenhado nenhum papel de destaque nas lutas políticas dos anos 1970, Kirchner reivindicou para si o pertencimento à geração que, na juventude, havia lutado contra o regime autoritário – "sou parte de uma geração dizimada" – e passou a empunhar várias de suas bandeiras, situando-se dentro do figurino próprio ao peronismo de esquerda.

Esse movimento também incluiu a agenda econômica, afirmada em aberta oposição ao modelo neoliberal, que o próprio Kirchner havia apoiado por alguns anos, quando governador, no início dos anos 1990. O presidente optou pela continuidade da política econômica de Duhalde, mantendo, inclusive, Roberto Lavagna como ministro da Economia. A agenda de promoção da indústria ganhou maior incentivo e contornos mais bem

---

4 Castellani e Schorr, Argentina, 2004.

definidos, e Kirchner passou a apresentar seu projeto de país em termos de uma reconstrução do capitalismo nacional, alicerçado na atividade industrial. A ênfase nesses elementos, porém, não implicava ruptura com vários aspectos importantes do modelo anterior, como a predominância do capital estrangeiro no controle acionário de empresas e, sobretudo, a especialização produtiva do país.

O programa implementado por Lavagna abarcava uma política fiscal moderada, um controle rigoroso da inflação, e não cultivava dogmatismos quanto ao papel do Estado na economia. Com essas características, a gestão econômica se revelou não apenas em conformidade com os interesses de parte da grande burguesia argentina, como também oportuna do ponto de vista da conjuntura internacional. Amplamente favorecidas pela expansão da economia chinesa e pela apreciação que ela produziu nos preços das *commodities*, as diretrizes fixadas pelo governo proporcionaram uma das mais notáveis etapas de crescimento da história do país. Enquanto os anos de 1976 a 2002 foram de virtual estagnação econômica – o crescimento médio foi de 0,8% –, o período de 2003 a 2013 cresceu a uma média de 6,7%, valor comparável somente aos dos decênios de 1903-1913 e 1918-1929 (média de 7,1% e 6,6%, respectivamente), no auge da prosperidade do modelo primário-exportador.[5] Entre 2003 e 2008, sobretudo, a indústria manufatureira viveu uma recuperação sem precedentes no quarto de século anterior.

O esteio do programa econômico era a priorização do setor produtivo em detrimento da especulação financeira e se desdobrava em três eixos principais: (a) política cambial voltada ao estímulo e à dinamização das exportações; (b) políticas de recomposição dos salários reais; e (c) recuperação do papel do Estado enquanto agente indutor e regulador da atividade econômica. Neste último aspecto, os esforços do governo se direcionaram especialmente à diminuição dos constrangimentos externos à política econômica, que se expressaram na abordagem adotada nas negociações da dívida externa,[6] e na retomada de amplos programas de obras públicas que fez a oposição ao governo recuperar a pecha da *"pátria contratista"*. Já em relação aos dois primeiros itens, uma série de medidas foi empregada visando ao estímulo da indústria nacional e à recuperação da demanda agregada.

Nesse rol, incluíram-se o estabelecimento de controle sobre preços centrais da economia – itens da cesta básica, tarifas de energia e combustíveis –, aumento das retenções das rendas de exportação, controles de transações em moeda estrangeira e congelamento de tarifas públicas.[7] O governo

---

5 Kulfas, *Los tres kirchnerismos*, 2016.

6 Varesi, Acumulación y hegemonía en Argentina durante el kirchnerismo, 2016.

7 Damill e Frenkel, *La economía argentina bajo los Kirchner*, 2014.

Dever e poder

reajustou os salários em termos reais, revisou as regras previdenciárias e buscou acordos coletivos com empresários para fixação dos preços de produtos básicos. O orçamento público passou a contemplar uma ambiciosa política distributiva para conter a pobreza e a indigência através de repasses diretos às famílias, pelos programas Asignación Universal por Hijo, similar ao Bolsa Família brasileiro, e Jefas y Jefes de Hogar Desocupados.

Os resultados foram eloquentes, como se depreende nas tabelas 10 e 11. Com a economia em franca recuperação, Kirchner afiançou sua posição entre os movimentos sociais e amealhou apoios importantes no empresariado. O presidente incorporou ao governo diversas lideranças sociais egressas dos sindicatos e outros grupos organizados, mas também do movimento *piquetero* – uma forma de organização popular paralela às organizações tradicionais que emergiu durante os protestos do final da década de 1990. Em maio de 2006, Franco Macri, empresário ítalo-argentino que fez fortuna durante o regime autoritário, defendeu o apoio ao governo porque "a solução para o país é a que nos apresenta o presidente Kirchner".[8] Mais do que simplesmente permitirem a retomada da acumulação no país, as políticas econômicas então adotadas possibilitavam uma gestão eficiente dos conflitos de classe – amortecendo as tensões sociais – e no interior da burguesia.

Essa conciliação do conflito distributivo era viabilizada, desde 2003, pela existência de superávits gêmeos – fiscal e financeiro – somada à expansão da atividade econômica e a melhorias nos salários.[9] Nesses primeiros anos, os principais "perdedores" desse esquema eram o setor bancário-financeiro e o agronegócio, que tinha a rentabilidade de suas exportações comprometida pelas retenções dos saldos das vendas. Todavia, as políticas governamentais adversas aos interesses desses grupos tiveram seus efeitos amortecidos pela estabilidade da moeda, o que passou a fugir do controle a partir de 2005. No centro do problema estavam as contradições inerentes à estrutura produtiva argentina.

Na política do governo, a gestão do câmbio visava a dois objetivos simultâneos – aumentar a competitividade das exportações e aquecer a demanda interna por bens industriais, via substituição de importações. Aparentemente virtuosa, essa situação abre duas externalidades de efeitos graves para o conjunto da economia. Com um dólar elevado, os preços dos alimentos tendem a subir, aproximando-se dos valores internacionais, o que, por sua vez, reduz o poder de compra dos salários. Já na indústria, o problema da dependência tecnológica eleva a demanda por bens de capital – pressionando o balanço de pagamentos –, ao mesmo tempo que a proteção dada pelo câmbio favorece práticas oligopolistas de formação de preços.

---

8 Franco Macri dijo que hay que encolumnarse detrás de Kirchner, 2006.
9 Salama, Crescimento e inflação na Argentina nos governos Kirchner, 2012, p.162.

Tabela 10 – Índices da relação dos termos de troca e poder de compra das exportações (2010 = 100)

	2002	2003	2004	2005	2006	2007	2008	2009	2010	2011	2012	2013	2014	2015
Termos de troca dos bens (F.O.B)	69	74,7	79,9	77,6	81	86	96,4	97,2	100	110,9	115,7	108,1	106	101
Termos de troca dos serviços	94,8	101,6	102,9	102,4	102,7	104,1	101,6	98,5	100	100,4	100,4	100,4	100,4	100,4
Termos de troca de bens e serviços	70,8	76,5	81,7	80,1	83,5	88,4	97,6	97,4	100	109,4	113,1	107,1	105,2	100,3
Poder de compra das exportações de bens	52,8	60	64,2	69,5	76	85,5	94,9	85,5	100	113,5	111,4	100	90,6	84,8
Poder de compra das exportações de bens e serviços	49,9	57,2	61,4	67,7	74,9	85,2	94,4	85,4	100	113,1	110,5	100,3	91,7	86

Fonte: Elaboração própria a partir de dados da Cepal.

Tabela 11 – Argentina: evolução do PIB e desemprego (2002-2007)

	2002	2003	2004	2005	2006	2007
Variação do PIB	-10,9%	8,8%	9%	9,2%	8,5%	8,7%
Taxa de desemprego	19,7%	17,3%	13,6%	11,6%	10,2%	8,5%
Taxa de investimento	12,5	14,1	18,7	20,8	23	24,1

Fonte: Elaboração própria a partir de dados da Cepal.

Gráfico 22 – Argentina: taxa de inflação (2002-2007)[10]

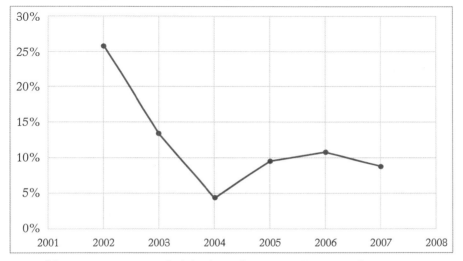

Fonte: Elaboração própria a partir de dados do Fundo Monetário Internacional.

O resultado era uma pressão inflacionária que o governo buscou enfrentar aumentando as retenções ao campo e negociando acordos coletivos para precificação de produtos básicos. O primeiro efeito visível desse processo foi a elevação dos preços dos combustíveis realizada pelas petroleiras Shell e Esso, violando um acordo feito com o governo. Kirchner reagiu ao episódio de maneira assertiva, convocando a população a boicotar os postos com bandeira das duas empresas.[11] O êxito dessa abordagem estimulou o presidente a repisar esse expediente em situações similares. Quando o valor da cesta básica subiu, Kirchner foi a público denunciar a ganância dos empresários do setor de alimentos, identificando-os por nome e sobrenome, e

---

10 De acordo com a metodologia empregada pelo FMI, os valores correspondem à média anual calculada a partir do índice de preços ao consumidor. Cf. FMI, World Economic Outlook, October 2008, 2008.
11 Peralta Ramos, op. cit., p.429.

publicizando as demandas encaminhadas pelos dirigentes patronais e consideradas desarrazoadas pela equipe econômica, além de mobilizar as bases de apoio na sociedade em protestos contrários aos aumentos dos preços orquestrados pelo setor.

Essa postura teve seu êxito comprometido quando a inflação voltou a alcançar patamares que também atingiram a indústria, cuja dinâmica de acumulação nunca se desvencilhou por completo do mercado interno. Os esforços para conter a inflação produziam um atraso cambial que modificava os preços relativos internos, de modo que o lucro do setor ficava cada vez mais vinculado à redução do salário real[12] e aos efeitos da dependência tecnológica, que condiciona o desenvolvimento industrial à importação de bens de capital. Nesse contexto, os principais atores do setor industrial começam a alimentar críticas e animosidades em relação à política econômica, que gradativamente geraram uma convergência com a fração agroexportadora, já havia muito queixosa do kirchnerismo.

À primeira vista, essa postura dos grandes industriais soa contraditória, já que o governo claramente direcionava a política econômica em conformidade com os posicionamentos assumidos por esse setor desde 1998, mas essa contradição é apenas aparente. Embora se apresentassem como defensores de uma "indústria nacional" que emulava as bandeiras típicas dos anos 1960 e 1970, os grupos que defenderam a desvalorização do peso eram justamente aqueles que haviam sido apoiadores e beneficiários da liberalização comercial e financeira que teve como uma de suas consequências o aumento do controle acionário estrangeiro sobre as empresas do centro dinâmico da economia. Além disso, é preciso notar que o fim da conversibilidade não significou uma mudança qualitativa na organização da estrutura produtiva argentina, como se vê nos dados das tabelas 8 e 9.

O poder econômico no país seguiu fortemente concentrado, com elevada participação estrangeira e vinculado à especialização produtiva primário-exportadora. O perfil de comércio exterior pouco mudou: os principais itens de exportação são *commodities*, e as importações se concentram em bens intermediários e de capital.[13] Os grupos industriais de maior envergadura permaneceram focados na exportação e com suas atividades concentradas em segmentos vinculados à exploração de recursos naturais e à produção agropecuária, tendo nos salários mais um custo do que um elemento dinamizador da demanda. Nesse sentido, uma desvalorização cambial favorecia essas frações na medida em que aumentava sua competitividade externa, barateava a recompra de ativos vendidos durante a década de 1990 e, sobretudo, diminuía os custos salariais.

---

12 Porta, Santarcangelo e Schteingart, Excedente y desarrollo industrial en Argentina, 2014.

13 Cepal, Anuario Estadístico de América Latina y el Caribe, 2014, 2015.

Não havia, portanto, nas reivindicações da UIA ou do Grupo Produtivo, uma defesa genuína da revitalização da indústria nacional argentina, mas uma mobilização dessa pauta – que ainda tinha apoios relevantes na sociedade – em favor da obtenção de "espaços privilegiados de acumulação", como bem definido por Ana Castellani e Martín Schorr.[14] No momento em que o governo optou por combater a inflação sem comprometer o poder de compra dos salários, identificando no comportamento cartelizado e oligopolizado dos grandes grupos econômicos a raiz dos aumentos dos preços, abriu-se um flanco de confrontação que daria a tônica da política argentina pelos anos seguintes.

As pressões provocadas pelo aumento da inflação levaram o governo a uma atitude pouco usual. Depois de enfrentar a resistência da então diretora do setor que calculava o índice de preços ao consumidor, o governo decidiu intervir no Indec – o órgão oficial de estatísticas do país –, impondo uma nova metodologia que terminou por subestimar o índice da inflação. Além de facilitar o financiamento público pela emissão monetária, a medida também impactaria os pagamentos da dívida reestruturada em 2005, ajustados em um índice corrigido pela inflação. Os problemas do balanço de pagamento, porém, seguiram exigindo uma maior retenção de divisas, intensificando os conflitos com o campo – que chegaria ao auge em 2008, já no governo de Cristina Fernández de Kirchner.[15]

Foi dessa maneira que se formou um quadro de contradição entre a organização do poder econômico e o direcionamento das políticas do Estado que está no centro da dinâmica política da época. A situação que se formou no país é particularmente interessante porque, em vez de contemporizarem com alguns dos segmentos dominantes, Néstor e Cristina Kirchner optaram por um movimento de radicalização de sua agenda, de "dobrar a aposta", reorganizando suas bases de apoio na sociedade e afirmando-se em explícita oposição aos grupos dominantes. Com isso, o kirchnerismo recuperava parte da narrativa do primeiro peronismo, só que, dessa vez, o que afiançava sua posição não era um pacto classista entre trabalho e capital nacional, mas, sim, a mobilização social em torno de um sentido comum oposto

---

14 Castellani e Schorr, op. cit.

15 Em 2008, o governo decretou uma medida que previa que o valor arrecadado pelo governo com a exportação de soja crescesse em proporção ao aumento do valor do produto no mercado externo, uma medida ao mesmo tempo anti-inflacionária e distributiva. A crise foi desencadeada com uma greve das quatro principais entidades representativas dos produtores agrários, em resposta à resolução. Depois de meses, a questão foi levada ao Senado, a quem coube decidir pela manutenção ou não da Resolução 125/08, que instituía o imposto móvel. Após uma longa e conturbada sessão, o vice-presidente, Julio Cobos, que acumulava a função de presidente do Senado, desempatou a votação contra o governo, dando o famoso "voto não positivo" que cindiu a aliança entre peronismo e radicalismo.

aos interesses dos grupos que se opunham ao governo, e cevado por prebendas orçamentárias.

A retomada de um discurso cioso da autonomia nas relações exteriores se insere na intersecção das tendências resenhadas anteriormente. Ela era, a um só tempo, parte do esforço de diferenciação da experiência dos anos 1990, através da recuperação da mítica própria do primeiro peronismo e da contenção de influência externa sobre a política econômica. Envolvido em urgências econômicas apenas levemente mais brandas do que as de seu antecessor, Kirchner, assim como Duhalde, apresentou a ideia de autonomia moderadamente, sem demarcar pontos específicos de confrontação com nenhum país em particular. A meta enunciada por Kirchner na posse era de ter relações "sérias e maduras, que respeitem a dignidade que os países têm", somada à defesa da integração regional, principalmente no âmbito do Mercosul. Nos dois casos, o ideário autonomista e nacionalista próprio do peronismo de esquerda vinha ao encontro das necessidades impostas pela crise econômica, em particular a necessidade de expandir as exportações de bens industrializados – que tinham nos países do Mercosul seu principal destino – e defender a posição do país nas negociações em curso com os organismos internacionais de crédito e com os credores privados.

Diferentemente do que ocorreu nos governos anteriores, sobretudo com Menem e Alfonsín, não havia nenhuma formulação intelectual precisa que lastreasse a orientação internacional do governo. Antes de ser eleito presidente, Kirchner nunca havia sequer viajado ao exterior, e os dois ministros que ocuparam a chancelaria em seu governo, Rafael Bielsa e Jorge Taiana, embora fossem quadros de largo histórico de militância política, não tinham nenhuma experiência relevante em questões internacionais mais amplas. Nas críticas então esgrimidas pela oposição em artigos na imprensa,[16] a esses fatos se somava o comportamento improvisado, por vezes intempestivo, de Kirchner, para formar uma avaliação da política externa como errática, contraditória, carente de objetivos e consistência interna.[17]

Essas críticas são, em certa medida, desventuradas. Kirchner era de fato um indivíduo infenso às liturgias e aos protocolos próprios da diplomacia, e em seu governo o Palácio San Martín não esteve povoado por grandes teses sobre a ordem internacional e o lugar da Argentina, mas isso não é suficiente para caracterizar a política externa nos termos que os críticos o fazem, simplesmente porque nenhum desses elementos implica ausência de objetivos claros e definidos. O argumento de que a política externa não teve prioridade na agenda de Kirchner porque o presidente estava mais ocupado na reconstrução do país me parece um exemplo lapidar da confusão que, muitas vezes,

---

16 Cisneros, Urge fijar la posición argentina en la ONU, 2004.
17 De la Balze, La política exterior de los gobiernos Kirchner (2003-2009), 2010.

Dever e poder

se faz em torno do tema.[18] Ora, naquela conjuntura, reconstruir o país também era um exercício de política externa porque nenhuma reconstrução seria possível sem enfrentar – ou resistir aos enfrentamentos – em torno da dívida.

Nesse ponto, a autonomia assume uma posição central porque enfrentar o problema da dívida nos termos pretendidos pelo governo passava necessariamente por uma recomposição da capacidade de ação autônoma do país nas suas relações com o exterior. Parte expressiva da bibliografia especializada convalida a visão de que a retomada da autonomia é um aspecto central da política externa nesses anos, evidenciada, sobretudo, na importância atribuída à região[19] e na conexão com a agenda econômica em prol da indústria e da redução de desigualdades.[20] A autonomia e o modelo econômico proposto por Kirchner são, nessas leituras, as principais chaves para compreender a política externa do período. O destaque atribuído às negociações da dívida externa e à sua posterior reestruturação é comum tanto à literatura quanto à narrativa oficial emoldurada pelo kirchnerismo, mas, em ambos os casos, e ainda que por razões distintas, os resultados do problema da dívida usualmente aparecem mais como expressões do concurso da vontade, sem que haja maior detalhamento do que efetivamente os possibilitaram. É a isso que se dedicam as seções seguintes.

6.2. Enfrentamentos e reestruturação (2003-2005)

O acordo de janeiro de 2003 constituía um acerto apenas provisório, de modo que retomar as negociações com o Fundo para a construção de um entendimento mais amplo era uma das primeiras pautas que se apresentavam a Kirchner a partir de sua posse. A experiência do ano anterior explicitava a importância de contar com o apoio, ou mesmo a boa vontade, dos Estados Unidos em qualquer negociação com o FMI, e havendo ainda muito o que enfrentar na agenda com o Fundo, o governo Kirchner buscou equilibrar a busca por autonomia com acenos àquele país, sobretudo nas questões que constituíam as prioridades estadunidenses.

Em julho de 2003, Kirchner viajou a Washington para uma reunião com George W. Bush, ocasião em que reiterou o pedido de apoio dos Estados Unidos nas negociações com o FMI. No encontro, a questão da Alca – prioridade da administração Bush para a região – foi levantada e Kirchner indicou que o país se empenharia mais nas negociações do bloco,[21] bem como

---

18 Candeas, *A integração Brasil-Argentina*, 2010, p.242.
19 Simonoff, Regularidades de la política exterior de Néstor Kirchner, 2009.
20 Busso, Neoliberal Crisis, Social Demands, and Foreign Policy in Kirchnerist Argentina, 2016.
21 Ahora, la Argentina negociará el Alca, 2003.

173

na ratificação da revisão da Lei de Patentes, acordada bilateralmente no ano anterior visando à adequação da Argentina aos parâmetros definidos na OMC.[22] Kirchner também manifestou apoio à luta contra o terrorismo, limitando-se a ponderar sobre a importância de seguir ações definidas nos fóruns multilaterais. De fato, antes mesmo de a viagem ocorrer, o chanceler Rafael Bielsa confirmou a disposição de enviar tropas da *gendamería* ao Iraque, desde que sob o manto das Nações Unidas.[23]

No *front* financeiro, as conversas com o FMI estavam estagnadas por divergências quanto à concepção do programa econômico e do próprio comportamento do governo em relação à dívida externa, que era considerado acrimonioso pelo Fundo. Os pontos mais críticos para o FMI eram o descongelamento de preços, o ajuste fiscal e a abertura de negociações com os credores privados da dívida em moratória. A réplica argentina era de que nenhuma medida que pudesse comprometer a recuperação econômica seria adotada e as conversas com os credores privados só ocorreriam depois da reestruturação com os organismos de crédito. Internamente, Kirchner tinha sua posição respaldada por um amplo espectro de atores políticos e econômicos, à exceção daqueles que não tinham suas demandas acomodadas por esse arranjo. Nesse grupo, inseriam-se principalmente as empresas privatizadas que atuavam concessionárias de serviços públicos domésticos, como eletricidade e gás, e parte do setor bancário nacional.[24]

A rigidez de ambos os lados travou as conversas até que o governo argentino decidiu reeditar uma tática empregada dez meses antes, optando por não desembolsar os 2,9 bilhões de dólares correspondentes à parcela do empréstimo com o FMI que vencia em 9 de setembro. O não pagamento foi mais uma manobra para pressionar o organismo do que consequência de uma decisão a favor do default. Já no dia seguinte foi enviada uma carta de intenções, na qual se apresentava o compromisso com superávit primário de 3% para 2004, um ponto percentual a menos do que o defendido pelo FMI, e com a proposição de um quadro de referência para reestruturação da dívida.[25] Os termos eram deliberadamente genéricos para evitar obrigações que pudessem comprometer as revisões futuras do acordo. Esse aspecto não passou despercebido pela equipe de economistas do Fundo, que, mesmo recomendando a aprovação do acordo, manifestou uma série de objeções às propostas argentinas. No relatório submetido ao Conselho Executivo, as recomendações usuais são acompanhadas de críticas ao governo argentino:

---

22 Ybarra, Aceleran cambios en la ley de patentes, 2003.
23 Gallo, Está en estudio el envío de tropas a Irak, 2003.
24 Nemiña, Estrategias de negociación del FMI y la Argentina durante el período 2003-2004, 2001, p.101.
25 Argentina, *Letter of Intent, Memorandum of Economic Policies, and Technical Memorandum of Understanding*, 2003.

Dever e poder

A recuperação de uma trajetória sustentável para as finanças públicas requer um ajuste fiscal por um período prolongado. Embora o corpo técnico reconheça que as metas fiscais de médio prazo são difíceis de especificar antes de um acordo de reestruturação da dívida, *é lamentável que as autoridades não se sintam capazes de definir mais claramente o montante de recursos disponível a partir de 2005*. Na opinião do corpo técnico, o cumprimento do serviço da dívida, incluindo as obrigações decorrentes da reestruturação nos próximos anos, necessitará de um superávit primário muito superior aos 3% do PIB planejados para 2004. É essencial que as autoridades considerem como esses superávits primários podem ser alcançados. O risco de que os superávits primários sejam insuficientes para cobrir os pagamentos futuros da dívida reestruturada pode reduzir as chances de uma reestruturação bem-sucedida da dívida.[26]

Novamente, o apoio do governo dos Estados Unidos seria decisivo para desatar os nós. No dia em que a Argentina anunciou que não pagaria a parcela programada para setembro, o subsecretário para América Latina do Departamento de Estado, Roger Noriega, que posteriormente seria o pivô de uma crise diplomática entre os dois países, declarou que "era hora de o FMI ser mais flexível e razoável com a Argentina. Os Estados Unidos acreditam que o FMI deve se mostrar mais flexível para ajudar a Argentina a pôr a casa em ordem".[27] Na reunião do Conselho Executivo que deliberou pela aprovação do acordo, Köhler se queixou das pressões que havia recebido para dar seu aval a uma proposta com a qual tinha sérios pontos de divergência e manifestou dúvida em relação à solidez do programa – que, por sua vez, foi considerado sustentável pela representante estadunidense no Conselho.[28]

Concluído formalmente em 20 de setembro, o acordo estipulava um empréstimo de SDR 8,981 milhões (13,3 milhões de dólares) que correspondiam ao valor dos pagamentos futuros devidos pela Argentina ao FMI e que seriam desembolsados em parcelas trimestrais, mediante o cumprimento das condições estipuladas na revisão anterior[29] (ver Quadro 8). Desse modo, mantinha-se o esquema de financiamento de fluxo zero adotado desde o início da gestão de Lavagna, em que os recursos obtidos com o Fundo não eram acrescentados às receitas de livre disponibilidade, funcionando como garantia de pagamento das parcelas futuras e, portanto, como mecanismo estabilizador da exposição do FMI. A intervenção dos Estados Unidos em favor do pleito argentino não demoveu a resistência de outros membros do diretório. Na votação final, os representantes da Austrália, Holanda, Suíça e Escandinávia se abstiveram, sob alegação de que a proposta não especificava os ajustes necessários para a retomada do crescimento sustentável e "comprometia o valor dos programas do Fundo para

---

26 FMI, IMF Country Report n.03/392, 2003, p.26, grifos meus.
27 Jeter, Argentina Defaults on IMF Payment, 2003.
28 Köhler dijo que firmó el convenio bajo presión, 2003.
29 FMI, Stand-By Arrangement for Argentina, 2003.

Quadro 8 – Cronograma de desembolsos previstos pelo SBA de setembro de 2003

Data	Valor em SDR (mi)	% da cota	Valor em US$ (mi)	Condições para desembolso
22/9/2003	1,830	86,4	2,592	Aprovação do acordo pelo Conselho Executivo
28/1/2004	241	11,4	360	Aprovação da 1ª revisão no Conselho Executivo
15/3/2004	2.10	99,2	3,150	2ª revisão; critério de desempenho de 12/2003
15/6/2004	500	23,6	750	3ª revisão; critério de desempenho de 3/2004
15/9/2004	740	35	1,110	4ª revisão; critério de desempenho de 6/2004
15/12/2004	490	23,1	735	5ª revisão; critério de desempenho de 9/2004
15/3/2005	532,5	25,2	798	6ª revisão; critério de desempenho de 12/2004
15/6/2005	532,5	25,2	798	7ª revisão; critério de desempenho de 3/2005
15/9/2005	532,5	25,2	798	8ª revisão; critério de desempenho de 6/2005
15/12/2005	432,5	20,4	648	9ª revisão; critério de desempenho de 9/2005
15/3/2006	366,7	17,3	551	10ª revisão; critério de desempenho de 12/2005
15/6/2006	366,7	17,3	551	11ª revisão; critério de desempenho de 3/2006
15/9/2006	316,6	15	476	12ª revisão; critério de desempenho de 6/2006

Fonte: Elaboração própria a partir de dados do Fundo Monetário Internacional.

todos os membros".[30] Informalmente, porém, já circulava no Conselho a visão de que a Argentina não estava lidando de boa-fé com os credores privados e, assim, não faria jus à flexibilidade do FMI.

No dia 22 de setembro, durante a reunião de cúpula anual do FMI e do Banco Mundial, Roberto Lavagna apresentou a primeira proposta de reestruturação da dívida aos credores privados. Com detalhes conhecidos apenas pelo núcleo duro do governo, a apresentação da proposta foi cercada de expectativas focadas em um ponto-chave: o montante a ser abatido do principal. A "Oferta Dubai" excluía os juros acumulados desde 31 de dezembro de 2001 e reconhecia como elegível um montante de aproximadamente 87 bilhões de dólares, estipulando um abatimento de 75% sobre o valor de face dos títulos emitidos até 31 de dezembro de 2001. A reprogramação dos pagamentos se daria pela troca dos títulos vencidos por três novos instrumentos – os bônus par, quase-ao-par e *discount* – que teriam maturidades superiores a trinta anos e remunerações adicionais em caso de desempenho favorável do PIB.[31]

Nesses termos, a oferta argentina implicava o maior desconto já aplicado em reestruturações de dívida soberana até então. Internamente, a oferta angariou apoio de diferentes segmentos do empresariado, inclusive do setor bancário e das principais centrais sindicais do país, em especial a CGT.[32] As associações de investidores reclamavam que o governo deveria ampliar o seu esforço fiscal para permitir uma oferta mais generosa e mobilizaram intensos *lobbies* sobre governos, instituições multilaterais e os grandes bancos comerciais. Neste último caso, as pressões surtiram efeito e criaram um complicador importante para a Argentina, que precisava da participação de bancos importantes para efetuar as trocas dos títulos. Após várias declinações, Barclay's, Merrill Lynch e UBS concordaram em se envolver nas operações.

Publicamente, o FMI anunciou que não iria emitir juízos de valor a respeito da oferta, alegando que se tratava de "negociações entre a Argentina e seus credores, e não algo em que o Fundo esteja envolvido", de modo que seria "impróprio" emitir opiniões sobre o assunto.[33] Essas declarações apresentavam uma meia verdade. Ainda que não estivesse formalmente envolvido nas negociações, o FMI não apenas tinha uma opinião bastante clara sobre o assunto, como também fez dele algo seu. Em janeiro de 2004, Köhler pediu a Lavagna que os credores privados fossem tratados de maneira distinta, mas terminou indicando a aprovação da carta de intenções[34] que seria

---

30 Australian Treasury Secretary, Australia and the International Financial Institutions Reports 2002-03. *Annual Report to the Parliament*, 2003, p.4.
31 Damill, Frenkel e Rapetti, The Argentinean Debt, 2005, p.69.
32 Bancos respaldan oferta argentina de reestructuración de deuda, 2003.
33 FMI, Transcript of a Press Briefing by Thomas C. Dawson, 2003.
34 Argentina, Letter of Intent, Memorandum of Economic Policies, and Technical Memorandum of Understanding, 2004.

Matheus de Oliveira Pereira

apresentada para habilitar-se ao saque da segunda parcela do empréstimo do ano anterior. A posição de Köhler[35] recebeu duras objeções dos credores, que acusaram o Fundo de ignorar os seus interesses e violar as práticas estabelecidas nos mercados, e o dissenso no Diretório se acentuou. Novamente avalizada pelos Estados Unidos, a primeira revisão do acordo também foi apoiada por Alemanha, Canadá e França, mas o placar da votação registrou oito abstenções, que, desta vez, incluíam Itália, Japão e Reino Unido.[36]

Como a tradição é de que o Diretório decida por unanimidade, as abstenções representam o meio mais ostensivo de expor uma discordância, e o fato de três membros do G7 terem se somado à prática sinalizava o crescente desagrado nas economias desenvolvidas com a intransigência argentina no tratamento dos credores privados, muitos deles, aliás, japoneses e italianos. O encontro do G7 em fevereiro reforçou essa tendência. Em linha com a declaração de Köhler no fim de janeiro,[37] o comunicado final emitido pelo G7 exortava a Argentina a se engajar em negociações construtivas com os credores privados e adotar políticas alinhadas às prescrições do FMI.[38] A resposta de Kirchner não tardou a chegar. Três dias depois, o presidente fez um discurso em que afirmou que a proposta apresentada em Dubai respeitava a capacidade de pagamento do país e que pagar mais do que ela previa seria "um novo genocídio nas costas do povo argentino".[39] Kirchner também criticou os fundos especuladores e reiterou a tese da corresponsabilidade dos credores na criação da crise da dívida – além de eximir a si próprio da criação do problema.

A segunda revisão do SBA ocorreria em março e, pela primeira vez, dependeria exclusivamente do cumprimento das metas fixadas em dezembro anterior, sem passar pelo crivo do Conselho Executivo. A liberação da terceira parcela do empréstimo estava prevista para o dia 15 e restituiria o valor que deveria ser pago pela Argentina ao Fundo no dia 10 do mesmo mês. À época, Horst Köhler havia deixado a diretoria do Fundo e sua posição foi temporariamente assumida por Anne Krueger, a quem coube liderar as conversas com a equipe econômica da Argentina. Os dados coletados pelo Fundo indicavam que todos os critérios de performance quantitativa e da agenda de reformas haviam sido cumpridos (ver Tabela 12), à exceção do que estipulava a não acumulação de mora com credores bi e multilaterais – para o que foi solicitada uma isenção.[40] A relativa folga com que as metas novamente tinham sido alcançadas não garantiu um processo de revisão tranquilo.

---

35 FMI, IMF Managing Director to Recommend to Executive Board the Letter of Intent of the Authorities for the First Review of the Stand-By Arrangement with Argentina, 2004.
36 Helleiner, The Strange Story of Bush and the Argentine Debt Crisis, 2005.
37 FMI, Press Release n.04/16, 2004.
38 United States Department of the Treasury, Statement of G7 Finance Ministers and Central Bank Governors, 2004.
39 Kirchner, Palabras del presidente Néstor Kirchner en la ciudad de San Nicolás, provincia de Buenos Aires, 2004.
40 FMI, Argentina, 2004.

Tabela 12 – Critérios e metas de performance quantitativas para a 1ª e a 2ª revisão do SBA de 9/2003. Valores em milhões de pesos argentinos

	Critério de 10/2003		Critério de 12/2003	
Metas fiscais	**Meta**	**Resultado**	**Meta**	**Resultado**
Resultado primário acumulado do governo federal (piso)	6.940	8,100	7,790	8,677
Saldo acumulado de caixa do governo federal	600	2,227	350	1,886
Estoque da dívida do governo federal	498	497	514	512
Estoque de atrasados do governo federal	4,590	3,965	5,000	3,786
Saldo primário acumulado dos governos provinciais	---	---	1,480	---
Estoque consolidado da dívida do setor público	542	518	536	533
Metas monetárias				
Estoque líquido das reservas internacionais do BCRA (piso)	-5,118	- 4,695	-5,060	-3,404
Estoque da base monetária aumentada	44,305	44,379	47,770	46,892
Estoque dos ativos domésticos líquidos aumentados do Banco Central (teto)	59,147	57,994	62,443	56,763
Mecanismo de consulta da inflação projetada para 2004	---	---	Teto 11% Piso 7	Teto --- Piso ---

Fonte: Elaboração própria a partir de dados do Fundo Monetário Internacional.

O centro da discórdia era o andamento das negociações com os credores privados, que, nos últimos meses, vinham intensificando seus *lobbies* junto a diferentes governos, sobretudo dos Estados Unidos, e cobravam a adoção de uma postura mais rigorosa por parte do FMI. O momento era bastante propício para um endurecimento porque Krueger vinha se afirmando como proponente de uma abordagem diferenciada, e mais rigorosa, para reestruturação de dívidas soberanas. Krueger argumentava que, ao oferecerem pacotes de resgate, as instituições financeiras, além de aumentarem a pressão sobre seus orçamentos já limitados, blindariam os países em crise das consequências reputacionais do não pagamento. Criava-se, assim, um "risco moral" nos mercados de dívida soberana: com a garantia de acesso às fontes multilaterais de crédito, os países ficariam livres para atuar de má-fé nas interações com seus credores.

Para enfrentar esse problema, Anne Krueger buscou inspiração na lei de falência dos Estados Unidos, que consagra um modelo de concordatas no qual os acertos entre credores e devedores se dão sob uma base jurídica definida, mas prescindindo da intervenção direta dos tribunais.[41] Krueger apresentava a ideia nos seguintes termos:

> objetivo seria criar um catalisador que encorajaria devedores e credores a se unirem para reestruturar dívidas insustentáveis de maneira oportuna e eficiente. Esse catalisador assumiria a forma de uma estrutura que oferecesse a um país devedor proteção legal contra credores que impedem uma reestruturação necessária, em troca da obrigação de o devedor negociar com seus credores de boa-fé e implementar políticas que impediriam o surgimento de um problema semelhante no futuro.[42]

Nesse formato, o FMI teria um papel relevante como agente de coação para garantir que os governos respeitassem as regras do marco de resolução. A saída de Krueger, portanto, era institucionalizar as reestruturações de dívida soberana, fortalecendo a posição do FMI como entidade regulatória, uma espécie de juiz, no sistema financeiro internacional. A ideia não teve acolhida no Tesouro estadunidense, cuja perspectiva oficial era em favor de uma abordagem descentralizada, orientada pelas regras de mercado.[43] Parte da lógica subjacente à posição americana era de que havia uma tendência de menor contágio em crises financeiras graças à diferenciação que os mercados vinham fazendo entre países e eventos, apresentando o caso argentino como exemplo disso.

Dessa maneira, a receptividade da gestão Bush aos pleitos dos credores foi muito mais modesta, o que estimulou os representantes dos investidores privados a concentrarem esforços no Legislativo, em particular no Senado, onde suas demandas encontraram maior eco. A linha argumentativa desses grupos pode ser vista de modo cristalino na intervenção feita pelo economista Adam Lerrick, que atuava como chefe da equipe de negociação da Argentina Bond Restructuring Agency. A Abra representava credores que detinham cerca de 1,2 bilhão de dólares em títulos argentinos, sendo uma das maiores associações formadas após o default de 2001. Durante uma audiência no Senado dos Estados Unidos, Lerrick expressou o descontentamento dos credores com o FMI do seguinte modo:

> O FMI tem um papel bastante útil a desempenhar. Na verdade, ele tem uma série de funções muito úteis a desempenhar. A principal delas é atuar como credor de última instância para os países em desenvolvimento. No entanto, não foi essa a função que o FMI desempenhou no caso da Argentina. Existem regras muito rígidas, diretrizes estabelecidas ao longo de mais de um século de intervenção dos bancos

---

41 Cunha, Reformas na arquitetura financeira internacional, 2004.
42 Krueger, *A New Approach to Sovereign Debt Restructuring*, 2001.
43 Taylor, *Sovereign Debt Restructuring*, 2002.

Dever e poder

centrais nos mercados de crédito domésticos, e elas foram claramente violadas no caso da intervenção do FMI na Argentina. Era para outro propósito; havia outro objetivo envolvido. [...] sejamos claros, a responsabilidade do FMI é com a estabilidade do sistema financeiro internacional. [O FMI] não tem responsabilidade pela prosperidade de nenhum país individualmente. Não é para isso que ele foi criado. Portanto, os bancos centrais adotaram, há mais de cem anos, métodos de intervenção que seguem essa regra-chave. E essa regra não foi seguida no caso da Argentina.[44]

A insatisfação com a atuação do FMI se somava a um acervo de preocupações sobre os problemas de ação coletiva em um default que envolvia milhões de credores individuais. Como parte do esforço de exercer maior pressão sobre a Argentina, três das maiores associações de credores – TFA (Task Force Argentina), Abra (Argentine Bond Restructuring Agency) e a ABC (Argentina Bondholders Committee) – criaram em janeiro de 2004, em Roma, o Global Committee of Argentina Bondholders (GCAB).[45] Ainda que não se apresentasse dessa maneira, a ideia subjacente à criação do GCAB era emular a experiência dos comitês de bancos criados durante a crise da dívida latino-americana e que haviam sido amplamente bem-sucedidos na tarefa de obter as concessões almejadas de diversos países endividados, inclusive a Argentina.

O *status* do GCAB nas negociações era um dos pontos mais sensíveis das discussões porque o comitê não havia sido reconhecido como interlocutor pela Argentina. Esse e outros aspectos estavam incluídos no breviário de queixas que tinha na falta de "boa-fé" do governo Kirchner sua matriz. A abordagem encampada pela Argentina era, de fato, bastante assertiva e pouco flexível. Até então, a palavra "negociação" não constava no vocabulário empregado pelo governo, que se referia apenas a "conversas" com os credores e se recusava a tratá-los em bloco, de maneira unificada, ou mesmo a incorporar na Oferta Dubai mudanças sugeridas pelas associações. Todos esses itens foram listados pelo FMI como problemas pendentes de solução. Entre as várias exigências de Krueger estavam a admissão do GCAB como representante dos credores privados e o estabelecimento de um piso de 80% de aceitação dos credores para que uma proposta de reestruturação fosse concretizada,[46] em vez dos 65% defendidos pela Argentina.

Além de se recusar a aceitar o GCAB como representante único dos credores, Kirchner condicionava o pagamento da parcela que vencia no dia 10 de março a uma declaração formal e pública do FMI, com o compromisso

---

44 Lerrick, *Statement Before the United States Senate's Subcommittee on International Trade and Finance*, 2004, p.26.

45 Global Committee of Argentina Bondholders, Press Release, 12 jan. 2004.

46 Kirchner, Palabras del presidente Néstor Kirchner en el acto de incorporación de la asociación de trabajadores del estado al convenio colectivo de trabajo, 2004.

de liberar a terceira parcela do empréstimo. Respaldada pela maioria dos membros do G7 e do Conselho Executivo, e embalada por sua própria visão sobre o papel do FMI, Krueger pôde exercer maior pressão do que nas revisões anteriores, até o ponto em que o próprio Néstor Kirchner assumiu a condução do diálogo. O presidente sustentou que agia com lisura, listando mais de vinte associações de credores reconhecidas pelo governo e reafirmando que não aceitaria lidar com um único representante. Como já vinha ocorrendo desde meados de 2001, as conversas com o Fundo transcorreram em simultâneo a uma série de contatos diretos entre as principais autoridades da equipe econômica e diversos ramos do governo federal dos Estados Unidos, sobretudo a Subsecretaria de Assuntos Internacionais do Departamento do Tesouro.

É importante notar que a rejeição das propostas de Krueger sobre os mecanismos de reestruturação de dívida soberana não significava que os Estados Unidos minimizavam o problema e, menos ainda, que não esperavam que a Argentina chegasse a algum acordo com seus credores. O subsecretário para Assuntos Internacionais do Departamento do Tesouro, Randal Quarles, explicitou essa posição afirmando que "somente com um processo de negociação que crie confiança mútua, a Argentina poderá obter o apoio amplo dos credores, necessário para uma reestruturação abrangente e sustentável".[47] Embora considerassem excessiva a ênfase do Fundo na questão dos credores, representantes do Departamento do Tesouro deixaram claro que concordavam com a necessidade de uma revisão da postura argentina, enfatizando que era essencial "negociar, não apenas conversar, mas negociar"[48] com todas as associações, inclusive o GCAB, bem como avançar na contratação de bancos privados para assessorar um ajuste na Oferta Dubai – algo frontalmente objetado por Lavagna e Kirchner.

Ao final, prevaleceu um meio-termo, com a Argentina se comprometendo a apresentar um plano mais detalhado para a reestruturação e com a negociação com os credores, inclusive o GCAB, mas sem estipular nenhum patamar mínimo de aceitação da oferta.[49] O governo também concordou em definir um cronograma para o processo de reestruturação até o final de abril. E estendeu ao GCAB o convite feito a outros 21 representantes dos credores para uma reunião em Buenos Aires, em que se discutiria a proposta apresentada em Dubai, mas manteve a programação original de tratar em separado com cada um deles. Nesses encontros, ficou claro que a posição argentina não havia mudado significativamente nos pontos-chave da Oferta Dubai. Havia, de fato, uma ligeira divisão no interior do governo. A equipe

---

47 Quarles, *Statement Before the United States Senate's Subcommittee on International Trade and Finance*, 2004, p.9.

48 Ibid., p.14.

49 FMI, Press Release n.04/57, 2004.

Dever e poder

econômica se mostrava favorável a melhorar os termos da oferta, mas Kirchner permanecia irredutível,[50] principalmente quanto ao valor nominal do abatimento.

As reuniões – caracterizadas pelos credores como mais de apresentação das propostas do que de efetiva negociação[51] – prosseguiram até ser abruptamente encerradas em 1º de junho. Dez dias depois, o governo formalizou a Oferta Buenos Aires junto à United States Security Exchange Comission (SEC). A nova oferta mantinha intactos alguns pontos apresentados em Dubai – como o desconto de 75% do montante total –, mas incluía inovações que favoreciam os credores, já que o abatimento seria aplicado sobre o valor corrente, em vez do nominal.[52] Todos os bônus seriam indexados ao desempenho do PIB, estipulando-se que sempre que houvesse crescimento real superior a 3%, 5% do crescimento adicional seria direcionado para o aumento dos pagamentos dos três bônus, e mais 5% seriam usados para recompra dos títulos. Mesmo com esses adendos, a oferta foi sumariamente rejeitada pelas associações de credores, que, além de criticarem o unilateralismo argentino, consideravam os prazos de pagamento muito extensos e queriam que os juros de mora desde 2001 fossem reconhecidos separadamente, e não como parte dos três títulos emitidos na reestruturação.[53]

O lançamento da oferta coincidiu com o período da terceira revisão do acordo com o FMI e, mais uma vez, representou um obstáculo nas negociações. Os critérios quantitativos fixados em março haviam sido cumpridos, e o próprio Fundo reconhecia que o superávit primário consolidado até então estava "significativamente além do programa".[54] Contudo, a missão enviada a Buenos Aires levantou diversas ressalvas quanto à implementação da agenda de reformas estruturais, particularmente em relação à política monetária e cambial,[55] mas era o impasse com os credores privados que criava o maior entrave ao avanço da revisão. A equipe técnica avaliava – em sintonia com o que diziam os credores – que as reuniões mantidas em março e abril haviam sido de natureza meramente procedimental e não resultaram em negociações substantivas.[56]

Diante do atraso no programa de reformas previstas pelo acordo e sem conseguir obter o compromisso do governo com relação às metas fiscais de médio prazo, o FMI decidiu não autorizar o desembolso de 728 milhões

---

50 Fernández de Kirchner, Palabras en el encuentro con el nuevo directorio de YPF, 2012.
51 Hornbeck, Argentina's Sovereign Debt Restructuring, 2004.
52 United States Securities and Exchange Commission, Form 18-K/A for Foreign Governments and Political Subdivisions Thereof, 2004.
53 Hornbeck, op. cit.
54 FMI, Press Release n.04/130, 2004.
55 Id., Argentina, 2005.
56 Ibid., p.15.

de dólares correspondentes à terceira revisão.[57] A decisão do Fundo foi, no mínimo, atípica porque o país havia cumprido muito mais metas do que em outras ocasiões em que teve os saques autorizados. Uma das explicações possíveis é de que o Fundo teria reagido exageradamente a fim de recuperar a credibilidade comprometida pela leniência prévia com a Argentina.[58] De fato, naquele momento estava sendo concluído o relatório de avaliação do papel do FMI na crise argentina que, entre outras coisas, apontava "fragilidades" nas avaliações do cenário fiscal e uma série de equívocos na administração da crise de 2001-2002.[59]

Essa é uma hipótese crível, mas, mesmo que seja verdadeira, o fato é que o endurecimento com a Argentina se alinhava às pretensões que os credores vinham tentando expressar através de governos e instituições internacionais. Em vez de contemporizar, Kirchner decidiu dobrar a aposta e anunciou a intenção de suspender o SBA de setembro de 2003. A medida criava uma situação inusitada porque, com ela, a Argentina perderia a única fonte de acesso a capitais externos. Após comunicar a decisão, Kirchner recebeu a visita do novo diretor-geral do FMI, Rodrigo de Rato, que fez, sem êxito, um último esforço de evitar a suspensão e de pressionar o governo a retornar à mesa de negociações com os credores.[60]

Em 17 de setembro, o Conselho Executivo aprovou a prorrogação por um ano dos pagamentos programados para o período entre setembro de 2004 e janeiro de 2005. Nesses meses, porém, o país continuaria tendo de reembolsar ao FMI cerca de 1,5 bilhão de dólares, referentes a empréstimos anteriores.[61] Junto com a extensão, o Fundo instou a Argentina a seguir, urgentemente, com as reformas e com uma reestruturação "ampla e sustentável" da dívida.[62] Héctor Torres, representante do país no órgão, destacou que os sucessivos pedidos de ampliação do esforço fiscal precisavam considerar a grave situação social do país e reiterou que, mesmo menor do que o solicitado, ele havia sido mais que suficiente para cumprir com as metas quantitativas estipuladas. Em momento no qual as animosidades entre o governo Kirchner e as empresas privatizadas no país começavam a ganhar vulto, Torres ressaltou ainda que esse era um caso específico "que não deveria ser tomado como indicativo da posição do governo em relação

---

57 Diaz-Cassou, Erce-Domínguez e Vázquez-Zamora, *Recent Episodes of Sovereign Debt Restructurings*, 2008.
58 Waters, From Partnership to Collapse Argentina and the International Monetary Fund Through Economic Crisis and Recovery, 2007.
59 FMI, The IMF and Argentina, 1991-2001, 2004.
60 Benson, I.M.F. Accepts Standstill to Let Argentina Work on Debt, 2004.
61 FMI, Report on Delayed Completion of Article IV Consultations and Extension of Approval of Exchange Measures, 2004.
62 FMI, IMF Executive Board Extends Argentina's Repayment Expectations, 2004.

a investidores privados como um todo, e o investimento externo direto, em particular".[63]

Os pagamentos previstos até janeiro foram viabilizados pelas reservas internacionais e operações de transferências antecipadas do Banco Central ao Tesouro. A suspensão do acordo provocou ainda uma baixa na equipe econômica, quando o presidente do Banco Central, Alfonso Prat-Gay, pediu demissão por discordar da medida. As diferenças com os demais membros da equipe econômica apareciam discretamente havia algum tempo; Prat-Gay, por exemplo, não compareceu à apresentação de Lavagna em Dubai e resistiu a intervir no mercado de câmbio para conter a apreciação do peso, como solicitado por Kirchner.

Egresso do JP Morgan e com bom trânsito na banca internacional, Prat-Gay era defensor de uma reestruturação coordenada pelo FMI – o que ia na contramão da posição dominante no governo – e era benquisto[64] por Anoop Singh, o novo diretor do departamento do Hemisfério Ocidental do FMI, cujas posições eram ainda mais rígidas do que as de Anne Krueger.[65] Com sua saída, o posto foi assumido por Martín Redrado, que já integrara a missão do país que viajou a Washington em outubro para a reunião anual do FMI e uma série de encontros com credores. Na ocasião, Lavagna se reuniu com Rodrigo de Rato e Singh, apenas para constatar que o espaço de manobra nas relações com o FMI permanecia estreito – a equipe técnica continuava insistindo nos mesmos pontos e não havia vontade política do diretório em modificar os termos da conversa. Sem lograr nenhum avanço concreto, o ministro informou a Redrado que as reservas provavelmente continuariam a ser utilizadas para os pagamentos, já que não havia acerto à vista.[66]

O principal propósito por trás da decisão de suspender o acordo era de contornar as pressões do FMI para ampliar a margem de manobra com os credores privados e avançar na reestruturação da dívida. Nos meses seguintes, várias resistências foram sendo dissipadas à medida que a equipe negociadora ia esclarecendo pontos imprecisos da Oferta Buenos Aires, como no caso das unidades indexadas ao PIB (Quadro 9). Nesses esforços, uma vitória particularmente importante foi a adesão de associações locais de credores, sobretudo os fundos de pensão, as AFJP, privatizados nos anos 1990. Em outubro de 2004, o governo chegou a um acordo informal com Santander,

---

63 Torres, Statement by the Executive Director for Argentina, 2004
64 Singh, Transcript of a Press Conference on Latin America by Anoop Singh, Director, Western Hemisphere Department, IMF – April 23rd, 2004, 2004.
65 Prat-Gay foi levado ao posto por Duhalde e Lavagna por suas fortes críticas à atuação do FMI e de Singh na crise argentina. Uma vez no Banco Central, suas ideias sobre a política monetária foram muito bem acolhidas por Singh, o que azeitou a relação com ambos.
66 Redrado, *Sin reservas*, 2010.

CitiGroup, BBVA e HSBC, administradores das AFJP, que concordaram em aderir à Oferta Buenos Aires e interromper os processos judiciais que tramitavam contra o país nas cortes locais e estrangeiras.

Em troca, o governo reconhecia a troca de cerca de 16,5 bilhões de dólares em títulos por bônus quase-ao-par, criados justamente visando a esse segmento dos credores,[67] e se comprometia a trocar 1,6 bilhão de dólares em títulos que as AFJP foram forçadas a comprar em 2001 por um decreto do presidente De la Rúa. O acerto incluía também duas reivindicações importantes dos fundos de pensão: a garantia de uma taxa de juros de 5,95% e o cálculo dos novos títulos a partir de seu valor nominal, e não de mercado, de modo a evitar que os bancos gestores precisassem contabilizar perdas em seus balancetes.[68] Confirmado por decreto presidencial,[69] o acordo foi criticado pelas associações estrangeiras, que acusavam o governo argentino de violar a igualdade de tratamento dos credores, oferecendo condições mais favoráveis aos cidadãos argentinos.[70]

Em paralelo, a evolução dos mercados internacionais de capitais criou condições que tornavam a oferta argentina mais atraente. Calculados nas condições de então, os valores dos títulos ofertados ficavam entre trinta e 35 centavos de dólar, um patamar similar ao preço de mercado dos títulos vencidos.[71] Em dezembro de 2004, o governo publicou um decreto que reiterava a Oferta Buenos Aires, estabelecendo os parâmetros legais que embasavam a efetivação da proposta,[72] e a oferta para troca dos papéis foi lançada oficialmente na SEC em 10 de janeiro de 2005. Ao todo, o montante elegível para reestruturação era de 81,8 bilhões de dólares, dos quais 79,7 bilhões correspondentes ao principal e 2,1 bilhões em juros acumulados, mas não pagos, até 31 de dezembro de 2001.[73] Para os fins da oferta, a taxa de câmbio adotada seria a vigente em 31 de dezembro de 2003, data que também marcaria o início do cálculo dos juros dos novos bônus. Cinco dias depois do lançamento da oferta, as operações de troca começaram e, graças ao acerto de outubro, a entrada das AFPJ assegurou 18% de aceitação já no primeiro dia.[74]

---

67 Datz, The Inextricable Link between Sovereign Debt and Pensions in Argentina, 1993-2010, 2012.
68 Kanenguiser, La asamblea del FMI, 2004.
69 Argentina, Decreto n.1375/04, 2004.
70 Task Force Argentina, Il GCAB rigetta l'accordo raggiunto tra il Governo Argentino e i fondi pensione locali (AFJP), 2004.
71 Damill, Frenkel e Rapetti, La deuda argentina, 2005, p.40.
72 Argentina, Decreto n.1735/04, 2004.
73 United States Securities and Exchange Commission, Filed Pursuant to Rule 424(b)(5) Registration n.333-117111, Republic of Argentina, 2005.
74 La salida del default, 2005.

Tabela 13 – Síntese da Oferta Buenos Aires[75]

Tipo de bônus	Valor total da emissão	Abatimento sobre o principal	Maturidade	Período de graça (pagamentos de capital)	Taxa de juros		Bônus de desempenho do PIB
Discount	US$ 19,9 bi	63%	30 anos	20 anos	Anos 1-5	4,15%	Sim
					Anos 6-10	4,88%	
					Restante	8,51%	
Par	US$ 15 bi	0%	35 anos	25 anos	Anos 1-5	2,08%	Sim
					Anos 6-15	2,5%	
					Anos 16-25	3,75%	
					Anos 26-35	5,52%	
Quase-ao-par	US$ 8,3 bi	Indefinido – os novos bônus seriam denominados em pesos	42 anos	32 anos	Equivalente em pesos à taxa de 5.96% em dólares		Sim

Fonte: Elaboração própria a partir de United States Securities and Exchange Commission (2004).

75 Refere-se à oferta em caso de aceitação igual ou superior a 70%.

Quadro 9 – Características e definições das unidades ligadas ao crescimento do PIB

Item	Características
Quantidade de referência	Igual ao montante de dívida efetivamente reestruturada
Moeda de cálculo	Pesos argentinos
Moeda de pagamento	A mesma do título ao qual a unidade está originalmente ligada
Vencimento	30 anos
Data de cálculo	1º de novembro de cada ano, a partir de 2006
Data de pagamento	15 de dezembro de cada ano, a partir de 2006
Ano de referência	O ano que termina em 31 de dezembro do ano anterior à data de cálculo, a partir de 2005
Montante de pagamento	Proporcional, a partir de uma base de 5% do excedente do PIB do ano de referência
Excedente do PIB	Diferença entre o PIB real e o PIB-base[76]
Condições para pagamento	Para o ano de referência a) PIB real > PIB-base b) Taxa de crescimento real > taxa de crescimento projetada c) Não superar o teto estabelecido (0,48 centavos por unidade emitida)
Jurisdição	A mesma do título de origem

Fonte: Elaboração própria a partir de informações de Argentina, Ministério de Economia, Oferta de Canje, 2005; e Damill, Frenkel e Rapetti, La deuda argentina, 2005.

Nos primeiros dias, as maiores associações internacionais de credores rejeitaram a oferta. A Task Force Argentina emitiu comunicado em que recomendava a seus membros não aceitarem a oferta, sob o argumento de que ela não respeitava os critérios de isonomia entre os credores e estava aquém da capacidade de pagamento da Argentina. No mesmo documento, a TFA reiterava um argumento já ventilado pelo FMI, segundo o qual um baixo nível de adesão "poderia induzir" a Argentina a iniciar negociações para melhorar os termos da oferta.[77] O GCAB se posicionou na mesma linha, qualificando a oferta como "inadequada, inaceitável e injusta", e insistindo em que a capacidade de pagamento do país permitiria uma proposta mais generosa. O presidente do GCAB, o banqueiro romano Nicola Stock, defendia que aqueles que aderissem à oferta obteriam "títulos quirografários e de muito longo prazo", e previu que a reestruturação seria um fracasso porque as adesões ficariam restritas aos credores argentinos.[78]

---

76 PIB real de 2004, com uma projeção de 3% de crescimento anual.
77 Task Force Argentina, Piano di ristrutturazione della Repubblica Argentina offerta pubblica di acquisto e scambio, 2005, p.7-8.
78 Global Committee of Argentina Bondholders, Comunicado stampa, 2005.

O esforço de limitar as adesões como forma de pressão sobre a Argentina sofreu um revés decisivo em fevereiro, quando o Congresso Nacional promulgou a Lei nº 26.017, assinada por Kirchner em 9 de janeiro. Conhecida como "Lei do Ferrolho" – Ley del Cerrojo –, o dispositivo proibia a reabertura da reestruturação e ofertas em termos mais favoráveis do que os oferecidos na ocasião.[79] Dessa maneira, o Legislativo argentino secundava a abordagem de "pegar ou largar" que o Executivo vinha encampando e criava um entrave à estratégia de associações como o GCAB, que pretendiam seguir pressionando judicialmente o governo. A abertura de processos contra o país nas cortes dos Estados Unidos postergou a conclusão da oferta até junho, mas os resultados estavam visíveis já em março. Diferentemente do fracasso previsto por Stock, após seis semanas a oferta contabilizava uma aceitação de 76,15% – que provocou uma redução de 67,2 bilhões de dólares no estoque total da dívida pública. Cento e cinquenta e dois tipos diferentes de títulos, denominados em seis moedas diferentes e emitidos sob as leis de oito países foram convertidos em três tipos de bônus cujo valor unitário médio era de aproximadamente 0,35 centavos de dólar, fazendo da operação a mais bem-sucedida reestruturação de dívida soberana da História.

Tabela 14 – Perfil de aceitação da oferta de reestruturação, por moeda e jurisdição, em milhões de dólares estadunidenses

	Montante elegível	Montante da adesão	Percentual de adesão
Por moeda			
Dólar estadunidense	46,655	39,397	84,4%
Euro	30,393	19,083	62,8%
Iene	3,143	2,978	94,8%
Peso argentino	1,027	296	28,8%
Outras moedas	619	495	80%
Total	81,836	62,248	76,1%
Por legislação			
Argentina	10,833	9,344	86,3%
Nova York	36,011	29,306	81,4%
Londres	15,032	10,215	68%
Frankfurt	17,194	11,014	64,1%
Tóquio	1,793	1,693	94,4%
Outras	973	677	69,5%

Fonte: Elaboração própria a partir de dados do Ministério da Economia e do Banco Mundial.

---

79 Argentina, Ley 26.017, 2005.

Matheus de Oliveira Pereira

Tabela 15 – Estoque e maturidade da dívida externa pública antes e depois da reestruturação

	Estoque (em bilhões de dólares estadunidenses)		Maturidade (média, em anos)	
	Em 31/12/2004	Em 31/5/2005	Em 31/12/2004	Em 31/5/2005
Instituições internacionais	30,6	27,4	3,9	4,2
Organismos oficiais	6,9	6,5	2,6	2,4
Empréstimos garantidos	14,6	15,1	4,6	4,3
Títulos provinciais garantidos	10,2	11	6	5,8
Títulos da dívida	123,3	60,5	9,7	18,3
Outros títulos	2,9	3,2	--	18,3

Fonte: Elaboração própria a partir de dados do Ministério da Economia e do Banco Mundial.

Tabela 16 – Composição da dívida externa pública antes e depois da reestruturação, por taxa de juros e moeda de denominação (valores em porcentagem do estoque total)

Por taxa de juros		
	Em 31/12/2004	Em 31/5/2005
Taxa fixa	69,5%	62,5%
Libor	30,5%	37,5%
FMI	7,4%	8,9%
Depósito programado	0,7%	0,1%
Outras	7,3%	9,3%
Por moeda de denominação		
	Em 31/12/2004	Em 31/5/2005
Dólar estadunidense	45,7%	46,7%
Peso argentino	24,4%	36,7%
Euro	24%	11,9%
Iene	4,2%	3,2%
Libra esterlina	1,1%	1%
Franco suíço	0,5%	0,5%
Outras	0,1%	0,1%

Fonte: Elaboração própria a partir de dados do Ministério da Economia e do Banco Mundial.

Logo depois de encerrada a oferta de troca dos títulos, as negociações com o FMI foram retomadas. Entre março e maio de 2005, as equipes do Fundo e do Ministério da Economia tiveram três reuniões em Washington para debater a evolução econômica do país e o programa a ser adotado dali em diante, para que houvesse uma retomada do acesso aos recursos

Dever e poder

garantidos pelo SBA de 2003. O diagnóstico feito pelo FMI reconhecia a intensidade da recuperação obtida desde 2002, mas questionava a sustentabilidade de vários pontos-chave da política econômica, como a gestão do câmbio e os controles de tarifas básicas.[80] Outro aspecto destacado era o aumento da inflação, contra o qual receitava-se o de sempre: política monetária contracionista e redução do gasto público.

Recomendações semelhantes vinham sendo rechaçadas pelo governo Kirchner desde maio de 2003, e, àquela altura, as diferenças eram irreconciliáveis porque as distintas visões programáticas se somavam ao contexto político doméstico. Naquele momento, Kirchner tinha toda a sua atenção voltada às eleições legislativas do segundo semestre de 2005, nas quais a sua administração seria submetida ao primeiro teste nas urnas. Considerando a situação peculiar em que havia sido eleito – o próprio Kirchner reconhecia que boa parte dos votos recebidos em 2003 não eram seus de fato –, o presidente via no pleito a oportunidade para consolidar seu poder e se afirmar como liderança política nacional para além de seus aliados. Nessa situação, nenhuma medida que comprometesse os rendimentos dos salários ou esfriasse a retomada da economia tinha chance de ser efetivada.

No FMI, tampouco havia maior flexibilidade, principalmente por parte de Anoop Singh. Na descrição feita por um dos principais envolvidos nas conversas, criou-se uma discussão permanente em que as medidas sugeridas pelo FMI eram retrucadas por Kirchner, "gerando-se discussões sucessivas e intermináveis".[81] Em agosto de 2005, Kirchner solicitou ao presidente do Banco Central, Martín Redrado, que procurasse uma alternativa para cancelar a dívida pendente com o FMI. Em 15 de dezembro, o governo avisou formalmente ao Fundo a intenção de cancelar todas as obrigações pendentes com o organismo, que, à época, totalizavam 9,9 bilhões de dólares, referentes a empréstimos realizados entre 1992 e 2003.[82] O pagamento foi concluído em 3 de janeiro de 2006 e envolveu uma intrincada operação para contornar as restrições de movimentação das contas argentinas nos Estados Unidos, resultantes das causas judiciais ainda pendentes em Nova York.

Em Buenos Aires, Kirchner anunciou a decisão em um discurso triunfalista na Casa Rosada, em que apresentou o pagamento antecipado como consequência do êxito de sua política, que permitia pagar a um órgão que "há cinquenta anos vem sendo motivo de nossos desvelos".[83] Embora

---

80 FMI, Argentina, 2005, p.34-7.
81 Redrado, op. cit., p.85.
82 FMI, Argentina Announces Its Intention to Complete Early Repayment of its Entire Outstanding Obligations to the IMF, 2005.
83 Kirchner, Palabras del presidente de la nación, Néstor Kirchner, en el acto de anuncio del plan de desendeudamiento con el Fondo Monetario Internacional, 2005.

menos relevante em termos fiscais, o cancelamento da dívida com o FMI representou um marco mais significativo do ponto de vista político do que a reestruturação da dívida, pelo peso histórico das relações com o Fundo e seu papel na crise da conversibilidade. Daí em diante, esses dois fatos assumiriam uma posição central na narrativa da "década ganha", emoldurada pelo kirchnerismo em defesa de seu legado, em cujo cerne estava a recuperação da autonomia nacional.

6.3. Dilemas, razões e limites da autonomia

Desde que a financeirização se tornou a lógica predominante na reprodução do capitalismo mundial, a ocorrência de moratórias soberanas foi significativamente reduzida, expressando o enorme poder estrutural disposto pelo setor financeiro.[84] Nesse sentido, o default argentino de 2002 já é, por si só, um fato digno de nota, ao qual a exitosa reestruturação de 2005 se soma na composição de um cenário atípico no contexto atual. A reestruturação contrariou as expectativas mais consolidadas sobre operações dessa natureza, em especial pela falta de consequências trágicas para o país, como assinalado por alguns analistas.[85] Sem ignorar a relevância e a atipicidade dos desdobramentos da crise da dívida no país, inclusive em relação a episódios prévios, algumas ponderações devem ser feitas a fim de precisar os alcances efetivos dessa singularidade e, sobretudo, ressaltar seus fundamentos.

Há, de fato, vários aspectos do processo que podem ser seguramente enquadrados como vitórias por parte do governo argentino. O país logrou reduzir a dívida substancialmente e chegou a um acordo com os credores sem a intermediação direta, ou mesmo a auditoria, do FMI. Houve ainda evidentes perdas para os credores. As estimativas dos advogados que representavam parte das associações de credores indicam que as perdas computadas entre o default e a reestruturação alcançam cerca de 73 bilhões de dólares.[86] Com a troca dos títulos, a maioria da dívida, inclusive parte daquela denominada em moeda estrangeira, passou às mãos de credores nacionais, e seu financiamento inclui também a realocação de excedentes de outras agências estatais.[87] Isto é, a redução da dívida externa teve como recíproca um aumento da dívida pública intraestatal.

---

84 Roos, op. cit.
85 Baer, Margot e Montes-Rojas, Argentina's Default and the Lack of Dire Consequences, 2011.
86 Shapiro e Pham, Discredited, 2006.
87 Brenta, op. cit.

Tabela 17 – Perdas diretas e indiretas de credores e contribuintes como consequência da moratória e da reestruturação da dívida argentina. Valores em bilhões de dólares estadunidenses

	Mundo	EUA
Juros vencidos em janeiro de 2005		
Juros devidos sobre títulos que foram reestruturados	19	2
Juros devidos sobre títulos que não foram reestruturados	6	0,6
Custos diretos para os credores que aceitaram a reestruturação		
Perdas de capital	29,5	3,2
Pagamentos de juros vencidos (12/2001-1/2005)	19	2
Perdas de retorno dos investimentos	11,1	1,2
Custos diretos para os credores que rejeitaram a reestruturação		
Perdas de capital	14,5	1,6
Pagamentos de juros vencidos (12/2001-1/2005)	6	0,6
Perdas de retorno dos investimentos	3,5	0,4
Custos diretos para todos os credores		
Perdas de capital	44	4,7
Pagamentos de juros vencidos (12/2001-1/2005)	25	2,7
Perdas de retorno dos investimentos	3,5	1,6
Custos indiretos para credores e contribuintes		
Perdas de acionistas – efeitos cambiais sobre o investimento estrangeiro	39,2	7,8
Perdas de receita a serem compensadas por outros contribuintes	24,2[88]	2,6

Fonte: Elaboração própria a partir de dados da Task Force Argentina.

Isso não isentou o processo de críticas, especialmente por parte de autores que defendem um comportamento ainda mais assertivo em relação à dívida externa. Nessa perspectiva,[89] a reestruturação é criticada por não contestar a legitimidade de parte da dívida e por ignorar a sentença do juiz Jorge Ballesteros, que, no ano de 2000, determinou o não pagamento da dívida resultante de 477 diferentes atos fraudulentos.[90] Ainda que seja factualmente correta, essa crítica parte de uma posição política que nunca foi a

---

88 Estimativa que leva em consideração as perdas de retorno de investimentos, benefícios fiscais para perdas de capital e perdas totais de receita.

89 Cantamutto e Ozarow, Serial Payers, Serial Losers?, 2016.

90 Ballesteros, Causa n.14.467, 2000.

do governo, de modo que não haver alcançado esses pontos não é, por si só, fundamento para contestação dos pontos de interesse deste trabalho. Dois aspectos levantados pelos autores, porém, são dignos de registro. A manutenção de jurisdições estrangeiras foi um importante flanco de debilidade deixado pela reestruturação, e o país foi "punido" pelos mercados tanto pelas restrições de acesso a capitais internacionais quanto pela contração do investimento externo direto, apesar do régio cumprimento dos pagamentos e das expressivas bonificações proporcionadas pelo crescimento do PIB. De fato, até 2013, o pagamento da dívida gerou desembolsos de cerca de 93 bilhões de pesos argentinos e 113 bilhões de dólares,[91] mais que o dobro do total dos débitos incluídos na moratória de 2001.

Fica claro que a reestruturação operada em 2005 rendeu vultosas quantias aos detentores de títulos, mesmo após os descontos efetuados. O maior benefício da troca dos títulos não foi, portanto, o não pagamento da dívida, mas, sim, uma diminuição no peso que a dívida exercia sobre as contas públicas no curto prazo e, mais importante, a possibilidade de se desvencilhar de influências externas na formulação da política econômica. Esse não é um dado menor, haja vista a história argentina, mas é o espaço de autonomia disposto pelo governo Kirchner *durante* o período 2003-2005, que é particularmente digno de nota e permite constatar a centralidade das variáveis destacadas nesta tese na demarcação dessas margens.

Um aspecto central dessa trama foi a ampliação do espaço fiscal do governo, em cujo centro estava a apreciação dos termos de troca das exportações e a recuperação da demanda agregada, que, juntas, permitiram a acumulação sucessiva de expressivos superávits primários. A melhora nas contas públicas foi tamanha que permitiu que a relação entre o estoque da dívida e o PIB caísse antes mesmo da reestruturação – em 2002 ela era de 159%, e no final de 2004 alcançava 114% (ver Gráfico 20). Um espaço fiscal mais confortável impactava positivamente a autonomia de diferentes modos. Primeiro, ele fortalecia a posição diante do FMI, na medida em que permitia cumprir, com folga, as metas quantitativas acordadas.[92] O fato de esses resultados terem sido obtidos com uma agenda bastante diversa daquela preconizada pelo Fundo concorria em favor da Argentina, sobretudo nos momentos em que era necessário objetar a agenda de reformas insistentemente cobrada. Nos dois momentos de impasse mais agudo – o contexto da terceira revisão do SBA e após a reestruturação –, foi o espaço fiscal que permitiu ao governo interromper os desembolsos ao Fundo sem deixar de cumprir com suas obrigações externas.

---

91 Fernández de Kirchner, Discurso de la presidenta Cristina Fernández en la inauguración del 133º período de Sesiones Ordinarias del Congreso Nacional, 2013.

92 Torres, op. cit.

Dever e poder

O desempenho fiscal ajudava ainda na relação com os credores privados. Ao obter resultados positivos em praticamente todos os indicadores, a economia argentina mostrava resiliência às consequências esperadas do default, tornando menos críveis as ameaças esgrimidas pelos credores e seus acólitos, e mais plausíveis as expectativas de pagamento. Essa lógica pode ser resumida no seguinte raciocínio: as previsões catastróficas quanto aos efeitos negativos de não acordar com os credores se tornavam muito menos plausíveis para um país que lograva recuperar a economia mesmo sem haver concluído uma reestruturação da dívida. Ao mesmo tempo, os excedentes à disposição do erário asseguravam ao governo os recursos necessários para administrar o conflito distributivo doméstico, fortalecendo a posição do Executivo.

As possibilidades de firmar uma aliança informal entre credores externos e grupos locais, como na década de 1980, diminuíram consideravelmente com a reorganização do poder econômico produzida pela crise. Embora não houvesse novas frações no núcleo dinâmico da economia, ocorreu uma clara preponderância do capital produtivo em detrimento da posição relativa do capital financeiro e especulativo. Essa situação não significa que esses setores perderam relevância na economia do país, mas, sim, que seus interesses de curto e médio prazos eram obstaculizados pela orientação de política econômica do governo, e não havia na sociedade respaldo suficiente para tornar a agenda desses segmentos viável politicamente.

O elevado grau de dispersão dos credores se mostrou um severo empecilho à formação de coalizões suficientemente fortes e coesas para pressionar com assertividade o Estado argentino. É verdade que as associações formadas naqueles anos buscaram contornar os problemas de ação coletiva resultantes da atomização dos detentores de títulos e empreenderam esforços significativos na intenção de demover o governo Kirchner, mas o êxito alcançado por elas foi bastante limitado. Embora o impacto individual do default fosse gigantesco para os credores, ele não produzia efeitos comparáveis, do ponto de vista agregado, para as economias nacionais. A título de exemplo, podemos observar, na Tabela 17, a situação nos Estados Unidos, em que as perdas mais expressivas para os contribuintes ficavam na casa dos 2,5 bilhões de dólares, um valor irrisório do ponto de vista da estabilidade fiscal do sistema bancário americano.

Desse modo, as manobras dos credores para que governos nacionais e instituições multilaterais atuassem como seus representantes políticos se viram frustradas na maior parte dos casos, tendo sido apenas moderadamente bem-sucedidas nos casos de Espanha e Itália. No caso do FMI, a situação era ainda mais complexa porque, embora o Fundo fosse receptivo ao *lobby* dos credores, o principal recurso de poder à sua disposição eram os créditos outorgados à Argentina, que, desde 2003, serviam justamente para cobrir a exposição do organismo no país.

Um elemento final nessa tessitura corresponde ao papel e à atuação dos Estados Unidos da América. Eles foram, em diferentes ocasiões, reconhecidos por autoridades argentinas relevantes para a formação dos diferentes resultados que convergiram na reestruturação de 2005, oferecendo um apoio mais significativo do que aquele dado pelo Brasil, por exemplo. Os votos favoráveis ao país no diretório do FMI, as manifestações públicas de apoio e a recusa a exercer pressões no sentido desejado por parte dos credores são alguns dos fatos previamente narrados que respaldavam essa visão. Cabe agora deslindá-la, entendendo os motivos dessa "estranha história", como definiu Eric Helleiner.[93]

A meu ver, a posição dos Estados Unidos deve ser compreendida a partir de uma chave dupla, que inclua o panorama geral da política externa e econômica durante a administração de George W. Bush. Em relação à primeira, já é lugar-comum destacar que a prioridade máxima da política externa de Bush era a guerra ao terror, o que concentrava as atenções do país no Oriente Médio. Isso não significou uma retração da presença estadunidense na América Latina, como apontado em algumas análises açodadas,[94] mas em uma reorganização da agenda para a região, agora muito mais centrada nas questões estratégicas e de combate ao terrorismo.[95] Bush e sua equipe mantiveram ainda a resistência em patrocinar um papel mais ativo, intervencionista, por parte das instituições internacionais, sobretudo as financeiras. Olhando especificamente para a situação argentina, devem-se ressaltar os seguintes itens.

Primeiro, Kirchner secundou a maioria das preocupações com o terrorismo apresentadas pelos Estados Unidos, limitando-se a defender que decisões quanto ao uso da força fossem tomadas no âmbito multilateral. Mesmo no caso da Alca – que era seriamente objetada por segmentos importantes da base de apoio que Kirchner então construía –, o presidente argentino não expressou nenhuma contestação frontal até 2005, depois de concluir a reestruturação. As relações bilaterais no âmbito estratégico permaneceram estáveis em relação aos anos anteriores e acomodaram com relativa tranquilidade as prioridades dos Estados Unidos na região. Apesar das críticas ao modelo de alinhamento automático da era Menem, Kirchner manteve intacto um dos principais símbolos do período – a posição de aliado extra-Otan obtida em 1998. Sob essa rubrica, a Argentina continuou a receber créditos para aquisição de material militar e manteve um fluxo regular de cooperação no setor de educação e treinamentos militares até o ano de 2007. Em 2003, os Estados Unidos transferiram mais de 3,4 milhões de dólares para o país na forma de assistência em segurança, e, entre 2003 e 2015, cerca

---

93 Helleiner, op. cit.
94 Hakim, Is Washington Losing Latin America?, 2006.
95 Milani, US Foreign Policy to South America since 9/11, 2021.

de 7 milhões de dólares foram recebidos em assistência para programas de combate ao terrorismo e combate ao tráfico de drogas.[96] Na contramão do que defendia os Estados Unidos, porém, o país seguiu adotando uma diferenciação rígida entre defesa nacional e segurança pública que, na prática, impedia o emprego dos militares em funções de polícia.[97]

As dimensões da agenda bilateral que iam além das questões financeiras tinham um papel importante na construção do posicionamento do governo Bush sobre a crise argentina. Em audiência do Subcomitê de Comércio Internacional e Finanças do Senado, o então subsecretário para América Latina do Departamento de Estado, Roger Noriega, caracterizou a Argentina como um "aliado valioso", mais pela posição política do país do que pelas questões financeiras. Noriega recordou a participação argentina em missões de paz da ONU e o envolvimento na questão venezuelana, destacando especificamente um encontro que Kirchner manteve em Caracas com lideranças da oposição ao presidente Hugo Chávez. Noriega deu ainda particular ênfase à questão do terrorismo, como se nota no trecho a seguir:

> Em nossa ampla e profunda relação, tratamos uns aos outros de forma cooperativa em uma série de questões. Uma área específica de um envolvimento contínuo é o contraterrorismo. Como sabe, senhor presidente e senador, a Argentina sofreu ataques terroristas devastadores em 1992 e 1994, e nossa experiência compartilhada com ataques terroristas em nosso solo cria um vínculo especial entre nossos países. A Argentina tem sido líder neste hemisfério na promoção da cooperação para enfrentar as ameaças à nossa segurança comum, provenientes de pessoas vinculadas a organizações terroristas e envolvidas em lavagem de dinheiro e tráfico de armas e drogas, especialmente na área da Tríplice Fronteira, onde a Argentina tem sido uma líder em abordar algumas preocupações de segurança que compartilhamos.[98]

Mais adiante, o senador Evan Bayh, que atuou em aberta defesa dos credores privados, questionou explicitamente o subsecretário do Tesouro se a "nossa posição de continuar a favor dos desembolsos [do FMI] foi influenciada por nossa política externa". Randall Quarles respondeu que as decisões do governo no FMI haviam sido guiadas pelas visões econômicas presentes no Departamento do Tesouro, e não pelas preocupações de política externa, apesar de estas serem legítimas.[99] Essa posição não era contrária, mas complementar à expressada pelo representante do Departamento de Estado. Do ponto de vista financeiro, a preocupação predominante no

---

96 Security Assistance Monitor, US Security Assistance to Argentina, 2020.

97 Pereira, *Controle e autonomia nas gestões Kirchner e Fernández de Kirchner (2003-2011)*, 2016.

98 Noriega, *Statement before the United States Senate's Subcommittee on International Trade and Finance*, 2004, p.15.

99 Quarles, op. cit., p.16.

Tesouro era com a possibilidade de contágio e, uma vez que isso foi debelado pelos pacotes de ajuda ao Uruguai e ao Brasil, a situação era tida como sob controle. O contágio aqui deve ser visto em uma perspectiva mais abrangente, porque não se limitava às repercussões regionais da crise, mas também, e sobretudo, às implicações que ela poderia ter sobre os interesses americanos.

A pulverização dos credores e sua natureza institucional jogavam mais uma vez a favor da Argentina – cujo default não representava nenhum risco ou perda insustentável para atores de proa do sistema bancário estadunidense. Criava-se, assim, uma situação em que a racionalidade anti-internacionalista da administração Bush, que penalizou a Argentina durante 2001, agora virava a favor do país, na medida em que se traduzia em resistência a engajar o FMI nas negociações com os credores privados. Não há nessa oscilação nenhum paradoxo; resguardados os interesses estadunidenses, o que estava em jogo nos dois momentos não era a Argentina em si, mas, sim, a resistência a uma atuação intervencionista do Fundo – seja para salvar um país em crise, seja imiscuindo-se em negociações entre um governo e seus credores privados.

7
Conclusão

O que foi feito, amigo, de tudo que a gente sonhou?
O que foi feito da vida, o que foi feito do amor?
Quisera encontrar aquele verso menino
Que escrevi há tantos anos atrás
Falo assim sem saudade, falo assim por saber
Se muito vale o já feito, mais vale o que será
Mas vale o que será
E o que foi feito é preciso conhecer para melhor prosseguir
Falo assim sem tristeza, falo por acreditar
Que é cobrando o que fomos que nós iremos crescer
Nós iremos crescer, outros outubros virão
Outras manhãs, plenas de sol e de luz

Milton Nascimento e Fernando Brant

Esta tese se debruçou sobre a relação da autonomia do Estado argentino e a dívida externa. Identificada uma significativa diferença nas negociações da dívida externa nas décadas de 1980 e 2000, o problema de pesquisa suscitado buscava dar conta de compreender os elementos que informavam essa disparidade, que, embora pudesse ser depreendida da literatura, não foi escrutinada em detalhes ou isolada como objeto específico de interesse. Tratava-se, então, de identificar as condições concretas que demarcam os espaços dispostos por operadores do Estado que, ciosos da autonomia, se defrontam com as forças do capital financeiro. O trajeto percorrido em resposta a essa pergunta partiu de um conjunto de enunciados sobre as relações mais abrangentes em cujo seio se inscrevem os fatos apurados. O Estado capitalista, dotado de autonomia relativa, deve executar duas funções elementares – garantir a acumulação de capital e gerir os conflitos sociais. O exercício dessas atividades requisita receitas, dinheiro, e um dos meios à disposição para obter esses recursos é justamente a dívida, que, em situações de crise, termina acentuando os conflitos distributivos e limitando a capacidade de o Estado exercer suas funções básicas. Daí se delinearam os componentes da hipótese – era necessário entender as relações de poder que envolviam o Estado local e a esfera internacional, bem como aferir sua capacidade fiscal, o que demanda um exame de quem são os credores, das forças dominantes no país e do espaço fiscal.

Dessa maneira, o desenrolar das negociações nos governos Alfonsín e Kirchner assumiu um caráter muito mais inteligível do que aquele que se desenhava à primeira vista. Alfonsín governou em meio a severas restrições fiscais e em uma sociedade cujos poderes econômicos haviam sido substancialmente reconfigurados pelo regime autoritário. Nos anos 1980, a Argentina ainda não era a "pátria financeira" que se tornaria na década seguinte, tampouco era o país que Alfonsín supunha quando tomou posse. As reformas da ditadura reafirmaram o poder das oligarquias agrárias, fortaleceram as frações financistas e concentraram o setor industrial a tal ponto que as pequenas firmas de capital nacional terminaram virtualmente suprimidas. No poder, Alfonsín tentou enfrentar o problema da dívida de modo assertivo, mas logo esbarrou na ausência de condições fáticas para tanto. Os credores externos eram suficientemente poderosos para mobilizar governos e instituições internacionais em seu favor – curso em que, aliás, ambos os atores já se encontravam –, ao passo que os setores dominantes locais, embora ainda não fossem hegemônicos, eram suficientemente fortes para barrar as chances de êxito da política econômica. A falta de espaço fiscal para sustentar as posições do presidente sem acirrar os ânimos internos vinha ao encontro da aliança informal entre credores e empresariado local, unidos no interesse de barrar um aumento real dos salários, criando a tempestade perfeita que, no fim, afogou o governo.

Kirchner, por sua vez, navegou em um mar mais turbulento, porém de ventos mais favoráveis. Os credores do default de 2001 eram muito mais numerosos, mas atomizados e sem maior capacidade de reivindicar com êxito os apoios usufruídos pelos banqueiros dos anos 1980. Ao mesmo tempo, a grande massa de credores argentinos criava uma relação mais simétrica com o governo porque não interessava a esses grupos que o Estado permanecesse por muito tempo na bancarrota. O poder econômico se configurava de maneira distinta daquela que serviu à aliança operada pelo peronismo dos anos 1940, mas a capacidade de liderança de Kirchner se revelou essencial para acomodar os movimentos sociais em um momento crítico e a fragilidade do setor bancário-financeiro limitava a articulação dos credores internacionais com poderes locais. Nada disso, no entanto, teria sido possível sem o concurso de um terceiro fator – as margens fiscais que o governo dispunha como resultado da apreciação dos termos de troca da balança comercial e da gestão macroeconômica. O espaço fiscal permitiu concessões vitais aos trabalhadores que se traduziram em reativação da demanda interna, impulsionando o desempenho da economia como um todo e, não menos relevante, garantiram a sustentabilidade da posição de enfrentamento ao FMI. Nesse sentido, Kirchner vivenciou, por alguns anos, uma situação "ideal" do ponto de vista das funções de um Estado capitalista – foi possível acumular e distribuir, crescer e acomodar o conflito social.

O material haurido durante a pesquisa permite tecer algumas considerações adicionais a partir de tópicos que se sobressaíram na narrativa exposta. Um primeiro caso é o das interfaces entre o problema da dívida externa e as relações interestatais, ilustrados na iniciativa de Cartagena e nas relações com os Estados Unidos. Cartagena mostrou como as possibilidades de uma cooperação política mais assertiva podem ser significativamente tolhidas pelo concurso de pressões externas e internas aos países. É interessante notar como as rédeas dos trabalhos foram tomadas pelos representantes dos ministérios econômicos, e não pela diplomacia, e como os discursos enfáticos em defesa da solidariedade regional foram minados nos bastidores por interesses financeiros. Um fator ainda pouco explorado pela bibliografia, mas que certamente merece estudos mais detidos, é a relevância dos setores bancários nacionais, principalmente do México e do Brasil, na interdição de qualquer esforço de cooperação política mais sólida.

Enquanto Cartagena parece confirmar as interpretações clássicas sobre o poder de veto da burguesia aos dirigentes estatais, a experiência das relações com os Estados Unidos nos obriga a um olhar mais nuançado. É certo que os governos estadunidenses não se moveram em frontal oposição aos interesses econômicos dominantes de turno, mas é igualmente certo que havia mais do que isso em suas agendas. Em termos operacionais, na falta de um termo melhor, cabe notar ainda que a política externa americana não pode ser subsumida à burocracia diplomática, mas deve necessariamente contemplar a atuação do Departamento do Tesouro. O fato de serem os burocratas do Tesouro, e não do Departamento de Estado, que conduzem determinados eixos da atuação dos Estados Unidos pode sugerir que não se trata de política externa, mas essa é uma pista falsa. Com efeito, a política externa estadunidense acomodou questões financeiras e estratégicas nas relações com a Argentina de modo a viabilizar interesses mais abrangentes, manejando com habilidade variável as necessidades argentinas em favor da satisfação das metas prioritárias de Washington.

No caso do governo Alfonsín, a prioridade não era a crise da dívida, mas o programa Cóndor II, tema no qual o êxito da administração Reagan foi muito limitado. Ainda que não seja possível afirmar categoricamente, não me parece infundado que a resistência de Alfonsín em ceder na questão nuclear tenha pesado na falta de apoio às pautas da crise da dívida. Duas décadas depois, novamente com uma Casa Branca republicana, a história foi diferente. Com interesses econômicos bem menos relevantes em jogo na Argentina, o governo Bush teve atuação francamente favorável ao país nas negociações com o FMI. As razões dessa postura são diversas – havia a contrariedade do governo para com os "internacionalistas", a diferenciação com seu antecessor, a falta de pressões organizadas relevantes, mas não só. Do outro lado, havia um governo que, embora empunhasse vigorosamente a bandeira da autonomia, não se esquivou de atender às principais demandas dos Estados Unidos na agenda de segurança, nem procurou romper com laços forjados pela administração anterior nesse campo.

Estabelecido o posicionamento explicativo do trabalho na dimensão histórica, que constitui o objetivo principal da tese, cabe dizer algo sobre as questões conceituais e teóricas subjacentes ao problema de pesquisa. Em outras palavras, o que a experiência histórica aqui tratada nos informa a respeito da problemática da autonomia do Estado em termos mais abrangentes? A primeira conclusão autorizada pelo trabalho é a impossibilidade de pensar na autonomia nas relações exteriores descasando-a daquela que o Estado mantém internamente, com as classes dominantes. Essa, contudo, é uma afirmação que traz mais questionamentos do que respostas. Uma delas extrapola em muito as possibilidades abertas por esta tese e diz respeito às condições que permitem a construção de alianças sociais capazes de sustentar os reveses impostos a partir do exterior a comportamentos autonomistas. Uma segunda, sobre a qual se pode dizer mais, se refere à viabilidade de uma postura autonomista nas relações exteriores em um contexto no qual as forças dominantes locais são justamente aquelas que se beneficiam da condição dependente.

O problema prático é garantir a autonomia relativa, seja resistindo a contestações, seja obtendo aquiescência tácita. Em ambos os casos, é a capacidade de os governantes conduzirem políticas aderentes às funções elementares do Estado que se sobressaiu como elemento decisivo para preservação de sua autonomia relativa. Dito de outro modo, iniciativas autonomistas nas relações exteriores têm sua vitalidade condicionada à existência de condições que permitam a acumulação exitosa de capital e a acomodação dos conflitos sociais. Remetemo-nos, portanto, à centralidade do aspecto fiscal, a disponibilidade de receitas capazes de viabilizar esses dois aspectos. O próprio apoio à continuidade dos pagamentos da dívida externa se inscreve nesse quadro – o default de 2002, por exemplo, foi largamente respaldado pelas forças capitalistas argentinas porque, naquele momento, a interrupção dos pagamentos servia mais à reprodução do capitalismo no país do que a sua continuidade.

O elemento de contradição aparece quando recordamos que tais condições se deram em contextos nos quais havia ou uma apreciação dos termos de troca, ou um massivo fluxo de capitais externos ingressando na Argentina, o que evidencia que mesmo a autonomia se encontra enredada na tessitura urdida pela dependência, que condiciona os resultados econômicos locais às dinâmicas estrangeiras. A autonomia se encontra, assim, em uma jaula de aço, na famosa expressão de Max Weber, na qual é possível se movimentar, mas não se evadir de todo. Não pretendo, contudo, que essas constatações sirvam de alimento ao pessimismo ou ao fatalismo quanto à ação concreta. As possibilidades de transformação e de enfrentamento não precisam ser totais para ser dignas de empenho. O caminho percorrido pela tese permite confirmar que, sem a dimensão específica dos interesses dos governantes, nenhum esforço de explicação é completo, ou seja, não basta que as condições estejam postas, é preciso que haja interesse em vertê-las em algo concreto. A política exprime relações de força, não desejos, mas isso não a reduz a um eterno diálogo meliano e menos ainda a um jogo de cartas marcadas, porque ela também representa o engenho de seus praticantes. Não é outra, senão esta, a razão pela qual a Argentina desafia todas as teorias.

Referências

ACEMOGLU, Daron; JOHNSON, Simon; ROBINSON, James. Institutions as the Fundamental Cause of Long-run Growth. *Working Paper*, Cambridge, NBER Working Paper Series, n.10481, 2004.

ACEVEDO, Manuel; BASUALDO, Eduardo; KHAVISSE, Miguel. *El nuevo poder económico en la Argentina de los años 80*. Buenos Aires: Siglo XXI, 2004.

AHORA, la Argentina negociará el Alca. *Ámbito Financiero*, Buenos Aires, 24 jul. 2003.

ALFONSÍN pide una cumbre de gobiernos por la deuda. *Clarín*, Buenos Aires, 14 set. 1984.

ALFONSÍN, Raúl. Discurso de asunción presidencial ante Asamblea Legislativa. *Alfonsin.org*, Buenos Aires, 10 dez. 1983. Disponível em: alfonsin.org/discurso-de-asuncion-presidencial-ante-asamblea-legislativa/. Acesso em: 1º jun. 2020.

ALFONSÍN, Raúl. Cien días de gobierno por cien años de democracia. Buenos Aires, 23 mar. 1984.

ALFONSÍN, Raúl. Mensaje del señor presidente difundido por la red nacional de radio y televisión. *Lanic*, 27 jun. 1984. Disponível em: lanic.utexas.edu/larrp/pm/sample1/argentin/alfonsin/840456d.html. Acesso em: 31 out. 2020.

ALFONSÍN, Raúl. Reportaje al señor presidente realizado en la Casa de Gobierno por periodistas de la televisora TVS de los Estados Unidos de América. *Lanic*, 29 jun. 1984. Disponível em: lanic.utexas.edu/larrp/pm/sample1/argentin/alfonsin/840466.html. Acesso em: 31 out. 2020.

ALFONSÍN, Raúl. Discurso ante el presidente de los Estados Unidos Ronald Reagan, jardines de la Casa Blanca. Washington, 19 mar. 1985.

ALFONSÍN, Raúl. Discurso en defensa de la democracia y anuncio de economía de guerra. Buenos Aires, 26 abr. 1985.

ALFONSÍN, Raúl. *Memoria política*: transición a la democracia y derechos humanos. Buenos Aires: Fondo de Cultura Económica, 2013.

ALONSO, José F. Las crisis de deuda soberana de la República Argentina en el período democrático. La (des) inserción financiera internacional como condicionante de los modelos de desarrollo y la política exterior (1983-2011). In: BUSSO, Anabella (Ed.). *Modelos de desarrollo e inserción internacional*: aportes para el análisis de la política exterior argentina desde la redemocratización: 1983-2011, actores y temas de agendas. Rosario: Editorial de la Universidad Nacional de Rosario, 2017.

ALTAMIRA, César. *Os marxismos do novo século*. Rio de Janeiro: Civilização Brasileira, 2008.

AMADEO, Eduardo. *La salida del abismo*: memoria política de la negociación entre Duhalde y el FMI. Buenos Aires: Planeta, 2003.

AMADEO, Javier. *O debate econômico na Argentina da democratização*. São Paulo, 2005. Tese (Doutorado em Ciência Política) – Universidade de São Paulo.

ARES, Carlos. El ministro de Economía anuncia que Argentina no pagará la deuda que considere "ilegítima". *El País*, Madri, 17 maio 1984.

ARGENTINA. Poder Ejecutivo Nacional. Plan Trienal para la reconstrucción y la Liberación Nacional. Buenos Aires, 1973. p.13-5.

ARGENTINA. Mensajes Presidenciales: Proceso de Reorganización Nacional. Tomo I. Buenos Aires, 1976.

ARGENTINA. Ley 22.591: Indisponibilidad de bienes británicos por Guerra de Malvinas. InfoLEG, 21 maio 1982. Disponível em: servicios.infoleg.gob.ar/infolegInternet/verNorma.do?id=221637. Acesso em 1º jun. 2020.

ARGENTINA. Congreso Nacional. Cámara de Senadores de la Nación. Reunión 4ª (transcrição). Buenos Aires, 16 maio 1984.

ARGENTINA. *Letter of Intent, Memorandum of Economic Policies, and Technical Memorandum of Understanding*. Washington: IMF Archives, 2003.

ARGENTINA. *Letter of Intent, Memorandum of Economic Policies, and Technical Memorandum of Understanding*. Washington: IMF Archives, 2004.

ARGENTINA. Presidencia de la Nación. Decreto n. 1375/04. Buenos Aires, 2004.

ARGENTINA. Presidencia de la Nación. Decreto n. 1735/04. Buenos Aires, 2004.

ARGENTINA. Congreso Nacional. Ley 26.017 – Deuda Pública. Buenos Aires, 2005.

ARGENTINA. Ministério de Economia. Oferta de Canje. Buenos Aires, 2005.

ARGENTINA et al. Cartagena Communique on Foreign Debt and Economic Development. Cartagena, 1984.

ARGENTINA faz acordo com os bancos sem aval do FMI. *Jornal do Brasil*, Rio de Janeiro, 1984, 1º Caderno, n.83, p.13.

ARGENTINA reduz divergências com o FMI. *Jornal do Brasil*, Rio de Janeiro, 1984, 1º Caderno, n.81, p.17.

ARRIGHI, Giovanni. *O longo século XX*. Rio de Janeiro: Contraponto, 2016.

AUSTRALIAN TREASURY SECRETARY. Australia and the International Financial Institutions Reports 2002-03. *Annual Report to the Parliament*. Camberra, 2003.

AYERBE, Luís Fernando. *Neoliberalismo e política externa na América Latina*: uma análise a partir da experiência argentina recente. São Paulo: Editora Unesp, 1998.

AYERBE, Luís Fernando. *Estados Unidos e América Latina*: a construção da hegemonia. São Paulo: Editora Unesp, 2002.

BAER, Werner; MARGOT, Diego; MONTES-ROJAS, Gabriel. Argentina's Default and the Lack of Dire Consequences. *Economia Aplicada*, Ribeirão Preto, v.15, n.1, 2011.

BALIÑO, Tomás J. T. The Argentina Banking Crisis of 1980. In: SUNDARARAJAN, V.; BALIÑO, Tomás J. T. (Eds.). *Banking Crisis*: Cases and Issues. Washington: International Monetary Fund, 1991.

BALLESTEROS, Jorge. Causa n.14.467: caratulada "Olmos, Alejandro S/ dcia" – Expte n.7.723/98. Buenos Aires, 2000.

BAMBIRA, Vânia. *El capitalismo dependiente latinoamericano*. Cidade do México: Siglo XXI, 1974.

BANCO CENTRAL DE LA REPÚBLICA ARGENTINA. Comunicación "A" 31, 5 jun. 1981. Buenos Aires, 1981.

BANCO CENTRAL DE LA REPÚBLICA ARGENTINA. Comunicación "A" 61, 5 jun. 1981. Buenos Aires, 24 set. 1981.

BANCO CENTRAL DE LA REPÚBLICA ARGENTINA. Comunicación "A" 695, 1º jul. 1985. Buenos Aires, 1985.

BANCO MUNDIAL. Report n.4979-AR – Economic Memorandum on Argentina. Washington, 1984.

BANCO MUNDIAL. Argentina: From Insolvency to Growth. Washington, 1993.

BANCO MUNDIAL. Report n.34015-AR. International Bank for Reconstruction and Development and International Finance Corporation. Country Assistance Strategy for the Argentine Republic for the Period 2006-2008. Washington, 2003.

BANCO MUNDIAL. Report n.39228-AR. Argentina – Country Financial Accountability Assessment. Washington, 2008.

BANCO MUNDIAL. World Bank Economic Database. Washington, 2020.

BANCO MUNDIAL. Gross Capital Formation (% of GDP): Argentina (1980-1989). World Bank National Accounts Data. Washington, 2020.

BANCOS respaldan oferta argentina de reestructuración de deuda. *La Nación*, Buenos Aires, 22 set. 2003.

BÁRCENA, Alicia. La crisis de la deuda latinoamericana: 30 años después. In: OCAMPO, José Antonio et al. *La crisis latinoamericana de la deuda desde la perspectiva histórica*. Santiago: Cepal, 2014.

BASUALDO, Eduardo. La reestructuración de la economía argentina durante las últimas décadas de la sustitución de importaciones a la valorización financiera. In: BASUALDO, Eduardo; ARCEO, Enrique (Orgs.). *Neoliberalismo y sectores dominantes*: tendencias globales y experiencias nacionales. Buenos Aires: Clacso, 2006.

BASUALDO, Eduardo. *Estudios de historia económica argentina*: desde mediados del siglo XX a la actualidad. Buenos Aires: Siglo Veintiuno, 2006.

BASUALDO, Eduardo; KULFAS, Matías. Fuga de capitales y endeudamiento externo en la Argentina. *Realidad Económica*, Buenos Aires, n.173, p.76-103, 2000.

BELLUZZO, Luiz Gonzaga. O dólar e os desequilíbrios globais. *Revista de Economia Política*, São Paulo, v.25, n.3, p.224-32, 2005.

BENSON, Todd. I.M.F. Accepts Standstill to Let Argentina Work on Debt. *The New York Times*, 1º set. 2004.

BILLI, Marcelo. Argentina confirma que não pagará Bird. *Folha de S.Paulo*, 14 dez. 2002.

BLOCK, Fred. The Ruling Class Does Not Rule: Notes on the Marxist Theory of State. *Socialist Revolution*, n.33, 1977.

BLOCK, Fred. The Fiscal Crisis of the Capitalist State. *Annual Review of Sociology*, v.7, 1981.

BLOCK, Fred. *Revising State Theory*: Essays in Politics and Post industrialism. Filadélfia: Temple University Press, 1987.

BLYTH, Mark. *Austerity*: The History of a Dangerous Idea. Nova York: Oxford University Press, 2013. [Ed. bras.: *Austeridade*: a história de uma ideia perigosa. Trad. Freitas e Silva. São Paulo: Antonomia Literária, 2017.]

BOADLE, Anthony. Argentina, IMF Talking about Plan for Future. *Los Angeles Times*, 20 ago. 2001. Disponível em: latimes.com/archives/la-xpm-2001-aug-20-fi-36267-story. html. Acesso em: 13 jun. 2024.

BONVECCHI, Alejandro. Del gobierno de la emergencia al capitalismo selectivo: las relaciones Estado-empresarios durante el kirchnerismo. In: DE LUCA, Miguel; MALAMUD, Andrés. *La política en tiempos de los Kirchner*. Buenos Aires: Eudeba, 2011.

BORÓN, Atilio. Réquiem para el populismo. *Página/12*, 13 jun. 1989.

BOUGHTON, James. *Silent Revolution*: The International Monetary Fund (1979-1989). Washington: The International Monetary Fund, 2001.

BRAUDEL, Fernand. *Afterthoughts on Material Civilization and Capitalism*. Baltimore: John Hopkins University Press, 1979.

BRENTA, Noemí. *Historia de la deuda externa argentina*: de Martínez de Hoz a Macri. Buenos Aires: Capital Intelectual, 2019.

BROZ, J. Lawrence; FRIEDEN, Jeffry A. The Political Economy of International Monetary Relations. *Annual Review Political Science*, v.4, p.317-43, 2001.

BURKE, Edmund. *Reflections on the Revolution in France*. Londres: James Dodsley, 1790. [Ed. bras.: *Reflexões sobre a revolução na França*. Campinas: Vide Editorial, 2017.]

BURNHAM, Peter. Capital, Crisis and the International State System. In: BONEFELD, Werner; HOLLOWAY, John (Eds.). *Global Capital, National State and the Politics of Money*. Nova York: St. Martin's Press, 1996.

BURNHAM, Peter. Marx, International Political Economy and Globalization. *Capital & Class*, v.25, n.103, 2001.

BUSSO, Anabela. Los vaivenes de la política exterior argentina re-democratizada (1983-2013): reflexiones sobre el impacto de los condicionantes internos. *Estudios Internacionales*, Santiago, v.46, n.11, 2014.

BUSSO, Anabella. Neoliberal Crisis, Social Demands, and Foreign Policy in Kirchnerist Argentina. *Contexto Internacional*, Rio de Janeiro, v.38, n.1, 2016.

CANDEAS, Alessandro. *A integração Brasil-Argentina*: história de uma ideia na "visão do outro". Brasília: Funag, 2010.

CANTAMUTTO, Francisco; OZAROW, Daniel. Serial Payers, Serial Losers? The Political Economy of Argentina's Public Debt. *Economy and Society*, v.45, n.1, p.123-47, 2016.

CARDOSO, Fernando Henrique; FALETTO, Enzo. *Dependencia y desarrollo en América Latina*: ensayo de interpretación sociológica. Buenos Aires: Siglo XXI, 2003.

CASTAÑEDA, Jorge. Latin America's Left Turn. *Foreign Affairs*, n.85, v.3, 2006.

CASTELLANI, Ana; SCHORR, Martín. Argentina: convertibilidad, crisis de acumulación y disputas en el interior del bloque de poder económico. *Cuadernos del Cendes*, Caracas, v.21, n.57, p.55-82, 2004.

CAVALLO, Domingo. An Institutional Coup. *NBER Papers*, Cambridge, 2002.

CAVAROZZI, Marcelo. *Autoritarismo y democracia*. Buenos Aires: Edueba, 2003.

CEBERIO, Jesús. "Cumbre" de 11 países latinoamericanos para buscar un marco global en la renegociación de la deuda exterior. *El País*, 18 jun. 1984.

CENTENO, Miguel Angel. Blood and Debt: War and Taxation in Nineteenth-Century Latin America. *American Journal of Sociology*, n.102, v.6, p.1565-605, 1997.

CENTENO, Miguel Angel. *Blood and Debt*: War and Nation-State in Latin America. University Park: Pennsylvania State University, 2002.

CENTRAL INTELLIGENCE AGENCY. The Cartagena Group: Politicizing the Debt in Latin America. *Intelligence Assessment*, Washington, 1986.

CISNEROS, Andrés. Urge fijar la posición argentina en la ONU. *La Nación*, Buenos Aires, 29 jun. 2004.

CODATO, Adriano. Poulantzas, 1, 2 e 3. In: CODATO, Adriano; PERISSINOTTO, Renato. *Marxismo como ciência social*. Curitiba: Editora UFPR, 2011.

COELHO, Jaime Cesar. Trajetórias e interesses: os EUA e as finanças globalizadas num contexto de crise e transição. *Revista de Economia Política*, São Paulo, v.31, n.5 (125), p.771-93, 2011.

COELHO, Jaime Cesar. *Economia, poder e influência externa*: o Banco Mundial e os anos de ajuste na América Latina. São Paulo: Editora Unesp, 2012.

COHEN, Benjamin. *A geografia do dinheiro*. São Paulo: Editora Unesp, 2013.

COMISIÓN ECONÓMICA PARA AMERICA LATINA. Indicadores macroeconómicos de la Argentina. Buenos Aires, 1996.

COMISIÓN ECONÓMICA PARA AMERICA LATINA. Cepalstat. Santiago, 2020.

COMISIÓN ECONÓMICA PARA AMERICA LATINA Y EL CARIBE (CEPAL). Anuario estadístico de América Latina y el Caribe, 1989. Santiago, 1990.

COMISIÓN ECONÓMICA PARA AMERICA LATINA Y EL CARIBE (CEPAL). Anuario estadístico de América Latina y el Caribe, 1990. Santiago, 1991.

COMISIÓN ECONÓMICA PARA AMERICA LATINA Y EL CARIBE (CEPAL). Anuario estadístico de América Latina y el Caribe, 1994. Santiago, 1995.

COMISIÓN ECONÓMICA PARA AMERICA LATINA Y EL CARIBE (CEPAL). Anuario estadístico de América Latina y el Caribe, 1995. Santiago, 1996.

COMISIÓN ECONÓMICA PARA AMERICA LATINA Y EL CARIBE (CEPAL). Economic Survey of Latin American and the Caribbean. Santiago, 1999.

COMISIÓN ECONÓMICA PARA AMERICA LATINA Y EL CARIBE (CEPAL). Anuario estadístico de América Latina y el Caribe, 1999. Santiago, 2000.

COMISIÓN ECONÓMICA PARA AMERICA LATINA Y EL CARIBE (CEPAL). Anuario estadístico de América Latina y el Caribe, 2002. Santiago, 2003.

COMISIÓN ECONÓMICA PARA AMERICA LATINA Y EL CARIBE (CEPAL). Anuario estadístico de América Latina y el Caribe, 2003. Santiago, 2004.

COMISIÓN ECONÓMICA PARA AMERICA LATINA Y EL CARIBE (CEPAL). Anuario estadístico de América Latina y el Caribe, 2004. Santiago, 2005.

COMISIÓN ECONÓMICA PARA AMERICA LATINA Y EL CARIBE (CEPAL). Anuario estadístico de América Latina y el Caribe, 2005. Santiago, 2006.

COMISIÓN ECONÓMICA PARA AMERICA LATINA Y EL CARIBE (CEPAL). Anuario estadístico de América Latina y el Caribe, 2006. Santiago, 2007.

COMISIÓN ECONÓMICA PARA AMERICA LATINA Y EL CARIBE (CEPAL). Anuario estadístico de América Latina y el Caribe, 2007. Santiago, 2008.

COMISIÓN ECONÓMICA PARA AMERICA LATINA Y EL CARIBE (CEPAL). Anuario estadístico de América Latina y el Caribe, 2008. Santiago, 2009.

COMISIÓN ECONÓMICA PARA AMERICA LATINA Y EL CARIBE (CEPAL). Anuario estadístico de América Latina y el Caribe, 2009. Santiago, 2010.

COMISIÓN ECONÓMICA PARA AMERICA LATINA Y EL CARIBE (CEPAL). Anuario estadístico de América Latina y el Caribe, 2010. Santiago, 2011.

COMISIÓN ECONÓMICA PARA AMERICA LATINA Y EL CARIBE (CEPAL). Anuario estadístico de América Latina y el Caribe, 2011. Santiago, 2012.

COMISIÓN ECONÓMICA PARA AMERICA LATINA Y EL CARIBE (CEPAL). Anuario estadístico de América Latina y el Caribe, 2012. Santiago, 2013.

COMISIÓN ECONÓMICA PARA AMERICA LATINA Y EL CARIBE (CEPAL). Anuario estadístico de América Latina y el Caribe, 2013. Santiago, 2014.

COMISIÓN ECONÓMICA PARA AMERICA LATINA Y EL CARIBE (CEPAL). Anuario estadístico de América Latina y el Caribe, 2014. Santiago, 2015.

COMISIÓN ECONÓMICA PARA AMERICA LATINA Y EL CARIBE (CEPAL). Anuario estadístico de América Latina y el Caribe, 2015. Santiago, 2016.

COMISIÓN ECONÓMICA PARA AMERICA LATINA Y EL CARIBE (CEPAL). Bases for a Latin American Response to the International Economic Crisis. Santiago, 1983.

CONFERENCIA ECONÓMICA LATINOAMERICANA. Declaración de Quito y Plan de Acción de la Conferencia Económica Latinoamericana. Quito, 1984.

CONTI, Bruno; PRATES, Daniela; PLIHON, Dominique. O sistema monetário internacional e seu caráter hierarquizado. In: CINTRA, Marcos; MARTINS, Alice (Orgs.). *As transformações no sistema monetário internacional*. Brasília: Ipea, 2013.

CONVERTIBILIDAD: el "uno a uno", la política económica que marcó la presidencia de Menem y terminó en crisis. *Ámbito Financiero*, 19 dez. 2020.

COOPER, Andrew; MOMANI, Bessma. Negotiating Out of Argentina's Financial Crisis: Segmenting the International Creditors. *New Political Economy*, v.10, n.3, 2005.

CORRALES, Javier. The Politics of Argentina's Meltdown. *World Policy Journal*, v.19, n.3, 2002.

CORTÉS CONDE, Roberto. *Dinero, deuda y crisis*: evolución fiscal y monetaria en la Argentina, 1862-1890. Buenos Aires: Editorial Sudamericana, 1989.

CORTÉS CONDE, Roberto. *The Political Economy of Argentina in the Twentieth Century*. Cambridge: Cambridge University Press, 2009.

COX, Robert. Social Forces, States and World Orders: Beyond International Relations Theory. *Millennium: Journal of International Studies*, v.10, n.126, p.126-55, 1981.

CRUZ, Sebastião Velasco. *Trajetórias*: capitalismo neoliberal e reformas nos países da periferia. São Paulo: Editora Unesp, 2007.

CUNHA, Andrés. Reformas na arquitetura financeira internacional: novidades no front? *Análise Econômica*, Porto Alegre, v.22, n.41, 2004.

DAMILL, Mario; FRENKEL, Roberto. *La economía argentina bajo los Kirchner*: una historia de dos lustros. Buenos Aires, mimeo, 2014.

DAMILL, Mario; FRENKEL, Roberto; RAPETTI, Martín. La deuda argentina: historia, default y reestructuración. *Cuadernos del CEDES*, Buenos Aires, 2005.

DAMILL, Mario; FRENKEL, Roberto; RAPETTI, Martín. The Argentinean Debt: History, Default and Restructuring. *Economia*, Brasília, v.6, n.3, p.29-90, 2005.

DAMILL, Mario; KAMPEL, Daniel. Análisis del balance de pagos de la Argentina: cambios metodológicos y desempeño reciente. *Documentos de Economía*, Buenos Aires, Universidad de Palermo/CEDES, n.14, 1999.

DATZ, Giselle. The Inextricable Link between Sovereign Debt and Pensions in Argentina, 1993-2010. *Latin American Politics and Society*, Miami, v.54, n.1, p.101-26, 2012.

DE LA BALZE, Felipe. La política exterior de los gobiernos Kirchner (2003-2009). *Estudios Internacionales*, Santiago, v.43, n.166, 2010.

DEVLIN, Robert. External Debt and Crisis: The Decline of the Orthodox Strategy. *Cepal Review*, Santiago, n.27, 1985.

DEVLIN, Robert. *Debt and Crisis in Latin America*: The Supply Side of the Story. Princeton: Princeton University Press, 1989.

DIAMINT, Rut. *Sin gloria*: la política de defensa en la Argentina democrática. Buenos Aires: Edueba, 2014.

DIAZ-ALEJANDRO, Carlos F. *Essays on the Economic History of the Argentina Republic*. New Haven: Yale University Press, 1970

DIAZ-CASSOU, Javier; ERCE-DOMÍNGUEZ, Aitor; VÁZQUEZ-ZAMORA, Juan. *Recent Episodes of Sovereign Debt Restructurings*: A Case-Study Approach. Madri: Banco de España, 2008.

DOUGLAS, Alexander. *The Philosophy of Debt*. Nova York: Routledge, 2016.

DURÁN, Esperanza. Latin America's External Debt: The Limits of Regional Cooperation. *The World Today*, Londres, v.42, n.5, 1986.

EATON, Jonathan; GERSOVITZ, Mark. Debt with Potential Repudiation: Theoretical and Empirical Analysis. *The Review of Economic Studies*, v.48, n.2, 1981.

ECONOMIC COMMISSION FOR LATIN AMERICA AND THE CARIBBEAN. Economic Survey of Latin American and the Caribbean. Santiago, 1999.

EICHENGREEN, Barry; HAUSMANN, Ricardo; PANIZZA, Ugo. Currency Mismatches, Debt Intolerance, and Original Sin: Why They Are Not the Same and Why It Matters. In: EDWARDS, Sebastián (Ed.). *Capital Controls and Capital Flows in Emerging Economies*: Policies, Practices and Consequences. Chicago: University of Chicago Press, 2007.

EICHENGREEN, Barry; HAUSMANN, Ricardo; PANIZZA, Ugo. Currency Mismatches, Debt Intolerance, and Original Sin: Why They Are Not the Same and Why It Matters. *NBER Working Paper*, Cambridge, National Bureau of Economic Research, n.10036, 2013.

EL AÑO que la Argentina le dijo no al Fondo. *La Nación*, 9 jan. 2000. Disponível em: lanacion.com.ar/economia/el-ano-en-que-la-argentina-le-dijo-no-al-fondo-nid879/. Acesso em: 19 out. 2020.

EL DÍA que la Plaza se volvió a cubrir de sangre. *Clarín,* Buenos Aires, 21 jan. 2000.

EL FIN del "corralito" en Argentina será efectivo a partir del 2 de diciembre. *El País,* Madri, 2002.

ESCUDÉ, Carlos. *La Argentina:* ¿paria internacional? Buenos Aires: Editorial Belgrano, 1984.

ESCUDÉ, Carlos. *El realismo de los Estados débiles*: la política exterior de primer gobierno Menem frente a la teoría de las relaciones internacionales. Buenos Aires: Grupo Editor Latinoamericano, 1995.

ESCUDÉ, Carlos; CISNEROS, Andrés. *Historia general de las relaciones exteriores de la Republica Argentina.* Buenos Aires, 2000.

ESCUDÉ, Carlos; CISNEROS, Andrés. Las relaciones con Estados Unidos. In: *Historia general de las relaciones exteriores de la Republica Argentina.* Buenos Aires, 2000.

ESCUDÉ, Carlos; CISNEROS, Andrés. La administración radical (1983-1989): La participación argentina en los organismos multilaterales – El Grupo de Cartagena. In: *Historia general de las relaciones exteriores de la Republica Argentina.* Buenos Aires, 2000.

ESCUDÉ, Carlos; CISNEROS, Andrés. La participación argentina en los organismos multilaterales: el grupo de Cartagena. In: *História de las relaciones exteriores de la Republica Argentina.* Buenos Aires, 2000.

FERNÁNDEZ DE KIRCHNER, Cristina. Palabras en el encuentro con el nuevo directorio de YPF. Buenos Aires, 5 maio 2012.

FERNÁNDEZ DE KIRCHNER, Cristina. Discurso de la presidenta Cristina Fernández en la inauguración del 133º período de Sesiones Ordinarias del Congreso Nacional. Buenos Aires, 2013.

FERRARI, Andrés; CUNHA, André. As origens da crise argentina: uma sugestão de interpretação. *Economia e Sociedade,* Campinas, v.17, n.2 (33), p.47-80, ago. 2008.

FERRER, Aldo. *A economia argentina*: de suas origens ao século XXI. Rio de Janeiro: Elsevier, 2006.

FRANCO Macri dijo que hay que encolumnarse detrás de Kirchner. *La Prensa,* Buenos Aires, 30 maio 2006.

FROHMANN, Alicia. Democracia, deuda externa y disciplinamiento económico: las relaciones entre Argentina y Estados Unidos (1983-1985). Santiago, Programa FLACSO, *Documento de Trabajo,* n.298, 1986.

FUNDO MONETÁRIO INTERNACIONAL (FMI). Letter of Intent and Memorandum of Understanding, Argentina, Stand-By Arrangement. EBS/83/8, Washington, 1983.

FUNDO MONETÁRIO INTERNACIONAL (FMI). Annual Report, 1984. Washington, 1984.

FUNDO MONETÁRIO INTERNACIONAL (FMI). Argentina, Request for Stand-By Arrangement. EBS/84/203, Washington, 1984.

FUNDO MONETÁRIO INTERNACIONAL (FMI). Stand-By Arrangement for Argentina. EBS/03/130, Washington, 2003.

FUNDO MONETÁRIO INTERNACIONAL (FMI). IMF Country Report n.03/392, Washington, 2003.

FUNDO MONETÁRIO INTERNACIONAL (FMI). Transcript of a Press Briefing by Thomas C. Dawson. Washington, 2003.

FUNDO MONETÁRIO INTERNACIONAL (FMI). Argentina: Press Statement Following Article IV Consultation. Washington, 8 jan. 2003.

FUNDO MONETÁRIO INTERNACIONAL (FMI). IMF Managing Director Issues Statement on Transitional Credit Support for Argentina. Washington, 2003.

FUNDO MONETÁRIO INTERNACIONAL (FMI). Argentina: Second Review Under the Stand-By Arrangement and Requests for Modification and Waiver of Performance Criteria. IMF Country Report n.04/195, Washington, 2004.

FUNDO MONETÁRIO INTERNACIONAL (FMI). IMF Executive Board Extends Argentina's Repayment Expectations. Press Release n.04/19, Washington, 2004.

FUNDO MONETÁRIO INTERNACIONAL (FMI). IMF Managing Director to Recommend to Executive Board the Letter of Intent of the Authorities for the First Review of the Stand-By Arrangement with Argentina. *Press Release*, Washington, 2004.

FUNDO MONETÁRIO INTERNACIONAL (FMI). Press Release n.04/16, Washington, 2004.

FUNDO MONETÁRIO INTERNACIONAL (FMI). Press Release n.04/130, Washington, 2004.

FUNDO MONETÁRIO INTERNACIONAL (FMI). Press Release n.04/57, Washington, 2004.

FUNDO MONETÁRIO INTERNACIONAL (FMI). Report on Delayed Completion of Article IV Consultations and Extension of Approval of Exchange Measures. EBD/04/114, Washington, 2004.

FUNDO MONETÁRIO INTERNACIONAL (FMI). The IMF and Argentina, 1991-2001: Evaluation Report. Washington, International Monetary Fund; Independent Evaluation Office, 2004.

FUNDO MONETÁRIO INTERNACIONAL (FMI). Argentina Announces Its Intention to Complete Early Repayment of its Entire Outstanding Obligations to the IMF. Press Release 05/278, Washington, 2005.

FUNDO MONETÁRIO INTERNACIONAL (FMI). Argentina: 2005 Article IV Consultation, Staff Report. IMF Country Report n.05/236, Washington, 2005.

FUNDO MONETÁRIO INTERNACIONAL (FMI). World Economic Outlook, October 2008: Financial Stress, Downturns, and Recoveries. Washington, 2008.

GALLO, Daniel. Está en estudio el envío de tropas a Irak. *La Nación*, Buenos Aires, 2003.

GALLO, Ettore; GOÉS, Maria; MORAES, Vinícius. "Original Sin" in Latin America (2000-2015): Theory, Empirical Assessment and Alternatives. *Revista de Economia*, v.40, n.72, p.134-75, 2019.

GERCHUNOFF, Pablo; LLACH, Juan J. Capitalismo industrial, desarrollo asociado y distribución del ingreso entre los dos gobiernos peronistas: 1950-1972. *Desarrollo Económico*, Buenos Aires, v.15, n.57, p.3-54, 1975.

GERLINI, Susana. El comercio exterior argentino: un análisis de su estructura y de la política de promoción de exportaciones. *Cuadernos de Economía*, Barcelona, v.17, p.171-202, 1989.

GLOBAL COMMITTEE OF ARGENTINA BONDHOLDERS. Comunicado stampa: GCAB, no all'offerta; Baires può arrivare a 55%. Milão, 2005.

Matheus de Oliveira Pereira

GLOBAL COMMITTEE OF ARGENTINA BONDHOLDERS. Press Release, 12 jan. 2004. Roma, 2004.

GOTTLIEB, Manuel. Political Economy of the Public Debt. *Public Finance*, v.11, n.3, p.265-79, 1956.

GOUGH, Ian. State Expenditure in Advanced Capitalism. *New Left Review*, n.92, 1975.

GRAEBER, David. *Debt*: The First 5.000 Years. Nova York: Melville House, 2011. [Ed. bras.: *Dívida*: Os primeiros 5 mil anos. Trad. Rogério Bettoni. Rio de Janeiro: Zahar, 2023.]

GRANATO, Leonardo; ALLENDE, Rafael. A política externa dos governos kirchneristas (2003-2011): do modelo próprio ao Mercosul. *Século XXI*, Porto Alegre, v.4, n.2, p.135-57, 2013.

GRANOVSKY, Martín. *Misión cumplida*: la presión norteamericana sobre la Argentina, de Braden a Todman. Buenos Aires: Planeta, 1992.

GRUGEL, Jean; RIGGIROZZI, Maria Pia. The Return of the State in Argentina. *International Affairs*, v.83, n.1, 2007.

HAKIM, Peter. Is Washington Losing Latin America? *Foreign Affairs*, v.85, n.1, p.39-53, 2006.

HELLEINER, Eric. The Strange Story of Bush and the Argentine Debt Crisis. *Third World Quarterly*, v.26, n.6, 2005.

HOLLOWAY, John. Global Capital and the National State. In: BONEFELD, Werner; HOLLOWAY, John (Eds.). *Global Capital, National State and the Politics of Money*. Nova York: St. Martin's Press, 1995.

HORNBECK, J. F. Argentina's Sovereign Debt Restructuring. *CRS Report for Congress*, RL32637, Washington, Congressional Research Service, The Library of Congress, 2004.

HUDSON, Michael. … *And Forgive Them Their Debts*: Lending, Foreclosure and Redemption from Bronze Age Finance to the Jubilee Year. Dresden: Islet, 2018.

HUME, David. *Ensaios políticos*. São Paulo: Martins Fontes, 2003.

JEFFERSON, Thomas. *Letter from Thomas Jefferson to William Henry Harrison*, 27 fev. 1803.

JETER, Jon. Argentina Defaults on IMF Payment. *The Washington Post*, 9 set. 2003.

KANENGUISER, Martín. La asamblea del FMI: negociaciones por la deuda en default. Inminente acuerdo con las AFJP: aceptarían el canje. *La Nación*, Buenos Aires, 4 out. 2004.

KEYNES, John Maynard. *As consequências econômicas da paz*. São Paulo: Imprensa Oficial do Estado, 2002.

KIGEL, Miguel. The Argentine Currency Board. *CEMA Working Papers*, Buenos Aires, n.152, 1999.

KILBORN, Peter. Debt Talks Draw a Mixed Reaction. *The New York Times*, 24 jun. 1984.

KINDLEBERGER, Charles. *Power and Money*: The Economics of International Politics and the Politics of International Economics. Londres: Palgrave Macmillan, 1970.

KING, Jeff. *The Doctrine of Odious Debt in International Law*: A Restatement. Londres: Cambridge University Press, 2016.

KIRCHNER, Néstor. Discurso de asunción a la Asamblea Legislativa el 25 de mayo del 2003. Buenos Aires, 2003.

KIRCHNER, Néstor. Palabras del presidente Néstor Kirchner en el acto de incorporación de la asociación de trabajadores del estado al convenio colectivo de trabajo. Buenos Aires, 2004.

KIRCHNER, Néstor. Palabras del presidente Néstor Kirchner en la ciudad de San Nicolás, provincia de Buenos Aires. San Nicolás, 2004.

KIRCHNER, Néstor. Palabras del presidente de la nación, Néstor Kirchner, en el acto de anuncio del plan de desendeudamiento con el Fondo Monetario Internacional. Buenos Aires, 2005.

KIRSHNER, Jonathan. Money Is Politics. *Review of International Political Economy*, v.10, n.4, p.645-60, 2003.

KÖHLER dijo que firmó el convenio bajo presión. *La Nación*, Buenos Aires, 13 set. 2003.

KRAKOWIAK, Fernando. El día que De la Rúa anunción el Blindaje. *Página12*, Buenos Aires, 9 jul. 2019. Disponível em: pagina12.com.ar/205285-el-dia-que-de-la-rua-anuncio-el-blindaje. Acesso em: 1º jan. 2021.

KRUEGER, Anne O. *A New Approach to Sovereign Debt Restructuring*. Washington: International Monetary Fund, 2002.

KRUGMAN, Paul; OBSTEFELD, Maurice. *International Economy*: Theory and Practice. Boston: Pearson, 2009. [Ed. bras.: *Economia internacional*. 10.ed. Porto Alegre: Pearson Universidades, 2015.]

KULFAS, Matías. *Internacionalización financiera y fuga de capitales en América Latina*: Argentina, Brasil, Chile y México en los años '90. Buenos Aires: Flacso, 2007.

KULFAS, Matías. *Los tres kirchnerismos*: una história de la economía argentina, 2003-2015. Buenos Aires: Siglo XXI, 2016.

KULFAS, Matías; SCHORR, Martín. *La deuda externa argentina*: diagnóstico y lineamientos propositivos para su reestructuración. Buenos Aires: Fundación OSDE; CIEPP, 2003.

LARRAQUI, Marcelo. La Nochebuena del General Videla. *Infobae*, Buenos Aires, 25 dez. 2017. Disponível em: infobae.com/historia/2017/12/25/la-nochebuena-del-general-videla/. Acesso em: 30 jun. 2020.

LA SALIDA del default: las AFJP aceptaron la propuesta de canje. *La Nación*, Buenos Aires, 14 jan. 2005.

LAVAGNA, Roberto. *O desafio da vontade*: treze meses cruciais na história argentina. São Paulo: Editora 34, 2013.

LENZ, Maria Heloísa. Crise e negociações externas na Argentina no final do século XIX: o início da insustentabilidade do modelo aberto. *Economia e Sociedade*, Campinas, v.15, n.2 (27), p.375-99, 2006.

LERRICK, Adam. *Statement Before the United States Senate's Subcommittee on International Trade and Finance*. S. HRG. 108-879. Washington: U.S. Government Print Office, 2004.

LIENAU, Odette. *Rethinking Sovereign Debt*: Politics, Reputation, and Legitimacy in Modern Finance. Cambridge: Harvard University Press, 2014.

LINDERT, Peter; MORTON, Peter. How Sovereign Debt Has Worked. In: SACHS, Jeffrey (Ed.). *Developing Country Debt and Economic Performance*: The World Financial System. Chicago: University of Chicago Press, 1989.

MANN, Michael. The Autonomous Power of the State: Its Origins, Mechanisms and Results. *European Journal of Sociology*, v.25, n.2, 1984.

MANN, Michael. *The Sources of Social Power*: A History of Power from the Beginning to AD 1760. Cambridge: Cambridge University Press, 1986.

MANZANELLI, Pablo et al. Deuda externa, fuga de capitales y restricción interna desde la última dictadura militar hasta la actualidad. *Documento de Trabajo*, Buenos Aires, Centro de Economía y Finanzas para el desarrollo de la Argentina, n.68, 2015.

MARICHAL, Carlos. *Historia de la deuda externa de América Latina*. Madri: Alianza Editorial, 1988.

MARINI, Ruy Mauro. *Dialética da dependência*. Cidade do México: Era, 1973.

MARTÍNEZ DE HOZ, José Alfredo. *Bases para una Argentina moderna*: 1976-80. Buenos Aires: Edición del autor, 1981.

MARTINS, Carlos Eduardo. *Globalização, dependência e neoliberalismo na América Latina*. São Paulo: Boitempo, 2013.

MARX, Karl. *O capital*. Livro 1. São Paulo: Boitempo, 2013.

MARX, Karl. *O dezoito de brumário de Luís Bonaparte*. São Paulo: Boitempo, 2011.

MASCARO, Alysson Leandro. *Crise e golpe*. São Paulo: Boitempo, 2019.

MELO, Marcus André. Institutional Weakness and the Puzzle of Argentina's Low Taxation. *Latin American Politics and Society*, v.49, n.4, p.115-48, 2017.

METRI, Maurício. Acumulação de poder, sistemas e territórios monetários: uma análise teórica sobre a natureza da moeda e sua relação com a autoridade central. *Ensaios FEE*, Porto Alegre, v.33, n.2, p.397-422, 2012.

MÍGUEZ, María Cecilia. *Los partidos políticos y la política exterior argentina*. Buenos Aires: Ariel, 2013.

MILANI, Lívia. US Foreign Policy to South America since 9/11: Neglect or Militarisation? *Contexto Internacional*, Rio de Janeiro, v.43, n.1, p.121-46, 2021.

MILIBAND, Ralph. *O Estado na sociedade capitalista*. Rio de Janeiro: Zahar, 1972.

MITCHENER, Kris; WEIDENMIER, Marc. Supersanctions and Sovereign Debt Repayment. *NBER Working Paper*, Cambridge, National Bureau of Economic Research, n.11472, 2005.

MURRAY, Robin. Internationalization of Capital and the Nation State. *New Left Review*, n.67, 1971.

NAVARRETE, Jorge. Política exterior y negociación financiera internacional: la deuda externa y el Consenso de Cartagena. *Revista de la Cepal*, Santiago, n.25, 1985.

NEMIÑA, Pablo. Estrategias de negociación del FMI y la Argentina durante el período 2003-2004. *Temas y Debates*, Buenos Aires, v.15, n.22, p.87-113, 2001.

NORIEGA, Roger. *Statement Before the United States Senate's Subcommittee on International Trade and Finance*: S. HRG. 108-879. Washington: U.S. Government Print Office, 2004.

NORTH, Douglass; WEINGAST, Barry R. Constitutions and Commitment: Evolution of Institutions Governing Public Choice in Seventeenth Century England. *Journal of Economic History*, n.49, p.803-32, 1989.

NOVARO, Marcos; PALERMO, Vicente. *A ditadura militar argentina, 1976-1983*: do golpe de Estado à restauração democrática. São Paulo: Edusp, 2007.

O'BRIEN, Phil. The Latin American Debt Crisis. In: RILEY, Stephen (Ed.). *The Politics of Global Debt*. Nova York: St. Martin's Press, 1993.

OCAMPO, José Antonio. La crisis latinoamericana de la deuda a la luz de la historia. In: OCAMPO, José Antonio et al. *La crisis latinoamericana de la deuda desde la perspectiva histórica*. Santiago: Cepal, 2014.

O'CONNELL, Arturo. La coordinación de los deudores latinoamericanos: el Consenso de Cartagena y el Grupo de los Ocho. *Estudios Internacionales*, Santiago, v.21, n.83, 1988.

O'CONNOR, James. *The Fiscal Crisis of the State*. Londres: Transaction Publishers, 1973.

O'DONNELL, Guillermo. Estado y alianzas en la Argentina, 1956-1976. *Desarrollo Económico*, Buenos Aires, v.16, n.64, p.523-54, 1977.

O'DONNELL, Guillermo. External Debt: Why Don't Our Governments Do the Obvious? *Revista CEPAL*, Santiago, n.27, 1985.

OLMOS, Alejandro. *Todo lo que usted quiso saber sobre la deuda externa y siempre se lo ocultaron*: quienes y cómo la contrajeron. Buenos Aires: Peña Lillo; Ediciones Continente, 2006.

ORGANIZAÇÃO PARA A COOPERAÇÃO E DESENVOLVIMENTO ECONÔMICO (OCDE). *Revenue Statistics in Latin America and the Caribbean 2021*. Paris: OCDE Publishing, 2021.

OSZLAK, Oscar. *La formación del Estado argentino*. Buenos Aires: Belgrano, 1982.

PARADISO, José. *Um lugar no mundo*: a Argentina e a busca de identidade internacional. Rio de Janeiro: Civilização Brasileira, 2005.

PERALTA RAMOS, Mónica. *La economía política argentina*: poder político y clases sociales (1930-2006). Buenos Aires: Fondo de Cultura Económica, 2007.

PEREIRA, Matheus. *Controle e autonomia nas gestões Kirchner e Fernández de Kirchner (2003-2011)*: a Argentina na construção do Conselho de Defesa Sul-americano. São Paulo, 2016. Dissertação (Mestrado em Relações Internacionais) – Programa de Pós-Graduação San Tiago Dantas, Unesp/Unicamp/PUC-SP.

PEREIRA, Matheus. Controle civil e os limites da política de defesa da Argentina (1983-2001). *Conjuntura Austral*, Porto Alegre, v.10, n.51, 2019.

PORTA, Fernando; SANTARCANGELO, Juan; SCHTEINGART, Daniel. Excedente y desarrollo industrial en Argentina: situación y desafíos. *Documento de Trabajo*, Cefidar, Buenos Aires, n.59, 2014.

PORTIANERO, Juan. Dominant Classes and Political Crisis in Argentina Today. *Latin American Perspectives*, v.1, n.3, 1974.

POULANTZAS, Nicos. *Poder político e classes sociais*. São Paulo: Martins Fontes, 1977.

PREBISCH, Raúl. *Estudio económico de la América Latina*. Santiago: Cepal, 1949.

PRZEWORSKI, Adam; WALLERSTEIN, Michael. Structural Dependence of the State on Capital. *American Political Science Review*, v.82, n.1, p.11-29, 1988.

PUIG, Juan Carlos. *Doctrinas internacionales y autonomía latinoamericana*. Caracas: Universidad Simón Bolívar; Instituto de Altos Estudios de América Latina; Universidad Simón Bolívar, 1980.

PUIG, Juan Carlos. *América Latina*: políticas exteriores comparadas. Buenos Aires: Grupo Editor Latinoamericano, 1984.

QUARLES, Randal. *Statement Before the United States Senate's Subcommittee on International Trade and Finance*. S. HRG. 108-879. Washington: U.S. Government Print Office, 2004.

RATHBUN, Brian C. Interviewing and Qualitative Field Methods: Pragmatism and Practicalities. In: BOX-STEFFENSMEIR, Janet M. et al. (Eds.). *The Oxford Handbook of Political Methodology*. Oxford: Oxford University Press, 2008.

REDRADO, Martín. *Sin reservas*: un límite al poder absoluto. Buenos Aires: Planeta, 2010.

REINHART, Carmen; ROGOFF, Kenneth. *This Time Is Different*: Eight Centuries of Financial Folly. Princeton: Princeton University Press, 2009. [Ed. port.: *Desta vez é diferente*: oito séculos de loucura financeira. Coimbra: Actual, 2013.]

REINHART, Carmen; ROGOFF, Kenneth; SAVASTANO, Miguel. Debt Intolerance. *NBER Working Paper*, Cambridge, National Bureau of Economic Research, n.9908, 2003.

RICE, Condoleezza. Remarks by National Security Advisor Condoleezza Rice on Terrorism and Foreign Policy. George W. Bush White House Archives, Washington, 2002.

RIEFFEL, Lex. *Restructuring Sovereign Debt*: The Case for Ad Hoc Machinery. Washington: Brookings Institution Press, 2003.

RODRÍGUEZ, Octávio. *O estruturalismo latino-americano*. Rio de Janeiro: Civilização Brasileira, 2009.

ROETT, Riordan. Latin America's Response to the Debt Crisis. *Third World Quarterly*, v.7, n.2, p.227-41,1985.

ROMERO, Luis Alberto. *História contemporânea da Argentina*. Rio de Janeiro: Jorge Zahar, 2006.

ROOS, Jerome. *Why Not Default?* The Political Economy of Sovereign Debt. Princeton: Princeton University Press, 2019.

RUSSELL, Roberto. Los ejes estructurantes de la política exterior argentina a partir del inicio de la transición a la democracia: apuntes para un debate. *Cadernos do IPRI*, Brasília, n.11, 1994.

RUSSELL, Roberto; TOKATLIAN, Juan Gabriel. A crise na Argentina e as relações com o Brasil e os Estados Unidos: continuidade e mudança nas relações triangulares. *Contexto Internacional*, Rio de Janeiro, v.26, n.1, 2004.

SACHS, Jeffrey; HUIZINGA, Harry. U.S. Commercial Banks and Developing-countries Debt Crisis. *Brookings Papers on Economic Activity*, Washington, n.2, 1987.

SACK, Alexander. *Les effets des transformations des états sur leurs dettes publiques et autres obligations financièrs*: traité juridique et financier. Paris: Recueil Sirey, 1927.

SAES, Décio. A questão da autonomia relativa do Estado em Poulantzas. *Crítica Marxista*, n.7, p.46-66, 1998.

SAÍN, Marcelo. Democracia e Forças Armadas: entre a subordinação militar e os "defeitos" civis. In: D'ARAUJO, Maria Celina; CASTRO, Celso. *Democracia e Forças Armadas no Cone Sul*. Rio de Janeiro: Fundação Getúlio Vargas, 2000.

SALAMA, Pierre. Crescimento e inflação na Argentina nos governos Kirchner. *Estudos Avançados*, São Paulo, v.26, n.75, p.157-72, 2012.

SALVIA, Sebastián. The Boom and Crisis of the Convertibility Plan in Argentina. *Brazilian Journal of Political Economy*, São Paulo, v.35, n.2, 2015.

SANTORO, Mauricio. O alinhamento entre Argentina e Estados Unidos na política externa de Menem. *Carta Internacional*, Belo Horizonte, v.10, n.2, 2015.

SARAIVA GUERREIRO, Ramiro. Informação para o senhor presidente da República: Brasil-Argentina. Entrevistas do embaixador em Buenos Aires com futuras autoridades. SG mre 1979.03.20, v.4, n.339, 1983.

SARAIVA GUERREIRO, Ramiro. Informação para o senhor presidente da República: economia. Argentina. Dívida externa. Entrevistas com o ministro da Economia e com o subsecretário da chancelaria. SG mre 1979.03.20, v.4, n.347, 1984.

SARAIVA GUERREIRO, Ramiro. Informação para o senhor presidente da República: dívida externa. SG mre 1979.03.27, Brasília, v.1, 1984.

SARAIVA GUERREIRO, Ramiro. Informação para o senhor Presidente da República: dívida externa latino-americana. Repercussões internacionais. SG mre 1979.03.27, Brasília, v.1, 1984.

SARAIVA GUERREIRO, Ramiro. Informação para o senhor Presidente da República: a Reunião de Cartagena e as atitudes dos países desenvolvidos com relação à questão do endividamento externo. SG mre 1979.03.20, v.3, n.217, 1984.

SAYLOR, Ryan. Debtor Coalitions and Weak Tax Institutions in Latin America: Insights from Argentina and Brazil. In: ATRIA, Jorge; GROLL, Constantin; VALDÉS, Maria Fernanda (Eds.). *Rethinking Taxation in Latin America*: Reform and Challenges in Times of Uncertainty. Londres: Palgrave Macmillan, 2018.

SCHUMACHER, Edward. Argentina Default Is Feared. *The New York Times*, seção D, p.1, 10 set. 1982.

SCHUMPETER, Joseph. The Crisis of the Tax State. *International Economic Papers*, n.4, 1954.

SCHVARZER, Jorge. Dimensiones políticas de la deuda externa de la Argentina. *Desarrollo Económico*, Buenos Aires, Instituto de Desarrollo Económico y Social, v.24, n.93, 1984.

SCHVARZER, Jorge. Negociación de la deuda externa: Los actores, su encuadre y perspectivas. *Documento de Trabajo*, Buenos Aires, CISEA, n.328, 1984.

SCHVARZER, Jorge. La larga agonia de la convertibilidad. *Indicadores Econômicos FEE*, Porto Alegre, v.30, n.1, p.7-30, 2002.

SECURITY ASSISTANCE MONITOR. US Security Assistance to Argentina. Washington: CIP, 2020.

SHAPIRO, Robert; PHAM, Nam. Discredited: The Impact of Argentina's Sovereign Debt Default and Debt Restructuring on U.S. Taxpayers and Investors. Washington, 2006.

SHEININ, David. *Argentina and the United States*: An Alliance Contained. Athens: Georgia University Press, 2006.

SIMONOFF, Alejandro. Regularidades de la política exterior de Néstor Kirchner. *Confines*, Monterrey, v.5, n.10, 2009.

SIMONOFF, Alejandro. Integración y autonomía en el pensamiento de Juan Carlos Puig. In: SIMONOFF, Alejandro; RUIZ, José Briceño (Eds.). *Integración y cooperación regional en América Latina*: una relectura a partir de la teoría de la autonomía. Buenos Aires: Biblos, 2015.

SINGH, Anoop. Transcript of a Press Conference on Latin America by Anoop Singh, Director, Western Hemisphere Department, IMF – April 23rd, 2004. Washington: IMF Archives, 2004.

SOUZA, Luís Eduardo. *A arquitetura de uma crise*: história e política econômica na Argentina (1989-2002). São Paulo, 2007. Tese (Doutorado em História Econômica) – Universidade de São Paulo.

STALLINGS, Barbara. International Influence on Economic Policy: Debt, Stabilization and Structural Reform. In: HAGGARD, S.; KAUFMAN, R. *The Politics of Economic Adjustment*: International Constraints, Distributive Conflicts and the State. Princeton: Princeton University Press, 1992.

STILES, Kendall. Argentina's Bargaining with the IMF. *Journal of Interamerican Studies and World Affairs*, Miami, v.29, n.3, 1987.

STRANGE, Susan. *States and Markets*. Londres: Continuum, 1994.

STRANGE, Susan. International Economics and International Relations: A Case of Mutual Neglect. *International Affairs*, v.46, n.2, 1970.

STUART, Ana Maria. *O bloqueio da Venezuela em 1902*: suas implicações nas relações internacionais da época. São Paulo: Editora Unesp, 2011.

SUÁREZ DÁVILA, Francisco. La política financiera internacional de México: relaciones con el Banco Mundial y el FMI. *Comércio Exterior*, Cidade do México, v.44, n.10, p.853-64, 1994.

TASK FORCE ARGENTINA. Il GCAB rigetta l'accordo raggiunto tra il Governo Argentino e i fondi pensione locali (AFJP). Roma, 14 out. 2004.

TASK FORCE ARGENTINA. Piano di ristrutturazione della Repubblica Argentina offerta pubblica di acquisto e scambio. Roma, 2005.

TAYLOR, John. *Sovereign Debt Restructuring*: A US Perspective. Washington: Peterson Institute for International Economics, 2002.

THE OFFICE OF THE VICE PRESIDENT OF THE UNITED STATES. Bush-Alfonsín Meeting: Telegram to the White House, 12 dez. 1983. National Archives and Records Administration: Washington, 2016.

THÉRET, Bruno. El papel moneda de baja denominación emitido por las provincias argentinas, 1890-2003. *Ciclos*, Buenos Aires, v.37, n.54, 2020.

TILLY, Charles. *Coerção, capital e Estados europeus*. São Paulo: Edusp, 1996.

TILLY, Charles. Extraction and Democracy. In: MARTIN, Isaac; MEHROTA, Ajay; PRASAD, Monica (Eds.). *The New Fiscal Sociology*: Taxation in Comparative and Historical Perspective. Cambridge: Cambridge University Press, 2009.

TOMZ, Michael. *Reputation and International Cooperation*: Sovereign Debt Across Three Centuries. Princeton: Princeton University Press, 2007.

TORRE, Juan Carlos. *Diário de una temporada en el quinto piso*: episódios de política econômica en los años de Alfonsín. Buenos Aires: Ensayo Edhasa, 2022.

TORRES, Héctor. Statement by the Executive Director for Argentina, March 22nd, 2004. Washington, IMF Archives, 2004.

TUSSIE, Diana. La coordinación de los deudores latinoamericanos: ¿cuál es la lógica de su accionar? *Desarrollo Económico*, Buenos Aires, v.28, n.109, 1988.

TUSSIE, Diana. El consenso de Cartagena: notas sobre un fracaso. Comunicação oral. Conferencia CEPAL-CAF-GIZ-SEGIB: La crisis de la deuda 30 años después, Cidade do México, 2013.

UNITED STATES DEPARTAMENT OF STATE. Briefing Paper: Argentina. 6896S. Washington, 1983.

UNITED STATES DEPARTMENT OF THE TREASURY. Statement of G7 Finance Ministers and Central Bank Governors. Press Release, 7 fev. 2004.

UNITED STATES EMBASSY IN ARGENTINA. U. S. Delegation to Argentine Presidential Inauguration: Substantive Issues Likely to Arise in Press Encounter. Report. Buenos Aires, 1983.

UNITED STATES HOUSE OF REPRESENTATIVES. United States Code, 22 USC 286cc: Sustaining Economic Growth. Washington, 1983.

UNITED STATES SECURITIES AND EXCHANGE COMMISSION. Form 18-K/A for Foreign Governments and Political Subdivisions Thereof: Filled by the Republic of Argentina. Washington, 2004.

UNITED STATES SECURITIES AND EXCHANGE COMMISSION. Filed Pursuant to Rule 424(b)(5) Registration n.333-117111, Republic of Argentina. Washington, 2005.

VAN DER PIJL, Kees. *The Discipline of Western Supremacy*. v.III: Modes of Foreign Relations and Political Economy. Londres: Pluto Press, 2014.

VARESI, Gastón. Acumulación y hegemonía en Argentina durante el kirchnerismo. *Problemas del Desarrollo*, v.187, n.47, 2016.

VIVER sem organismos financeiros é disparate, diz Duhalde. *O Estado de S. Paulo*, 3 mar. 2012.

WAINER, Andrés; SCHORR, Martín. Concentración y extranjerización del capital en la Argentina reciente: ¿Mayor autonomía nacional o incremento de la dependencia? *Latin American Research Review*, v.49, n.3, p.103-25, 2014.

WALSH, Rodolfo. *Carta abierta de um escritor a la Junta Militar*. Buenos Aires, 24 mar. 1977.

WARREN, Bill. The Internationalization of Capital and the Nation State: A Comment. *New Left Review*, n.68, 1971.

WATERS, Mary. From Partnership to Collapse Argentina and the International Monetary Fund through Economic Crisis and Recovery. Gainesville, 2007. Dissertação (Mestrado em Artes) – University of Florida.

WEBER, Max. *Ciência e política*: duas vocações. São Paulo: Cultrix, 1993.

WEBER, Max. *Economía y sociedad*. Cidade do México: Fóndo de Cultura Económica, 2014. [Ed. bras.: *Economia e sociedade*. 2v. Brasília: Editora UnB, 2012.

WOOD, Ellen Meiksins. *Democracia contra capitalismo*: a renovação do materialismo histórico. São Paulo: Boitempo, 2013.

WYLDE, Christopher. State, Society and Markets in Argentina: The Political Economy of Neodesarrollismo under Néstor Kirchner, 2003-2007. *Bulletin of Latin American Research*, v.30, n.4, 2011.

YBARRA, Gustavo. Aceleran cambios en la ley de patentes. *La Nación*, Buenos Aires, 2003.

ZAME, William. Efficiency and the Role of Default When Security Markets Are Incomplete. *American Economic Review*, v.83, n.5, p.1142-64, 1993.

SOBRE O LIVRO

Formato: 16 x 23 cm
Mancha: 26 x 48,6 paicas
Tipologia: StempelSchneidler 10,5/12,6
Papel: Off-White 80 g/m² (miolo)
Cartão Triplex 250 g/m² (capa)
1ª edição Editora Unesp: 2024

EQUIPE DE REALIZAÇÃO

Edição de texto
Fábio Fujita (Copidesque)
Tulio Kawata (Revisão)

Editoração eletrônica
Eduardo Seiji Seki

Capa
Quadratim Editorial

Assistente de produção
Erick Abreu

Assistência editorial
Alberto Bononi
Gabriel Joppert

Rua Xavier Curado, 388 • Ipiranga - SP • 04210 100
Tel.: (11) 2063 7000
rettec@rettec.com.br • www.rettec.com.br